Inhalt

W0108374

Vorbemerkung

Die vorliegende Arbeit enthält die Ergebnisse der dritten Phase des Forschungsprojektes »Arbeitsbedingtes Pendeln«, das seit 1988 am Fachbereich Sozial- und Kulturwissenschaften der Fachhochschule Fulda durchgeführt wurde. Dieses Projekt wird damit abgeschlossen, und die Ergebnisse werden zur Diskussion gestellt.

Die Pendelwanderung ist gerade in jüngerer Zeit zu einem vielbeachteten Problem geworden – vor allem angesichts des wachsenden motorisierten Individualverkehrs. Neue dramatische Ausmaße hat das arbeitsbedingte Pendeln in der Folge des Wegfalls der Grenze zur ehemaligen DDR und der wirtschaftlichen Entwicklung in den neuen Bundesländern erreicht. Dies hat die Pendlerdiskussion und Problemsicht weiter verschärft.

Das Projekt und die gewonnenen Erkenntnisse stellen einen Einstieg in ein bisher kaum bearbeitetes Forschungsfeld dar. Obwohl das Thema Pendler in den letzten Jahren in der Öffentlichkeit stark diskutiert wurde, haben Wissenschaftler bisher in sehr engen Teilaspekten die damit verbundenen Probleme berührt, zum Beispiel: in der Mobilitätsforschung, der Regional- und Raumordnung sowie in der Verkehrsplanung. Dies mag – neben der Tatsache, daß auch die politisch und wirtschaftlich Verantwortlichen dazu stets nur in sehr engem Ressortdenken Stellung genommen haben – eine Ursache dafür sein, daß komplexe Analysen und daraus abgeleitete differenzierte Handlungsmöglichkeiten und wirksame Lösungsansätze bisher nicht präsentiert wurden.

Der in diesem Projekt gewählte methodische Ansatz fühlt sich einer Vorgehensweise verpflichtet, die die verschiedenen Problemebenen, -arten und -dimensionen zu erfassen und zueinander in Bezug zu bringen versucht. Daran orientieren sich auch die Konsequenzen aus der Analyse, nämlich verschiedene Maßnahmen vorzuschlagen, die zugleich jeweils den Charakter von Teilaspekten mit unterschiedlicher zeitlicher Realisierbarkeit enthalten, aber dennoch Teil einer Gesamtstrategie bleiben.

Das Pendlerproblem ist verkehrspolitisch allein weder zu lösen noch quantitativ einzudämmen. Dennoch existieren zahlreiche Möglichkeiten, im Rahmen verkehrspolitischer und -organisatorischer Maßnahmen kurz- und mittelfristig wichtige Verbesserungen für die Pendler zu erreichen sowie die Umweltbelastungen und gesellschaftlichen Beeinträchtigungen zu vermindern. Durchgreifende Veränderungen bedürfen jedoch wesentlich komplexerer und z.T. auch schwer zu realisierender Anstrengungen in einem schwierigen Interessengeflecht, wozu in dieser Studie modellhafte Überlegungen vorgestellt werden.

Das Gesamtprojekt »Arbeitsbedingtes Pendeln« umfaßte folgende Arbeitsphasen:

Im ersten Teil des Projektes wurden 1989 die Ergebnisse einer empirischen Erhebung vorgelegt. Diese Studie[1] basiert auf einer Befragung von Berufspendlern aus der Region Osthessen, die täglich mit dem Verkehrsmittel Bundesbahn ins Rhein-Main-Gebiet zu ihrem Arbeitsort bzw. Arbeitsplatz pendeln. Die große öffentliche Resonanz und Unterstützung, die diese Studie erfuhr, und die Einsicht in die Kompliziertheit der mit der Pendelwanderung einhergehenden Probleme waren Anregung zur Durchführung einer zweiten und dritten Phase des Vorhabens.

Im zweiten Teil des Projektes wurde ein Symposium zum Problem des Pendelns im Oktober 1989 an der FH Fulda durchgeführt und anschließend ausgewertet[2]. An diesem Symposium nahmen Experten und Vertreter von Institutio-

---

1 Vgl. Erich Ott, unter Mitarbeit von Margret Ritter, Norbert Tegel und einer studentischen Arbeitsgruppe, Pendlerprobleme in der Region Fulda – Eine empirische Untersuchung zu arbeitsbedingtem Pendeln zwischen der Wohnregion Fulda/Osthessen und dem Arbeitsort im Rhein-Main-Gebiet, Fulda 1989; in überarbeiteter Fassung veröffentlicht in: Ders. (Hrsg.), Arbeitsbedingtes Pendeln – Entwicklungen und Probleme einer besonders belasteten Arbeitnehmergruppe, Marburg 1990, S. 147ff.

2 Die Referate, Diskussion, Ergebnisse und der Verlauf des Symposiums sind veröffentlicht in: Ott (Hrsg.), Arbeitsbedingtes Pendeln, S. 11ff.

nen, Organisationen und betroffenen öffentlichen Unternehmen teil, die in unterschiedlichen Arbeitszusammenhängen regional und überregional mit der Pendlerproblematik befaßt sind. Zielsetzung war es, kurz-, mittel- und längerfristige Handlungsmöglichkeiten und regionale Initiativen zur Verbesserung der Pendlersituation zwischen Osthessen und dem Rhein-Main-Gebiet zu erörtern.

Die vorliegende Arbeit – der dritte Teil des Projektes – gliedert sich in folgende Punkte:

In Kapitel 1 werden die Grundzüge der historischen Entwicklung der Pendelwanderung in Deutschland seit der Industrialisierung nachgezeichnet. Dazu wurden die vereinzelt in verschiedenen sozial-, unternehmens- und regionalgeschichtlichen Untersuchungen sowie in statistischen Materialien vorhandenen Hinweise, Daten und Problembeschreibungen ausgewertet.

Kapitel 2 behandelt die Geschichte des arbeitsbedingten Pendelns in der Bundesrepublik Deutschland. Als wichtigste Quellen dafür dienten die Volkszählungen der Jahre 1950, 1961, 1970 und 1987. Dabei wurden vor allem die Gesichtspunkte der quantitativen Entwicklung der Pendelwanderung, der Verteilung der Pendler nach ihrer Zugehörigkeit zu Wirtschaftsbereichen und ihrer Stellung im Beruf, des Zeitaufwandes und der zurückgelegten Entfernung sowie unter dem Gesichtspunkt der benutzten Verkehrsmittel analysiert. In diesem Zusammenhang wurden die sich wandelnden Formen der Pendelwanderung in den Kontext der ökonomischen, sozialen und gesellschaftlichen Veränderungen in der Bundesrepublik Deutschland gestellt.

Der Schwerpunkt liegt auf den neueren bzw. aktuellen Entwicklungen der Pendlerproblematik, auf der dramatischen Zunahme der Pendlerzahlen in jüngster Zeit und auf der Analyse ihrer Ursachen und Gründe. Besondere Bedeutung wird in diesem Zusammenhang den Belastungsdimensionen für die betroffenen Pendler, für ihre persönlichen, familiären und sozialen Lebensverhältnisse beigemessen. Aber auch die Auswirkungen des massenhaften Fernpendelns auf den Verkehr, die Umwelt, die Struktur- und Standortentwicklungen werden untersucht. Nur knapp wurde die Problematik des anwachsenden Pendlerstroms aus den neuen in die alten Bundesländer behandelt. Dazu liegen inzwischen erste Zahlen vor, die neue signifikante Auswirkungen eines zusätzlichen quantitativen und qualitativen Pendlerproblems deutlich werden lassen.

Anschließend werden die besonderen Belastungen der Pendler und die Auswirkungen auf ihre Arbeits- und Lebensverhältnisse thematisiert. Es wird nach den tarifvertraglichen und betrieblichen Aktivitäten und Vereinbarungen zwischen Arbeitgebern und Gewerkschaften, zwischen Betriebs-/Personalräten und Unternehmen gefragt, die dem Ziel einer Verbesserung bzw. einer Belastungsminderung für diese Arbeitnehmergruppe dienen können. Die Rolle der Gewerkschaften in der Interessenvertretung dieser Beschäftigtengruppe wird erörtert, und mögliche Handlungsfelder werden ausgeleuchtet.

Im letzten Teil der Studie werden aus den Ergebnissen und Erkenntnissen der Untersuchungen einige als sinnvoll erscheinende Schlußfolgerungen formuliert, die Alternativen zur gegenwärtigen Entwicklung und zum Zukunftstrend darstellen können, bis hin zu einzelnen Handlungsfeldern und konkreten Modellen, die praktische Lösungen bzw. wirksame Verbesserungen in kurz-, mittel- und längerfristigen Zeitdimensionen enthalten und auf die verschiedenen beteiligten Akteure zielen (Politik, Wissenschaft, Verkehr, Unternehmen und Gewerkschaften). Hier ist auch Diskussionsstoff für die Beteiligten und Betroffenen geboten, der sicherlich neben Zustimmung auch Kontroversen auslösen wird.

An dieser Stelle sei allen Beteiligten, Mitdiskutierenden, Mitarbeiterinnen und Mitarbeitern an dem Projekt für ihr Engagement gedankt. Dies waren in den drei Projektphasen zahlreiche und unterschiedliche Personen und Institutionen. Ein besonderer Dank gilt dem Hessischen Ministerium für Wissenschaft und Kunst für die finanzielle Förderung in der zweiten Projektphase, der Fachhochschule und dem Fachbereich Sozial- und Kulturwissenschaften in der zweiten und dritten Projektphase.

Fulda, im April 1992

12

I. Zur sozialgeschichtlichen Entwicklung der Pendelwanderung

1. Industrialisierung – Konzentration – Städtewachstum – Trennung von Wohnung und Arbeitsstätte

Das arbeitsbedingte Pendeln entwickelte sich erst mit der forcierten Industrialisierung, die in den fünfziger Jahren des letzten Jahrhunderts einsetzte, zu einer weitverbreiteten Form der Mobilität. Mit der industriellen Revolution vollzog sich eine gewaltige Umwälzung der Produktionsverhältnisse und der Sozialstruktur[3]. Die Ablösung der Handarbeit durch den Einsatz von Arbeitsmaschinen und der hohe Grad an Arbeitsteilung in der kapitalistischen Fabrik erfaßten immer mehr Bereiche der gewerblichen Produktion. Zugleich war dieser Prozeß verbunden mit einer fortschreitenden Vergrößerung der jeweiligen Produktionsstätten; denn zum einen stieg der Kapitalbedarf sehr schnell an und machte Betriebsgrößen erforderlich, deren Produktivität es gestattete, möglichst rasch das vorzuschießende Kapital zu verwerten; zum anderen führte der Konkurrenzkampf zur Verdrängung vor allem kleinerer Betriebe und damit zu einer weiteren Konzentration, eben weil eine kostengünstige Produktion und die Fähigkeit zum Einsatz von Investitionen für die Erhöhung der Arbeitsproduktivität maßgeblich auch von der Größe der Produktionseinheiten abhängig war. Diese Konzentration betraf nicht nur Maschinen, Produktionshallen etc., sondern

---

3 Vgl. dazu Henning, Friedrich-Wilhelm, Die Industrialisierung in Deutschland 1800 bis 1914, 4. Aufl. Paderborn 1978; Lütge, Friedrich, Deutsche Sozial- und Wirtschaftsgeschichte, 3. Aufl. Heidelberg 1966; Mottek, Hans, Wirtschaftsgeschichte Deutschlands. Ein Grundriß, Bd. II, 2. durchges. Aufl. Berlin (DDR) 1978; Mottek, Hans/Becker, Walter/Schröter, Alfred, Wirtschaftsgeschichte Deutschlands. Ein Grundriß, Bd. III, 3. Aufl. Berlin (DDR) 1977; Brake, Klaus, Zum Verhältnis von Stadt und Land. Geschichte, Ursachen und Veränderungsmöglichkeiten der Siedlungsstruktur, 2. unveränd. Aufl., Köln 1981.

bedeutete auch, daß eine wachsende durchschnittliche Zahl von Arbeitern in den einzelnen industriellen Arbeitsstätten zusammengezogen wurde.

Im Verlauf dieses Prozesses kam es sehr schnell nicht nur zu einer Zusammenballung von Maschinen und Arbeitskräften in den einzelnen Fabriken, sondern auch zu einer territorialen Konzentration der Produktionsstätten. Denn die mit der kapitalistischen Industrialisierung freigesetzte ökonomische Rationalität zwang die Unternehmung zu einer fortwährenden Optimierung ihrer Verwertungsbedingungen, wollten sie sich in der Konkurrenz gegenüber anderen behaupten; und in diesem Zusammenhang wurde die Standortwahl selbst zu einem wichtigen Aspekt. Die Unternehmen wurden also dort angesiedelt, wo die besten Standortbedingungen für die optimale Verwertung des Kapitals vermutet wurden. Bei der industriellen Standortwahl war zunächst vor allem noch die räumliche Nähe zu Rohstoffen, Absatzmärkten und Antriebsenergien von zentraler Bedeutung. Jedoch wurden diese Bindungen durch neue technische Lösungen, vor allem durch die Elektrifizierung und den Eisenbahnbau, allmählich gelockert. Nun wurden die Qualität der Infrastruktur – vor allem der Verkehrswege –, die Verfügbarkeit von Arbeitskräften und die Fühlungsvorteile gegenüber Zulieferern, Abnehmern und Banken zu vorrangigen Kriterien für die Standortwahl. Waren an einem Ort erst einmal Unternehmen und Arbeitskräfte in einem bestimmten Umfang vorhanden, so übte diese Konzentration einen Sogeffekt auf andere Betriebe und Wirtschaftsbereiche aus. Sehr rasch verstärkten sich die Standortvorteile wechselseitig und entwickelten sich die wichtigsten Plätze der maschinellen Großindustrie zu immer größer werdenden Städten oder gar Ballungsräumen, deren wirtschaftliche Leistungskraft in krassem Gegensatz zu solchen Gebieten stand, die vom Industrialisierungsprozeß nicht erfaßt wurden. Es entstand somit ein eklatantes Mißverhältnis in der territorialen Verbreitung der gewerblichen Produktion, das an die Stelle des bisherigen Netzwerkes aus mittleren und größeren Zentren der Produktion trat, die über ein Siedlungsgebiet mit relativ gleichmäßiger Streuung von Dörfern und Höfen verteilt waren[4]. Die Industrialisierung vertiefte

---

4 Vgl. Brake, Zum Verhältnis von Stadt und Land, S. 101.

den Gegensatz zwischen Stadt und Land, weil sie sich auf die einzelnen Regionen in sehr unterschiedlichem Ausmaß erstreckte[5].

Da in den Städten keine ausreichende Anzahl von Arbeitskräften verfügbar war, mußte das Land diese zur Verfügung stellen. Es diente als Arbeitskräftereservoir für die städtische Industrieproduktion. Folgende Voraussetzungen mußten gegeben sein, damit das Land diese Funktion erfüllen konnte:

- die Freizügigkeit der Arbeitskräfte, die durch gesetzliche Einschränkungen allerdings teilweise noch bis zur Reichsgründung 1871 erschwert war[6];
- die Einführung der Gewerbefreiheit;
- die Existenz eines disponiblen Bevölkerungsteils auf dem Lande und auch in der Stadt, der u.a. aufgrund wachsender Geburtenzahlen, durch Verbesserungen in Hygiene, Ernährung und Gesundheitswesen vorhanden war[7]; die Bevölkerung Deutschlands wuchs von 24,5 Millionen im Jahr 1800 auf 34,5 Millionen in Jahr 1850.

Somit löste die Entstehung von Industriebetrieben in den Städten oder in sich allmählich zu Städten entwickelnden Industriedörfern eine ungeheure Bevölkerungsbewegung aus. Der Zug in die Städte erhielt seinen Anstoß auch durch die fortschreitende Verelendung von großen Teilen der ländlichen Bevölkerung. Die rasch wachsende Bevölkerung konnte durch die Landwirtschaft nicht mehr ernährt werden; Arbeitslosigkeit, Not und Elend wuchsen. Die Menschen gingen dorthin, wo industrielle Arbeitsplätze entstanden oder sie sich ein besseres Leben erhofften.

---

5 Dabei war es aber zugleich durchaus möglich, daß sich einzelne ländliche Gebiete innerhalb kurzer Zeit zu Zentren der industriellen Produktion entwickelten.
6 Vgl. Borscheid, Peter, Schranken sozialer Mobilität und Binnenwanderung im 19. Jahrhundert, in: Conze, Werner/Engelhardt, Ulrich (Hrsg.), Arbeiter im Industrialisierungprozeß. Herkunft, Lage und Verhalten, Stuttgart 1979, S. 31–50, hier: S. 33ff.; Rupieper, Hermann-Josef, Regionale Herkunft, Fluktuation und innerbetriebliche Mobilität der Arbeiterschaft der Maschinenfabrik Augsburg-Nürnberg (MAN) 1844–1914, in: Conze/Engelhardt (Hrsg.), Arbeiter im Industrialisierungsprozeß, S. 94–112, hier: S. 103.; Tenfelde, Klaus, Sozialgeschichte der Bergarbeiterschaft an der Ruhr im 19. Jahrhundert, 2., durchges. Aufl., Bonn 1981, S. 237; Ott, René, Kohle, Stahl und Klassenkampf. Montanindustrie, Arbeiterschaft und Arbeiterbewegung im Osnabrücker Land 1857–1878, Frankfurt a.M./New York 1982, S. 202ff., bes. S. 222ff.
7 Vgl. Marschalck, Peter, Bevölkerungsgeschichte Deutschlands im 19. und 20. Jahrhundert, Frankfurt/M. 1984, S. 32ff., S. 41ff.

Die forcierte Industrialisierung und die Konzentration von Kapital und Arbeitskräften in immer größeren industriellen Einheiten waren die Ursache für das rasche Städtewachstum und für die tiefgreifende Umwälzung der Sozialstruktur.

Tabelle 1

Der Bevölkerungszuwachs deutscher Städte 1871–1939 (in Prozent)

	1871–1910	1910–1925	1925–1933	1933–1939
Zuwachs der				
Großstädte	602	25,7	18,5	2,6
Mittelstädte	175	6,6	–0,9	8,3
Kleinstädte	100	4,3	4,7	9,6

Quelle: Harmsen, Hans, Werden die Großstädte im Westdeutschen Bundesgebiet weiter wachsen oder schrumpfen?, in: Köllmann/Marschalck (Hrsg.), Bevölkerungsgeschichte, Köln 1972, S. 275–280, hier: S. 275.

Bei der Charakterisierung der Wanderungen ist zu unterscheiden zwischen solchen, die mit einer dauerhaften Verlegung des Wohnsitzes verbunden waren, und solchen, die, sich rhythmisch wiederholend, unter Beibehaltung des ursprünglichen Wohnsitzes erfolgten. Bei den ersteren handelt es sich je nach dem Ziel um Binnenwanderungen oder um Auswanderungen, bei den letzteren um die Pendelwanderung.

Die großen Binnenwanderungen des letzten Jahrhunderts lassen sich bestimmen als:

1. Land-Stadt-Migration,
2. Wanderung von Ost bzw. Nordost nach Westen bzw. Südwesten, vor allem in das Ruhrgebiet[8].

Da dem Bevölkerungswachstum aber trotz des Industrialisierungsprozesses insgesamt kein adäquates Wachstum von Arbeitsplätzen auf dem inländischen Markt gegenüberstand, wanderten im gesamten 19. Jahrhundert auch sehr viele Menschen aus Deutschland aus, insbesondere nach Übersee und hier in die Vereinigten Staaten. Die Wanderungsverluste beliefen sich zwischen 1841 und 1870 auf 2,4 Millionen Perso-

---

8 Vgl. Obermann, Karl, Die Arbeitermigrationen in Deutschland im Prozeß der Industrialisierung und der Entstehung der Arbeiterklasse in der Zeit von der Gründung bis zur Auflösung des Deutschen Bundes (1815 bis 1867), in: Jahrbuch für Wirtschaftsgeschichte, 1972, T. 1, S. 135–181.

nen und zwischen 1841 und 1910 auf 4,9 Millionen Personen[9].

Innerhalb dieser großen Zeiträume kam es während einiger Jahre zu regelrechten Auswanderungswellen: zwischen 1845 und 1858 verließen Deutschland mehr als 1,3 Millionen Menschen, zwischen 1864 und 1873 mehr als 1 Million und zwischen 1880 und 1893 fast 1,8 Millionen[10].

Während diese Wanderungen mit einem dauerhaften Wechsel des Wohnsitzes verbunden waren, wurde bei der Pendelwanderung der ursprüngliche Wohnsitz beibehalten. Im Unterschied zu den Fernwanderern mußten die Pendler in einer Entfernung vom Arbeitsort wohnen, die sie täglich oder am Wochenende bewältigen konnten. Die Gründe dafür, daß die Wohnstätte nicht an den Arbeitsort verlegt wurde, konnten unterschiedlicher Art sein:

- wegen der ungeheuren Wohnungsnot in den Städten war häufig keine Unterkunft zu erlangen, erst recht keine preiswerte;
- viele Menschen mochten ihre vertraute soziale Umgebung nicht dauerhaft verlassen;
- manche Arbeiter, die in den Städten einer Tätigkeit nachgingen, hatten in ihrem Heimatdorf einen landwirtschaftlichen Nebenerwerb;
- das Leben auf dem Lande war billiger als in der Stadt.

Die große Mehrheit der Zuwanderer gehörte also zur ländlichen Bevölkerung. Es waren mehrheitlich Bauernsöhne und Landarbeiter, zum geringeren Teil aber auch Landhandwerker, Ungelernte oder Facharbeiter. Zu Beginn des Industrialisierungsprozesses dominierte die Nahwanderung in Form der Nachbarschafts- und Umlandswanderung gegenüber der Fernwanderung. Zwischen der Nahwanderung und der Pendelwanderung ist gerade während dieser Periode häufig nur schwer zu unterscheiden. Charakteristisch für die Nah- bzw. Pendelwanderer war der Umstand, daß sie im Unterschied zu

9 Vgl. Burgdörfer, Friedrich, Die Wanderungen über die deutschen Reichsgrenzen im letzten Jahrhundert, in: Köllmann, Wolfgang/Marschalck, Peter (Hrsg.), Bevölkerungsgeschichte, Köln 1972, S. 281–322, hier: S. 281; Schröder, Wilhelm Heinz, Arbeitergeschichte und Arbeiterbewegung. Industriearbeit und Organisationsverhalten im 19. und frühen 20. Jahrhundert, Frankfurt a.M./New York 1978, S. 34.
10 Vgl. Marschalck, Bevölkerungsgeschichte Deutschlands, S. 32f., 45f.

den Fernwanderern häufig im Besitz eines kleinen Stück Landes waren, dessen Bewirtschaftung aber nicht für den Lebensunterhalt ausreichte. Ein großer Teil von ihnen waren Pendler: Sie zogen also nicht dauerhaft in die Stadt in die unmittelbare Nähe ihres Arbeitsplatzes, sondern behielten ihren ländlichen Wohnsitz bei. Sie unterschieden sich allerdings stark nach dem Rhythmus, in dem sie in ihrer Wohngemeinde anwesend waren. Die so bedeutsame Fernwanderung – insbesondere die der Polen ins Ruhrgebiet – trat erst in den achtziger Jahren des letzten Jahrhunderts in den Vordergrund. Während die Männer v. a. bei der Fernwanderung deutlich in der Überzahl waren, dominierten die Frauen bei der Nahwanderung. Die lebenszyklische Hochphase dieser Mobilität lag vor allem im dritten und auch im vierten Lebensjahrzehnt[11].

Den unterschiedlichen Formen der Wanderungen – ob es sich nun um Fern-, Nah-, Pendel- oder Auswanderungen handelte – lagen einander durchaus ähnliche soziale Entwicklungen und persönliche Motive zugrunde. Die Hoffnung auf Arbeit und auf Flucht aus sozialem Elend und Perspektivlosigkeit waren der Anstoß für die Menschen, ihre vertraute soziale Umgebung zu verlassen. Die Stadt bot – gerade aus der Sicht der Landbevölkerung – vor allem die Aussicht auf disponible Arbeitsplätze, höhere Löhne, geregelte und begrenzte Arbeitszeit und leichtere Arbeit[12].

Mit der sich durchsetzenden Industrialisierung vollzog sich also ein tiefgreifender gesellschaftlicher Strukturwandel: die Industrie löste die Landwirtschaft als den wichtigsten Produktionssektor ab, und es kam zu einer Umschichtung der Erwerbstätigenzahl von der Landwirtschaft vor allem zur Industrie, in geringerem Umfang zum Dienstleistungsbereich; der sich durchsetzende industrielle Kapitalismus verwandelte einen großen Teil ehemals selbständig wirtschaftender Personen in Lohnarbeiter; die Industrialisierung wurde begleitet von einem raschen Urbanisierungsprozeß.

In der feudalen Gesellschaft war für die große Mehrzahl der Bauern und Landarbeiter, der kleinen Handwerker und

---

11 Vgl. Schröder, Arbeitergeschichte und Arbeiterbewegung, S. 38 ff.
12 Vgl. ebda., S. 38 f.

18

Händler das Zusammenfallen von Wohn- und Arbeitsstätte typisch. Die räumliche Trennung von Arbeiten und Wohnen, die auch hier anzutreffen ist, war quantitativ von vollkommen untergeordneter Bedeutung. Hingegen vollzog sich mit der industriell-kapitalistischen Entwicklung eine für große Teile der lohnarbeitenden Bevölkerung notwendige *Trennung* von Arbeits- und Wohnstätte. Täglich oder wöchentlich mußten sich die Arbeiter zu den großen und wachsenden Produktionsstätten begeben – ob sie sich nun innerhalb ihrer Wohnsitzgemeinde (Binnenpendler) zu ihrer Arbeitsstätte begaben oder die Gemeindegrenze auf dem Weg zur Arbeit überschritten (Aus- bzw. Einpendler). Dabei soll die große Zahl der Binnenpendler hier nur am Rande behandelt werden; im Mittelpunkt stehen im folgenden diejenigen Arbeiter, die in einem bestimmten Rhythmus aus ihren Wohngemeinden in die Gemeinden ihres Arbeitsortes pendelten.

2. Quantitative Dimensionen des Pendelns

Das Ausmaß der Pendelwanderung im 19. Jahrhundert ist nicht exakt zu erfassen; verläßliche, gar repräsentative Daten darüber liegen nicht vor. Erst um die Jahrhundertwende ist die Trennung von Wohn- und Arbeitsstätte Gegenstand der Volkszählungen geworden. Für vorherige Zeiträume lassen sich allenfalls aus den Daten über die Wohn- und Arbeitsorte der Beschäftigten in einzelnen Firmen oder Städten sich Rückschlüsse über die quantitative Dimension der Pendelwanderung ziehen.

In der ersten Hälfte des 19. Jahrhunderts, also in der Zeit vor der forcierten Industrialisierung und vor dem explosionsartigen Wachstum der Städte, scheint die Pendelwanderung, vor allem das tägliche Pendeln, nur von geringer Bedeutung gewesen zu sein[13]. Umfangreichere Pendelwanderungen sind für diesen Zeitraum lediglich für die größten deutschen Städte wie zum Beispiel Berlin oder Hamburg belegt, wo sich schon eine Konzentration von Gewerbe, Handel und Verwaltung

---

13 Vgl. Schildt, Gerhard, Tagelöhner, Gesellen, Arbeiter. Sozialgeschichte der vorindustriellen und industriellen Arbeiter in Braunschweig 1830–1880, Stuttgart 1986, S. 308 ff.

vollzogen hatte. Diese Städte verzeichneten bereits eine größere Zahl von täglich aus der ländlichen Umgebung oder der vorstädtischen Peripherie einpendelnden Erwerbstätigen. So sah das »(Tor-)Sperr-Reglement« der Stadt Hamburg aus dem Jahre 1840 vor: »Den in den Fabriken auf dem Grasbrook und im Wandbereiter Rahmen beschäftigten Arbeitern ist . . . ein freier Einlass gestattet«; die Bedingung sei, daß »die Arbeiter unmittelbar von der Fabrik ab und sämtliche in der Fabrik Arbeitende zugleich einpassiren.«[14] Und über Berlin heißt es im Jahre 1846: »Auf dem Wege . . . bis zum weitabliegenden Schlesischen Thore«, das am südlichen Stadtrand Berlins lag, begegnete man »von dem Eintritt der abendlichen Feierstunde an gedrängten Gruppen heimkehrender Arbeiter, von denen man viele durch die Stadt hindurch verfolgen konnte, um sie in irgend einer der düsteren Gassen des alten Berlins oder des Spandauer Viertels, vielleicht sogar in den nördlichen Vorstädten einkehren zu sehen.«[15] Zudem zeigt die frühindustrielle Entwicklung des Gewerbes im Raum Berlin/Brandenburg, daß in zahlreichen Gemeinden, Städten und Kreisen der Anteil der Erwerbsbevölkerung an der Wohnbevölkerung außerordentlich hoch war oder die Erwerbsbevölkerung sogar größer war als die Wohnbevölkerung. Daher muß ein großer Teil von ihnen von auswärts in die Arbeitsorte eingependelt sein[16].

Ein beträchtlicher Zuwachs der Pendelwanderung vollzog sich wohl erst mit der Phase der Hochindustrialisierung, die mit den siebziger Jahren des 19. Jahrhunderts begann.

---

14 Zit. n. Wischermann, Clemens, Wohnen in Hamburg vor dem Ersten Weltkrieg, Münster 1983 (= Studien zur Geschichte des Alltags, hrsg. v. Hans J. Teuteberg u. Peter Borscheid, Bd. 2), S. 369.

15 Zit. n. Thienel, Ingrid, Industrialisierung und Städtewachstum. Der Wandel der Hauptsiedlungsformen in der Umgebung Berlins 1800–1850, in: Büsch, Otto (Hrsg.), Untersuchungen zur Geschichte der frühen Industrialisierung vornehmlich im Wirtschaftsraum Berlin/Brandenburg, Berlin/West 1971, S. 106–149 (= Einzelveröffentlichungen der Historischen Kommission zu Berlin, Bd. 6), hier: S. 128.

16 Vgl. dazu Büsch, Otto, Das Gewerbe in der Wirtschaft des Raumes Berlin/Brandenburg 1800–1850. Entwicklung, Bedeutung und regionale Gliederung des »strategischen Sektors« in der frühindustriellen Wirtschaft und Gesellschaft, in: Ders. (Hrsg.), Untersuchungen zur Geschichte der frühen Industrialisierung, S. 3–105, hier: S. 64; vgl. zu den Differenzen zwischen Wohn- und Erwerbsbevölkerung in den einzelnen Kreisen, Städten und Gemeinden: Ders., Industrialisierung und Gewerbe im Raum Berlin/Brandenburg 1800–1850. Eine empirische Untersuchung zur gewerblichen Wirtschaft einer hauptstadtgebundenen Wirtschaftsregion in frühindustrieller Zeit, Berlin/West 1971, S. 226ff.

Bei der Volkszählung des Jahres 1900 wurde erstmals die Frage nach dem Wohnort und dem Arbeitsort gestellt, allerdings wurden die Daten nur in Württemberg landesweit erfaßt[17]. Für Preußen sind die Ergebnisse der Volkszählung in den preußischen Städten mit mehr als 50000 Einwohnern ausgewertet worden[18].

Danach wurden in 29 preußischen Städten mit mehr als 50000 Einwohnern im Jahre 1900 206535 Einpendler und 72479 Auspendler gezählt. Allein in Berlin waren es 72262 Einpendler und 20341 Auspendler, darunter allerdings ein großer Teil nach Charlottenburg. Schon für diese Zeit war der hohe Einpendlerüberschuß der städtischen Zentren typisch und bemerkenswert zugleich. Von diesen 29 preußischen Städten hatten sieben mehr als 5000 Einpendler, hingegen nur fünf mehr als 2000 Auspendler. Von den Einpendlern waren 177217 (85,8 Prozent) männlich und 29318 (14,2 Prozent) weiblich. Bei den Auspendlern lag der Anteil der männlichen Pendler noch ein wenig höher: 63878 (88,1 Prozent) waren männlich und nur 8601 (11,9 Prozent) weiblich. Der Anteil von Frauen an der Pendelwanderung war dort überdurchschnittlich hoch, wo jene Industriezweige stark vertreten waren, die einen sehr hohen Anteil von Arbeiterinnen beschäftigten (vor allem die Textilindustrie). In den genannten preußischen Städten, außer in jenen mit ausgeprägter industrieller Monostruktur, arbeiteten die Pendler vor allem in der Metallverarbeitung, im Maschinenbau und im Baugewerbe[19]. Daß überdurchschnittlich viele ländliche Pendelarbeiter im Bereich Bergbau, Steine und Erden sowie im Baugewerbe tätig waren, dürfte einen wesentlichen Grund darin haben, daß dort nur ein relativ geringer Teil an gelernten Arbeitern benötigt wurde.

---

17 Vgl. die kurze Darstellung zu den Volkszählungen 1900 und 1910 bei Grabe, Charlotte, Der Einfluß der Pendelwanderung auf die Arbeitnehmer unter besonderer Berücksichtigung der ländlichen Industriearbeiter, Karlsruhe 1926 (= Wirtschaftsstudien 3), S. 6f.

18 Vgl. zu den nachfolgend aufgeführten Zahlen über die Volkszählung des Jahres 1900 im Land Preußen: Preußische Statistik, H. 177: Die Ergebnisse der Volkszählung vom 1. Dezember 1900, II. Teil, Berlin 1903, S. 470ff.

19 Vgl. Matzerath, Horst, Urbanisierung in Preußen 1815–1914, Stuttgart, Berlin, Köln, Mainz 1985 (= Schriften des Deutschen Instituts für Urbanistik, Bd. 72), S. 271.

Die Volkszählung ergab für das Land Württemberg, daß 60 921 Personen nicht in ihrem Wohnort arbeiteten, davon 46 659 männliche (76,6 Prozent) und 14 262 weibliche (23,4 Prozent)[20]. Im Jahre 1900 arbeiteten etwa 55 Prozent der 300 000 in Hamburg wohnenden Erwerbstätigen außerhalb ihres Wohnstadtteils[21].

Wolff hat aufgrund dieser Ergebnisse die Pendlerzahlen für das ganze Reich auf fast 1,25 Millionen Personen geschätzt[22]. Bei damals 23,5 Millionen Erwerbstätigen wäre dies eine Pendlerquote von 5,3 Prozent[23].

Zehn Jahre später hatten sich die Pendlerzahlen bereits erheblich erhöht[24].

Tabelle 2

Die Pendler in Württemberg[25] in den Jahren 1900 und 1910

Jahr	Männlich		Weiblich		Insgesamt
	absolut	in Prozent	absolut	in Prozent	
1900	41 491	76,4	12 831	23,6	54 322
1910	68 708	77,9	19 437	22,1	88 155

Quelle: Die Ergebnisse der Volkszählung vom 1. Dezember 1900 für das Königreich Württemberg, S. 177; Grabe, Der Einfluß der Pendelwanderung auf die Arbeitnehmer, S. 6.

Innerhalb eines Jahrzehnts erhöhten sich die Pendlerzahlen also um 62 Prozent, wobei der Männeranteil noch einmal anstieg. Der Frauenanteil lag um 51 Prozent, der Männeranteil sogar um 65,6 Prozent höher als im Jahre 1900.

---

20 Vgl. Die Ergebnisse der Volkszählung vom 1. Dezember 1900 für das Königreich Württemberg, in: Württembergische Jahrbücher für Statistik und Landeskunde, Jg. 1902, S. 45–244, hier: S. 177.
21 Vgl. Grabe, Der Einfluß der Pendelwanderung auf die Arbeitnehmer, S. 6.
22 Vgl. Wolff, Hellmuth, Die inneren Wanderungen unter besonderer Berücksichtigung der Wanderungen mit fester Wohnstätte, in: Jahrbücher für Nationalökonomie und Statistik, III. Folge, 39. Bd., 1910, H. 1, S. 166–181, hier: S. 176.
23 Vgl. Grabe, Der Einfluß der Pendelwanderung auf die Arbeitnehmer, S. 6.
24 Vgl. folgende Zahlen in: Die Ergebnisse der Volkszählung vom 1. Dezember 1900 für das Königreich Württemberg, S. 177; Grabe, Der Einfluß der Pendelwanderung auf die Arbeitnehmer, S. 6.
25 Bei der Volkszählung 1910 wurden die Berufseinpendler nach Württemberg nicht ermittelt. Daher wurden in dieser Tabelle für die Volkszählung von 1900 zwecks besserer Vergleichbarkeit ebenfalls die Pendler ohne die Einpendler von außerhalb des Landes Württemberg zugrunde gelegt, weshalb die Zahlen dieser Tabelle etwas von den oben genannten abweichen.

Diese Zahlen lassen jedoch keine Rückschlüsse auf den Umfang der Pendelwanderung im gesamten Deutschland zu: zum einen weil die Extrapolation solcher Daten prinzipiell problematisch ist, zum anderen weil um die Jahrhundertwende das regionale Wirtschaftsgefälle und damit die Unterschiede im Ausmaß der Pendelwanderung ohnehin größer gewesen sein dürften als heute[26]. Dies gilt auch für den Zeitaufwand, für die Entfernung zum Arbeitsort und für die benutzten Verkehrsmittel. Aber immerhin werden am Beispiel der Volkszählungen von 1900 und 1910 ungefähre Größenordnungen und charakteristische Strukturmerkmale der Pendelwanderung deutlich, die Grabe im Jahre 1926 sehr zutreffend folgendermaßen zusammengefaßt hat:

»An besonderen Merkmalen, die auch noch heute Geltung haben dürften, haben alle Zählungen gleichmäßig ergeben, daß alle Klassen der Bevölkerung und alle Erwerbszweige an der Pendelwanderung beteiligt sind, daß aber die Arbeiter, und unter diesen wiederum die Industriearbeiter weit am stärksten vertreten sind. Der Anteil der weiblichen Erwerbstätigen tritt im ganzen hinter der männlichen Pendelwanderung zurück. In Gegenden mit ausgesprochener Frauenindustrie ist er wesentlich höher. Unter den männlichen Pendelwanderern befinden sich vorwiegend Erwachsene, unter den weiblichen mehr Ledige. Das Durchschnittsalter der pendelnden Männer liegt bedeutend höher (zwischen 40 und 45) als das der Frauen (zwischen 20 und 30). Die Pendelwanderung der Frauen ist vorwiegend eine Bahnwanderung. Sehr weite und besonders ungünstige Arbeitswege kommen fast ausschließlich für die Männer in Frage.«[27]

Und, so möchte man hinzufügen, es wird an diesen Zahlen sichtbar, daß sich die Pendelwanderung im ersten Jahrzehnt des 20. Jahrhunderts schnell verbreitete.

Der Blick auf die Berufszählungen von 1895 und 1907 zeigt die wachsende wechselseitige Verflechtung von Haupt- und Nebentätigkeit in Industrie und Landwirtschaft. Es ist davon auszugehen, daß in der landwirtschaftlichen Bindung von

---

26 Vgl. dazu Fremdling, Rainer/Tilly, Richard H. (Hrsg.), Industrialisierung und Raum. Studien zur regionalen Differenzierung im Deutschland des 19. Jahrhunderts, Stuttgart 1979.
27 Vgl. Grabe, Der Einfluß der Pendelwanderung auf die Arbeitnehmer, S. 7.

Industriearbeitern ein wichtiger Grund für die Zunahme der Pendelwanderung lag. Diesen Zählungen zufolge waren 1895 702426 und 1907 923153 Personen nebenberuflich in der Landwirtschaft beschäftigt. Nach der Berufszählung des Jahres 1907 besaßen 12 Prozent einen Nebenerwerb und 10,7 Prozent einen Nebenerwerb in der Landwirtschaft. Überdurchschnittlich viele Arbeiter aus dem Bergbau, dem Bereich Steine und Erden sowie aus dem Baugewerbe unterhielten demzufolge einen Nebenerwerb[28]. Umgekehrt hatten von den in der Landwirtschaft hauptberuflich Tätigen – Selbständige und Unselbständige – 1895 100027 Personen und 1907 133676 einen Nebenerwerb in der Industrie. Dabei liegen die realen Zahlen der nebenberuflich Tätigen wahrscheinlich noch über den gemachten Angaben[29].

Um die Jahrhundertwende hatte zumindest in den größten deutschen Städten die Pendelwanderung zwischen Innenstadt und Vororten bzw. Umland bereits einen sehr großen Stellenwert erreicht[30].

Die einsetzende – und in Hamburg und Berlin schon weiter vorangeschrittene – City-Bildung ging einher mit einer fortschreitenden Verdrängung der Wohnbevölkerung aus den Stadtkernen. So sank z.B. die Bevölkerung der Hamburger Innenstadt, die zwischen 1890 und 1900 ihren größten Umfang erreichte, von 324166 im Jahre 1890 auf 291505 im Jahre 1910[31]. Auch die Einwohnerzahl der Frankfurter Altstadt hatte im Jahre 1890 ihren höchsten Stand erreicht[32].

So wurden in der Hamburger Innenstadt im Jahre 1894 auf dem Gebiet des Freihafens Wohnungen für über 20000 Hafenarbeiter abgerissen, um auf diesem Gelände die Speicherstadt zu errichten. Die Arbeiter wurden in von der Innenstadt

---

28 Vgl. Schröder, Arbeitergeschichte und Arbeiterbewegung, S. 44.
29 Vgl. ebda., S. 44f.
30 Vgl. Schwippe, Heinrich Johannes/Zeidler, Christian, Die Dimensionen der sozialräumlichen Differenzierung in Berlin und Hamburg im Industrialisierungsprozeß des 19. Jahrhunderts, in: Matzerath, Horst (Hrsg.), Städtewachstum und innerstädtische Strukturveränderungen. Probleme des Urbanisierungsprozesses im 19. und 20. Jahrhundert, Stuttgart 1984, S. 197–260.
31 Vgl. ebda., S. 224f.
32 Vgl. Rebentisch, Dieter, Industrialisierung, Bevölkerungswachstum und Eingemeindungen. Das Beispiel Frankfurt a.M. 1870–1914, in: Reulecke, Jürgen (Hrsg.), Die deutsche Stadt im Industriezeitalter. Beiträge zur modernen deutschen Stadtgeschichte, 2. Aufl., Wuppertal 1980, S. 90–113, hier: S. 96ff.

weit entfernten Wohngebieten angesiedelt, die im Jahre 1894 noch gar nicht auf dem Hamburger Stadtgebiet lagen[33].

Schon vor der Jahrhundertwende zogen immer mehr Arbeiterfamilien aus den Innenstädten in die Vororte oder ließen sich die Zuwanderer gleich an der Peripherie der Großstädte nieder.

Dieser Prozeß wurde vor allem dadurch vorangetrieben, daß gerade die Innenstädte oder die an die Innenstädte angrenzenden Bezirke bevorzugte Standorte des Handels, von Behörden, Banken und auch der Industrie waren. Grund und Boden wurden in wachsendem Maße in die marktförmige Bewertung einbezogen. Daher waren gerade in den Zentren die Mieten für gewerbliche Räume spürbar höher als für Wohnraum, und sie stiegen auch weit schneller – ein Umstand, der die Haus- und Grundstücksbesitzer der Innenstädte dazu bewegte, den Prozeß der Verdrängung der Arbeiter an den Stadtrand oder in die Vororte voranzutreiben. In Hamburg stiegen zwischen 1867 und 1913 die Mieten für Wohnungen um 31 Prozent, die Mieten für gewerbliche Räume hingegen um 160 Prozent[34]. Auch Nörnberg/Schubert konstatieren für Hamburg einen überproportionalen Anstieg der Mieten für gewerbliche Räume. Die intensive Land-Stadt-Migration und das Städtewachstum erhöhten den Druck auf die Löhne und erleichterten den Anstieg der Grundstücks- und Bodenpreise und damit der Mieten[35]. Die Mieten stiegen im Durchschnitt schneller als die Löhne, und insbesondere die unteren Lohngruppen mußten einen immer

33 Vgl. Wischermann, Clemens, Urbanisierung und innerstädtischer Strukturwandel am Beispiel Hamburgs: Verfahren moderner Stadtanalyse im historischen Vergleich, in: Matzerath (Hrsg.), Städtewachstum und innerstädtischer Strukturwandel, S. 165–196, hier: S. 169.

34 Vgl. Wischermann, Clemens, Wohnungsnot und Städtewachstum. Standards und soziale Indikatoren städtischer Wohnungsversorgung im späten 19. Jahrhundert, in: Conze/Engelhardt (Hrsg.), Arbeiter im Industrialisierungsprozeß, Stuttgart 1979, S. 201–226, hier: S. 213; vgl. auch Nörnberg, Hans-Jürgen/Schubert, Dirk, Massenwohnungsbau in Hamburg. Materialien zur Entstehung und Veränderung Hamburger Arbeiterwohnungen und -siedlungen 1800–1967, Westberlin 1975, S. 141.

35 Vgl. Nörnberg/Schubert, Massenwohnungsbau in Hamburg, S. 45 ff.; Heinrich, Adolf F., Die Wohnungsnot und die Wohnungsfürsorge privater Arbeitgeber in Deutschland im 19. Jahrhundert, Diss., Marburg 1970, S. 29 ff., bes. S. 41 ff.; Niethammer, Lutz (unter Mitarbeit von Franz Brüggemeier), Wie wohnten Arbeiter im Kaiserreich?, in: Archiv für Sozialgeschichte, Bd. 16, 1976, S. 61–134, hier: S. 78 ff.

größen Teil ihres Einkommens für die Miete aufwenden[36]. Je niedriger das Einkommen war, desto höher war der Anteil der Miete, und desto schneller wuchs dieser Anteil.

Die Dezentralisierung der Wohnstandorte wurde von einer gegen Ende des 19. Jahrhunderts einsetzenden Dezentralisierung der Industrie begleitet. Bis zu dieser Zeit hatte in der industriellen Standortwahl ein stark am Stadtkern orientiertes Wachstum dominiert. Die Vorteile solcher städtischen Industrieansiedlungen liegen auf der Hand[37]: ein entwickeltes Transportsystem, die Größe des städtischen Arbeitsmarktes, die räumliche Nähe zum Absatzmarkt und die Nähe zu Banken, Versicherungen und zuarbeitenden Firmen, die intensivere Kommunikationsmöglichkeiten bot, waren wesentliche Motive für die Ausrichtung gewerblicher Standorte an den Innenstädten.

Allmählich erhielten jedoch auch die Nachteile städtischer Standortwahl Gewicht. Das höhere Lohnniveau, die explodierenden Bodenpreise sowie schließlich auch die räumliche Begrenzung für die immer größer werdenden Industriebetriebe in den Innenstädten leiteten eine Veränderung der Stadtentwicklung ein: Es wurde nun eine Verlagerung hin zur Peripherie, zu den Vorstädten bzw. Vororten großstädtischer Zentren vollzogen. Dieser Prozeß wurde insbesondere von den Großbetrieben eingeleitet. Gleichzeitig hatte schon um die Jahrhundertwende in den Innenstädten die »City-Bildung« eingesetzt; die Citys entwickelten sich zu Vierteln, deren Bild mehr und mehr durch Büro- und Verwaltungsgebäude, Kaufhäuser, Hotels, Gaststätten, Bank- und Versicherungsgebäude geprägt wurde und aus der die Wohnbevölkerung zunehmend verschwand.

Die Ergebnisse der Volkszählungen von 1900 und 1910 für Hamburg verdeutlichen das Ausmaß der großstädtischen Pendelwanderung[38]. Von den in diesem Zeitraum etwa

---

36 Vgl. Niethammer/Brüggemeier, Wie wohnten Arbeiter im Kaiserreich?, S. 78ff.; Heinrich, Die Wohnungsnot und die Wohnungsfürsorge privater Arbeitgeber, S. 45ff.
37 Vgl. Matzerath, Urbanisierung in Preußen 1815–1914, S. 268.
38 Vgl. dazu Grabe, Der Einfluß der Pendelwanderung auf die Arbeitnehmer unter besonderer Berücksichtigung der ländlichen Industriearbeiter, S. 6; Schwippe/Zeidler, Die Dimensionen der sozialräumlichen Differenzierung in Berlin und Hamburg, S. 226ff.

440000 in Hamburg wohnenden Erwerbstätigen mußten im Jahre 1900 72 Prozent (1910: 70 Prozent) ihr Wohngrundstück und fast 51 Prozent (1910: 54 Prozent) auch ihren Wohnstadtteil verlassen, um zur Arbeit zu gelangen. Im Jahre 1900 arbeiteten 5,5 Prozent der Erwerbstätigen außerhalb Hamburgs, darunter allerdings ein großer Teil in Altona. Immerhin lag die Arbeitsstätte von knapp 30 Prozent der hamburgischen Erwerbstätigen auf ihrem Wohngrundstück bzw. in ihrer Wohnung und von weiteren 15 Prozent noch innerhalb des Wohnstadtteils. Für einen großen Teil der Erwerbstätigen war also der Arbeitsplatz in relativ großer Nähe zur Wohnung gelegen. Ein wichtiger Grund hierfür ist offenbar, daß zahlreiche kleinere Unternehmer den ererbten Standort ihres Industrie- oder Gewerbebetriebs auch in der Innenstadt noch beibehielten[39]. Die Arbeiter mußten am häufigsten eine Arbeitsstätte außerhalb der Stadt aufsuchen. Zugleich arbeitete im Jahre 1900 fast jeder vierte Arbeiter noch in der Wohnung (14,3 Prozent) oder auf dem Wohngrundstück (10,3 Prozent), wohingegen es bei den Angestellten nur 0,2 bzw. 2,5 Prozent waren. Haack leitet hieraus die Schlußfolgerung ab, »daß die Tertiärisierung der Wirtschaftsaktivitäten eine der Hauptursachen der räumlichen Trennung von Arbeiten und Wohnen ist.«[40]

So ist die Verbreitung der Pendelwanderung in den Großstädten das Ergebnis einer funktionalen Differenzierung der städtischen Räume, deren Kennzeichen die City-Bildung, die beginnende Auslagerung von Industriebetrieben und die Entstehung von Wohnquartieren ist[41]. Im Zuge dieser räumlichen Veränderungen wird die Trennung von Wohn- und Arbeitsstätte vertieft.

---

39 Vgl. Schwippe/Zeidler, Die Dimensionen der sozialräumlichen Differenzierung in Berlin und Hamburg, S. 226.
40 Vgl. Haack, Annemarie, Die Trennung von Arbeiten und Wohnen. Eine Analyse der Berufspendlerströme in Hamburg 1939–1970, Hamburg 1981, S. 59.
41 Vgl. Krabbe, Wolfgang R., Die deutsche Stadt im 19. und 20. Jahrhundert, Göttingen 1989, S. 68ff., 88ff.

3. Formen des Pendelns

Die Pendelwanderung bot im Falle der Ansiedlung von Betrieben in Gebieten mit umfangreichen halb-, klein- und unterbäuerlichen Schichten die Möglichkeit, in der Industrie zu arbeiten und zugleich den angestammten Lebenskreis beizubehalten. In diesem Sinne verminderte sie den Zwang zur dauerhaften Umsiedlung[42]. Das Pendeln zwischen Wohn- und Arbeitsort trat in jenen ländlichen Regionen besonders stark auf, in denen die Realteilung und keine geschlossene Vererbung des Besitzes vorherrschte und daher die Bewirtschaftung der verbleibenden Parzellen keine ausreichende Ernährungsgrundlage mehr bot[43].

Der Landrat des Kreises Ottweiler schilderte 1852 aus seiner Erfahrung die Ursachen für die verstärkte Pendelwanderung: »Die Grundursache der Armut liegt in der Zersplitterung des Grundvermögens durch die in hiesigen Gegenden üblichen Naturalteilungen. Der einzelne kann sich und die Seinen auf der kleinen ererbten Parzelle nicht mehr ernähren und muß sich auswärts einen Nebenverdienst suchen. Wohl, wenn er ihn findet.«[44]

Der prägende Typ des Pendlers gehörte also – wie wir oben gesehen haben – zumindest bis zur Jahrhundertwende zur Landbevölkerung; er war ohne oder nur mit kleinem Grundbesitz und wollte bzw. mußte sich durch die Arbeit in der nächsten Stadt oder im nächsten Industriedorf seinen Lebensunterhalt verdienen oder ihn aufbessern. Er wollte seinen ländlichen Wohnsitz nicht aufgeben, um seine vertraute Umgebung mit ihren gewachsenen Sozialbeziehungen nicht verlassen zu müssen und die Vorteile des ländlichen Lebens,

---

42 Vgl. Schröder, Arbeitergeschichte und Arbeiterbewegung, S. 45.
43 Vgl. Staubach, Hermann, Pendelwanderung und Raumordnung. Der Einfluß der Pendelwanderung auf die Standortpolitik im Wohnungs- und Siedlungswesen, im Auftrag des Herrn Bundesministers bearbeitet, Köln und Opladen 1962, S. 13; Schöller, Peter, Die Pendelwanderung als geographisches Problem, in: Berichte zur deutschen Landeskunde, Bd. 17, 1956, H. 2, S. 254–265, hier: S. 263; vgl. dazu auch Grabe, Der Einfluß der Pendelwanderung auf die Arbeitnehmer, S. 24.
44 Zit. n. Horch, Hans, Der Wandel der Gesellschafts- und Herrschaftsstrukturen in der Saarregion während der Industrialisierung (1740–1914), St. Ingbert 1985, S. 150.

namentlich die billigere Wohnung und niedrigere Lebenshaltungskosten, beibehalten zu können. Zudem konnte er, selbst wenn er es gewollt hätte, häufig seine Wohngemeinde auch gar nicht verlassen, weil die Familie auf den Ertrag des landwirtschaftlichen Nebenerwerbs angewiesen, eine Wohnung in der Stadt für ihn nicht bezahlbar oder angesichts der Wohnungsnot erst gar nicht zu bekommen war.

Diese starke Bindung von Industriearbeitern und Bergleuten an ihre Heimat und die dörfliche Gemeinschaft wird zum Beispiel in einer Bittschrift von Saarbergleuten an den preußischen Handelsminister deutlich, in der sie um die Zuweisung von Bauvorschüssen aus der Knappschaftskasse auch für ihre recht weit von der Zeche liegende Gemeinde ersuchen. Dort heißt es: »Die Grundstücke (in größerer Nähe zu den Zechen, d. Verf.), welche sich zu Bauplätzen eigenen, werden mit dem dreifachen dessen bezahlt, was sie in unsern Dörfern kosten.

Das Bauen selbst ist doppelt so kostspielig als bei uns, theils, weil Material und Arbeitslohn einen fast unerschwinglichen Preis haben, theils, weil wir daselbst, Fremde wie wir sind, auf eine nachbarliche Hülfe beim Bauen, durch Handlangen, Anfahren von Materialien etc. nicht rechnen können. Dazu kommt, daß wir fast alle ein oder das andere Stück Land in unserm Dorfe besitzen, welches wir bebauen können. Dadurch ist die Möglichkeit gegeben, eine Kuh halten zu können. Alles das wird wegfallen, wenn wir nach Dudweiler oder Sulzbach ziehen würden...

Wenn wir weiter als andere von den Gruben entfernt wohnen, so liegt der Nachtheil für uns ohnehin darin, daß wir einen weiteren Weg haben, und die Woche hindurch in den Schlafhäusern zubringen. Soll dieser Nachtheil noch vergrößert werden, daß wir dadurch, daß die gewünschten Bauvorschüsse uns nicht gewährt werden, nicht dazu gelangen, für unsere Familien geräumige, gesunde, und sichere Wohnungen zu haben?«[45]

---

45 Tenfelde, Klaus/Trischler Helmuth (Hrsg.), Bis vor die Stufen des Throns. Bittschriften und Beschwerden von Bergleuten im Zeitalter der Industrialisierung, München 1986, Dokument Nr. 40. Das Gesuch wurde von 102 Bergleuten unterschrieben. Die Ablehnung wurde damit begründet, daß »diese Ortschaften zu weit von den größern Gruben ... entfernt liegen. Die Ansiedlung der Bergleute ist aber sowohl im Interesse der Gruben als des Arbeiterstandes selbst nur in der Nähe der

Aus der Sicht der ländlichen Bevölkerung, die in erster Gene-
ration zur Industriearbeit in die Stadt pendelte, war dieser
Zustand – zumal wegen der erzwungenen Anpassung an die
kapitalistische Fabrikdisziplin und der zumindest partiellen
Herauslösung aus dem dörflichen Sozialgefüge – in der Regel
ein zunächst zeitlich befristetes Zugeständnis. So stellt Rupieper für die Maschinenfabrik Augsburg-Nürnberg fest: »Für
viele ungelernte, unverheiratete, junge Arbeiter, die aus der
ländlichen Umgebung Augsburgs auf der Suche nach Arbeit
in die Stadt strömten, war die Beschäftigung in der Maschinenfabrik Augsburg nur eine vorübergehende, ohne daß
der Wohnort aufgegeben wurde und diese Arbeiter in der
Stadt oder ihren Vororten seßhaft wurden.«[46]

Was in den Augen der Akteure als reversibler Kompromiß
gedacht war, erwies sich im Verlauf der Industrialisierung
sehr häufig als eine Übergangsetappe vor dem dauerhaften
Zuzug in die Stadt[47]. Dieser Prozeß vollzog sich nicht zuletzt
über den Generationenwechsel. Gerade das Pendeln über
größere Strecken stellte oftmals die direkte Vorstufe für die
Übersiedlung in die Stadt oder deren Vororte dar. So kehrten
in Frankfurt im Jahre 1903 etwa 15 Prozent der auswärts
wohnhaften Pendler, insbesondere aus dem Baugewerbe, nur
periodisch oder unregelmäßig an ihren Wohnort zurück[48].

Die zeitgenössische Skepsis und die von den Menschen unter-
stellte Reversibilität des Industrialisierungsprozesses führten
vor dem Hintergrund der vor der Reichsgründung einge-
schränkten Freizügigkeit gelegentlich auch dazu, daß Arbeiter keine Unterkunft an ihrem Arbeitsort fanden. So
widersetzten sich im Saarrevier Bewohner von sich herausbil-
denden Industriedörfern dem Versuch des Bergfiskus, ange-
worbene Bergarbeiter in ihrer Gemeinde anzusiedeln. Dabei

Gruben zu befördern, damit die weiten und auf die Gesundheit und Arbeitsfähigkeit
der Arbeiter nachtheilig einwirkenden Wege immer mehr beseitigt werden und andererseits auch die Benutzung der Schlafhäuser für verheirathete Arbeiter beschränkt
werde.«
46 Rupieper, Regionale Herkunft, S. 101.
47 Vgl. Tenfelde, Sozialgeschichte der Bergarbeiterschaft an der Ruhr, S. 244.
48 Vgl. Matzerath, Urbanisierung in Preußen 1815–1914, S. 312.

stand die Skepsis im Vordergrund, ob denn der Bergbau auf Dauer ausreichende Verdienstmöglichkeiten bieten würde; andernfalls hätte die Armenfürsorge der Gemeinde für die vermögenslosen Bergleute aufkommen müssen. Auf diese Art und Weise wurden die betreffenden Fernwanderer des öfteren zu Pendlern[49].

3.1 Saisonpendler

Die Saisonpendelwanderung war schon in vorindustrieller Zeit und in der Phase der Frühindustrialisierung durchaus verbreitet; auch im letzten Drittel des 19. Jahrhunderts war die Saisonarbeit noch von großer Bedeutung[50]. Sie fand sich insbesondere bei jenen Gruppen, deren Tätigkeit von natürlichen saisonalen oder jahreszeitlichen Einflüssen abhängig war (Waldarbeiter, Zimmerleute, Maurer, Landarbeiter etc.)[51] und die in den Wintermonaten einer anderen Beschäftigung nachgingen. Es bildeten sich regional und branchenspezifisch vielfältige Typen von Saisonwanderern heraus (zum Beispiel die ostwestfälischen Hollandgänger). Für das Ruhrgebiet war das Pendeln zwischen Landwirtschaft und winterlicher Bergbaukonjunktur lange Zeit typisch und hat den Ruhrbergbau noch in der Phase der Hochindustrialisierung nachhaltig geprägt[52]. Die Bergbaubetriebe haben immer mit ländlichen Saisonarbeitern zur Winterkonjunktur gerechnet, und die kommunalen Melderegister belegen eine starke Frühjahrsfluktuation, eine erhöhte sommerliche Mobilität und einen erneuten Anstieg der kommunalen An- und Ab-

---

49 Steffens, Horst, Autorität und Revolte. Alltagsleben und Streikverhalten der Bergarbeiter an der Saar im 19. Jahrhundert, Weingarten 1987, S. 170ff.

50 Vgl. dazu u.a. Borscheid, Peter, Textilarbeiterschaft in der Industrialisierung. Soziale Lage und Mobilität in Württemberg (19. Jahrhundert), Stuttgart 1978, S. 275ff., bes. S. 280; Schildt, Tagelöhner, Gesellen, Arbeiter, S. 308ff.

51 Vgl. Boustedt, Olaf, Artikel »Pendelverkehr«, in: Akademie für Raumforschung und Landesplanung (Hrsg.), Handwörterbuch der Raumforschung und Raumordnung, Bd. II, 2. Aufl., Hannover 1970, Sp. 2282–2314, hier: Sp. 2284ff.; Arndt, Helmuth, Die Entwicklung und Bedeutung der Pendelwanderung und ihre Folgen auf den Gesundheitszustand der Arbeiter unter besonderer Berücksichtigung des Textilgewerbes, S. 4ff.

52 Vgl. Tenfelde, Sozialgeschichte der Bergarbeiterschaft an der Ruhr, S. 232f.

meldungen zur Winterkonjunktur. Häufig wird die Saisonarbeit jedoch nicht der Pendelwanderung zugerechnet, weil
sie oft mit der saisonalen Verlegung des Wohnsitzes verbunden ist[53].

3.2 Wochenendpendler

Schlafhausbewohner

Bei den Schlafhäusern handelte es sich um in der Nähe der
Arbeitsstätten gelegene Massenunterkünfte, die meist im Besitz der betreffenden Unternehmen waren. Ihre Existenz verweist bereits auf die übergroßen Entfernungen zwischen
Wohn- und Arbeitsstätte. Sie wurden vor allem für jene Arbeiter errichtet, deren Arbeitsweg täglich nicht mehr zu bewältigen war. So heißt es in einem zeitgenössischen Bericht
über diese Wochenendpendler: »Diese Leute gehen Sonn-
abend in ihre Heimath, bringen Montags Lebensmittel für
die ganze Woche und schlafen dicht gedrengt in den ihnen
eingeräumten Zimmern.«[54]

Im Saarrevier versuchte der Staat als Grubenunternehmer,
die Bergarbeiter in der Nähe der Gruben anzusiedeln oder
ihnen zumindest eine Schlafgelegenheit zur Verfügung zu
stellen[55]. Die Schlafhäuser hatten in diesem Zusammenhang
eine wichtige Funktion und erhielten im Saarland dauerhafte
Bedeutung. Sie wurden als Unterkunft für auswärtige Arbeiter angemietet oder gebaut.

Mallmann zufolge gehörte im letzten Viertel des 19. Jahrhunderts immerhin etwa ein Drittel der Gesamtbelegschaft zu
den Wochenend- oder Fernpendlern.

---

53 Vgl. Boustedt, Artikel »Pendelverkehr«, Sp. 2284f.
54 Mallmann, Klaus-Michael, Die Anfänge der Bergarbeiterbewegung an der Saar
   (1848–1904), Saarbrücken 1981 (= Veröffentlichungen der Kommission für saarländische Landesgeschichte und Volksforschung XII), S. 39, Anm. 164.
55 Vgl. zu den folgenden Ausführungen Steffens, Autorität und Revolte, S. 173ff.,
   S. 198ff.

Tabelle 3

Die täglichen und die nicht täglichen Heimkehrer unter den Saarbergleuten 1875–1905

Jahr	Tägliche Heimkehr	Nicht tägliche Heimkehr	
		absolut	in Prozent (der Gesamt- belegschaft)
1875	15188	8200	35
1885	18454	7833	29
1890	20973	8473	28
1895	22720	8354	27
1900	31036	10370	25
1905	35562	10927	24

Quelle: Mallmann, Die Anfänge der Bergarbeiterbewegung an der Saar, S. 39, 326.

Ende der sechziger Jahre des 19. Jahrhunderts gab es im
Saarbergbau 28 Schlafhäuser, im Jahre 1890 deren 33 und
nach der Jahrhundertwende zwischen 29 und 38. Interessant
ist der Anteil der Schlafhausbewohner an der Gesamtbelegschaft und seine Entwicklung, denn er läßt Rückschlüsse zu
auf den Anteil der Pendler an der erwerbstätigen Bevölkerung:

Tabelle 4

Anteil der Schlafhausbewohner an der Gesamtbelegschaft der Saar-
bergwerke

	Schlafhausbewohner		
Jahr	absolut	in Prozent der Gesamtbelegschaft	
1868/69	4010	21,0	19124
1875	5004	21,4	23388
1885	5009	19,1	26287
1890	4889	16,6	29446
1895	3688	11,9	31074
1900	3768	9,1	41406

Quelle: Steffens, Autorität und Revolte, S. 178.

Der Rückgang der Schlafhausgänger ist in erster Linie auf die
Verbesserung der Verkehrsverhältnisse zurückzuführen, die
den Einzugsbereich für die Tagespendler beträchtlich aus-
dehnte. Darüber hinaus dürfte der sich ausdehnende Arbei-

33

terwohnungsbau den Anteil derjenigen Arbeiter vergrößert haben, der in der Nähe der Gruben wohnte und mithin von den Wochenendpendlern zu den Tagespendlern überwechselte oder vielleicht überhaupt nicht mehr zu pendeln brauchte.

Die Schlafhäuser waren bei den Arbeitern recht unbeliebt, weil in ihnen ein halbmilitärischer Zwang vorherrschte. So sah die »Haus-Ordnung für die Schlafhäuser der königlichen Steinkohlengruben im Bergamtsbezirk Saarbrücken« aus dem Jahre 1881 vor: »Beim Eintritt eines Vorgesetzten in ein Zimmer haben sich die außer Bett befindlichen Bewohner von ihren Sitzen zu erheben, die Mütze abzuheben und die Begrüßung laut zu erwidern. Ein gleiches gilt, wenn Schlafhausbewohner in der Umgebung des Schlafhauses sich aufhalten«. Außerdem waren »Lärmen, Streiten, Singen unanständiger Lieder« sowie die Anwesenheit von »Frauenpersonen«, die nur »während des Tages Lebensmittel oder Kleidungsstücke bringen« durften, verboten[56]. Nicht einmal in ihrer ohnehin knapp bemessenen Freizeit konnten die in den Schlafhäusern wohnenden Pendler der industriellen Disziplinierung entfliehen. Daher bevorzugten die Wochenendpendler die Unterkunft in Privatquartieren.

Die Schlafhäuser spielten im Saarrevier dennoch eine vergleichsweise wichtige Rolle, wie überhaupt das Schlafhauswesen in ländlich und kleinstädtisch strukturierten Regionen verbreiteter war als in den Großstädten[57].

Schlaf- und Kostgänger (Einlieger)

Vor allem aus den obengenannten Gründen verschoben sich die Relationen zwischen Schlafhausbewohnern und privaten Einliegern beträchtlich. Die Privatunterkünfte erfreuten sich wachsender Beliebtheit.

---

56 Zit. n. Steffens, Autorität und Revolte, S. 206; ähnlich auch für die Schlafhäuser des Ruhrgebiets Brüggemeier, Franz-Josef, Leben vor Ort. Ruhrbergleute und Ruhrbergbau 1889–1919, München 1983, S. 54.
57 Vgl. Mooser, Josef, Arbeiterleben in Deutschland 1900–1970. Klassenlagen, Kultur und Politik, Frankfurt a.M. 1984, S. 144.

Tabelle 5

Bergleute im Saarrevier als Schlafhausbewohner sowie als Kost- und Quartiergänger

Jahr	Schlafhaus-bewohner	Wohnung bei Privatleuten	in Prozent der Fernpendler	in Prozent der Gesamtbeleg-schaft
1875	5004	3196	39	13,7
1885	5009	2824	36	10,7
1890	4889	3584	42	12,2
1895	3688	4666	56	15,0
1900	3768	6602	64	16,0

Quelle: Mallmann, Die Anfänge der Bergarbeiterbewegung an der Saar, S. 40; Steffens, Autorität und Revolte, S. 190.

Die Kost- und Quartiergänger bei Privaten lebten allerdings auch unter unerträglichen Bedingungen. Die Pendler kamen vor allem bei armen und kinderreichen Familien unter, die gerade in der Phase der Kindererziehung häufig auf die entsprechenden Einnahmen aus der Untermiete angewiesen waren[58]. Es bildete sich jene zumindest für die erste Arbeitergeneration typische »halboffene proletarische Familienstruktur« heraus, in der das Zusammenrücken zum Alltag gehörte, mehrere Personen gleichzeitig in einem Bett schliefen oder ein Bett rund um die Uhr an die Pendler vermietet wurde und das Leben der Kost- und Quartiergänger sich inmitten der Familie abspielte[59]. Laut Erhebung kamen 2,5 Arbeiter auf eine Schlafstelle. Dennoch waren die Privatquartiere – wie oben bereits erwähnt – wegen der fehlenden Disziplinierung weitaus beliebter als die Schlafhäuser. Zudem bot das Schlaf- und Kostgängerwesen den Pendlern die Möglichkeit zur sozialen Integration in die neue städtisch-industrielle Umgebung, und nicht selten eröffnete das Schlafgängerwesen auch die Gelegenheit zum sexuellen Kontakt mit den weiblichen Familienmitgliedern, zumal in Abwesenheit des Ehemanns bzw. Vaters. Daß diese Kontakte von den bei Privaten übernachtenden Wochenendpendlern, von denen die große Mehrheit

---

58 Vgl. ebda., S. 143 f.
59 Vgl. dazu Niethammer/Brüggemeier, Wie wohnten Arbeiter im Kaiserreich?, S. 76. Brüggemeier, Leben vor Ort, S. 52 ff. bes. S. 62 ff.

unverheiratet und zwischen 16 und 24 Jahre alt war, auch genutzt wurden, zeigen die Klagen der Behörden über zahlreiche »Konkubinatsfälle« und ihre öffentlich bekundete Sorge über die Wahrung der sittlichen Ordnung[60]. »Das Zusammenleben der Familien mit fremden heimatlosen Burschen war dazu angetan, die Familienbande zu lockern. Wilde Ehen, Ehebruch und uneheliche Geburten mehrten sich (...) Vor allem mehrten sich aber die unter dem Einfluß übermäßigen Alkoholgenusses verübten Roheitsdelikte«[61]. Diese Beobachtungen waren – zum Beispiel im Saarrevier – ein wichtiges Motiv der staatlichen Behörden für die Unterstützung des Wohnungs- bzw. Eigenheimbaus.

Im Vergleich zu den Bergleuten des Saargebiets wohnte unter den Ruhrbergleuten insgesamt ein etwas geringerer Anteil in Schlafhäusern und Privatquartieren. Bemerkenswert ist allerdings, daß im Ruhrbergbau die Schlafhäuser als Unterkunft fast bedeutungslos waren. So betrug der Anteil an den Schlafhausbewohnern unter den Bergleuten auf den Zechen des Ruhrgebiets im Jahre 1893 für das südliche Revier 0,79 Prozent, für das nördliche Revier 0,77 Prozent[62]. Demgegenüber kam ein sehr großer Anteil der Pendler als Kost- und Quartiergänger bei Privaten unter, nämlich 21,49 Prozent im südlichen Revier und 28,06 Prozent im nördlichen Revier[63]. 1873 wohnten noch 7 Prozent der ledigen Bergleute im Schlafhaus, 1893 waren es nur noch 1,5 Prozent. Im Jahre 1900 gab es im Ruhrbergbau noch 500 Betten in insgesamt 14 Schlafhäusern, von denen ein Schlafhaus nicht genutzt wurde[64]. Der Hauptgrund für diesen ausgeprägten Unterschied zwischen Saarrevier und Ruhrgebiet dürfte darin liegen, daß die Verstädterung im Ruhrgebiet, der dortige Wohnungsbau und die Zusammenballung der Bergleute in eigenen Siedlungen viel weiter vorangeschritten waren als im Saarland, wo die Bergleute vornehmlich in weitverstreuten Gemeinden wohnten, so daß dort gar nicht eine derartige Zusammenballung von Wohnraum vorhanden war, die es

---

60 Vgl. Steffens, Autorität und Revolte, S. 192ff.
61 Zit. n. ebda., S. 176.
62 Vgl. Niethammer/Brüggemeier, Wie wohnten Arbeiter im Kaiserreich?, S. 76.
63 Vgl. ebda.
64 Vgl. Brüggemeier, Leben vor Ort, S. 53.

den Bergleuten ermöglicht hätte, bei Arbeitskollegen unter-
zukommen.

3.3 Tagespendler

Bis etwa in die achtziger Jahre hinein wurde die Form der
Pendelwanderung und die für sie aufgewendete Zeit, freilich
in unterschiedlichem Ausmaß, vor allem durch zwei Faktoren nachhaltig beeinflußt:

1. Die extrem lange tägliche Arbeitszeit, die regional und
branchenspezifisch sehr unterschiedlich ausgeprägt war und
nicht selten auch über 12 Stunden durchaus noch hinausgehen konnte[65], begrenzte die Zeit, die für den Weg zur Arbeit
aufgewendet werden konnte. Die allmähliche Verkürzung der
täglichen Arbeitszeit bot auch die Möglichkeit, den Zeitaufwand für den täglichen Arbeitsweg zu vergößern.

2. Da zugleich die Verkehrsinfrastruktur erst im Aufbau be-
griffen war und ein großer Teil der Pendler seinen täglichen
Weg zu Fuß bewältigen mußte, war die maximale tägliche
Pendelentfernung zusätzlich begrenzt.

Daher war im Vergleich mit der heutigen Entwicklung ein
weit größerer Teil der Pendler als Wochenendpendler unterwegs. Ein großer Teil aber nahm den täglichen Weg nach
Hause, wenn er nur irgendwie zu bewältigen war, auf sich.
Viele waren sogar dazu gezwungen, weil die Familie allein die
kleine landwirtschaftliche Nutzfläche nicht bearbeiten
konnte und der Pendelarbeiter nach Feierabend noch im
landwirtschaftlichen Nebenerwerb tätig war (»Mondschein-
bauer«). Oftmals wurde aber auch derjenige, für den das
tägliche Pendeln körperlich oder auch finanziell eine zu große
Belastung bedeutet hätte, zum Wochenendpendler.

---

65 Vgl. Deutschmann, Christoph, Der Weg zum Normalarbeitstag. Die Entwicklung
der Arbeitszeiten in der deutschen Industrie bis 1918, Frankfurt/M., New York,
1985; Fischer, Wolfram/Krengel, Jochen/Wietog, Jutta, Sozialgeschichtliches Arbeitsbuch, Bd. I: Materialien zur Statistik des Deutschen Bundes 1815–1870, München 1982; Hohorst, Gerd/Kocka, Jürgen/Ritter, Gerhard A., Sozialgeschichtliches
Arbeitsbuch, Bd. II: Materialien zur Statistik des Kaiserreichs 1870–1914, 2.,
durchges. Aufl., München 1978.

Die Tagespendler waren außerordentlichen Strapazen ausgesetzt. Für diverse Städte und Regionen wird berichtet, daß die Arbeiter häufig aus einer Entfernung von bis zu 40 km oder gar mehr täglich in die Stadt pendelten[66], wobei nicht selten ein beträchtlicher Teil dieser Strecke zu Fuß zurückzulegen war. Entsprechend lange waren die betreffenden Arbeiter unterwegs. Noch um die Jahrhundertwende mußten die Bergarbeiter an der Ruhr »z.T. erhebliche tägliche Fußmärsche von 10, 20 und mehr Kilometern« in Kauf nehmen[67]. Über die Pendler im Saarrevier heißt es:»Jeden Morgen fand eine wahre Völkerwanderung zu den Gruben statt, ca. $\frac{2}{3}$ bis $\frac{3}{4}$ der Belegschaft besaß die Möglichkeit, von der Familienwohnung aus zu Fuß oder mit der Eisenbahn den Arbeitsplatz zu erreichen. Dabei mußten oft Wege von zwei bis drei Stunden über befestigte und unbefestigte Straßen in Ortschaften, über die Bergmannspfade durch Wälder und Felder zurückgelegt werden, nicht nur, um von den Dörfern an der Peripherie ins Revier zu gelangen, sondern auch weil mancher Bergmann auf der seiner Wohnung benachbarten Grube keine Anstellung gefunden hatte.«[68]

Mit der Verbreitung der Eisenbahn und der Entwicklung des großstädtischen Nahverkehrs nahm der Anteil der Tagespendler an allen Pendlern zu, freilich ohne daß sich der Zeitaufwand in jedem Fall reduziert hätte. Denn zum einen erhielt nicht jeder Ort eine Bahnstation, zum anderen bewirkte der Ausbau der Verkehrsinfrastruktur eine beträchtliche Ausdehnung des Einzugsbereichs für die Tagespendelwanderung[69]. Noch in der Mitte des 20. Jahrhunderts waren

66 Vgl. zu Angaben über die Entfernungen zwischen Wohn- und Arbeitsstätte u.a. Stearns, Peter N., Arbeiterleben. Industriearbeit und Alltag in Europa 1890–1914, Frankfurt a.M./New York 1975, S. 18; Strohschein, Kurt, Die Pendelwanderung Stuttgarts, Diss., Tübingen 1937, S. 26ff.; Mollier, Dietrich, Die Pendelwanderung im Spiegel der Statistik unter besonderer Berücksichtigung der Pendelwanderung in Sachsen, Diss., Borna-Leipzig 1938, S. 10ff.
67 Niethammer/Brüggemeier, Wie wohnten Arbeiter im Kaiserreich?, S. 76.
68 Steffens, Autorität und Revolte, S. 119.
69 Vgl. Blaich, Fritz, Der Einfluß der Eisenbahnpolitik auf die Struktur der Arbeitsmärkte im Zeitalter der Industrialisierung, in: Wirtschaftspolitik und Arbeitsmarkt. Bericht über die 4. Arbeitstagung der Gesellschaft für Sozial- und Wirtschaftsgeschichte in Wien am 14. und 15. April 1971, hrsg. v. Hermann Kellenbenz, München 1974, S. 86–109, hier: S. 105.

die Bergleute an der Saar zwischen 10 und 14 Stunden von zu Hause abwesend[70].

4. Veränderungen unter dem Einfluß des städtischen Wohnungsbaus und des Eisenbahnbaus

Vor dem Hintergrund des explosionsartigen Wachstums der in die Städte strömenden Menschenmassen entstand eine ungeheure Wohnungsnot, deren Hauptkennzeichen eine kaum vorstellbare Überbelegung und entsprechend unzumutbare soziale und hygienische Verhältnisse waren. So heißt es in einem Untersuchungsbericht über die Wohnverhältnisse im rheinisch-westfälischen Industriegebiet, es gebe »eine derartige Fülle von Verwahrlosung, moralischer und sittlicher Versumpftheit, daß sich jeder unbefangene Leser mit Schaudern fragen muß, wie es möglich ist, daß diese himmelschreienden Zustände in einem (der) kulturell fortgeschrittensten Gebiete herrschen können.«[71] Diese Wohnungsnot wurde auch von den Zeitgenossen wahrgenommen, und ihre Konfliktträchtigkeit war Kommunalpolitikern, Unternehmern und bürgerlichen Sozialreformern Anlaß, sich im Wohnungsbau zu engagieren.

In den siebziger Jahren setzte so ein von privaten, staatlichen oder sonstigen öffentlichen Einrichtungen, auch Wohlfahrtseinrichtungen, getragener Wohnungsbau ein, der sich zunächst langsam entwickelte und dann spürbar beschleunigt wurde[72]. Die Veränderung des Wohnungsbestandes der Firma Krupp mag diese Entwicklung veranschaulichen, auch wenn ihr Engagement bei der Bereitstellung oder dem Bau von Wohnungen im Vergleich zu anderen Firmen oder Kommunen außerordentlich groß war:

---

70 Vgl. Steffens, Autorität und Revolte, S. 119f.
71 Zit. n. Brüggemeier, Leben vor Ort, S. 54.
72 Vgl. Blumenroth, Ulrich, Deutsche Wohnungspolitik seit der Reichsgründung – Darstellung und kritische Würdigung, Münster 1975 (= Beiträge zum Siedlungs- und Wohnungswesen und zur Raumplanung, hrsg. v. Werner Ernst u. Rainer Thoss, Bd. 25), S. 38ff.; Heinrich, Die Wohnungsnot und die Wohnungsfürsorge privater Arbeitgeber, S. 62ff.

Tabelle 6

Der Wohnungsbestand der Firma Krupp in Essen 1861–1891

Jahr	Anzahl der Wohnungen
1861	10
1871	487
1873/74	2684
1874	3277
1878	3282
1880	3313
1885	3335
1888	3383
1890	3821
1891	4192

Quelle: Heinrich, Die Wohnungsnot und die Wohnungsfürsorge privater Arbeitgeber, S. 124.

Das Verhältnis zwischen der Belegschaft und dem Wohnungsbestand bei den Ruhrzechen verbesserte sich zwischen 1893 und 1914 von 15:1 auf 4,5:1[73].

Dabei waren gerade die betrieblichen Motive zur Förderung des Wohnungsbaus keineswegs uneigennütziger Natur[74]. Das Problem der Pendelwanderung spielte bei den Beweggründen eine sehr wichtige Rolle, denn es ging den Unternehmen nicht zuletzt darum, die Arbeiter in unmittelbarer Nähe des Betriebs anzusiedeln, um die langen Anmarsch- bzw. Anfahrtszeiten zu reduzieren oder zu beseitigen, denn von ausgeruhteren und zufriedeneren Arbeitern erwartete man eine höhere Leistungsfähigkeit und Leistungsbereitschaft sowie weniger Ausfallzeiten und eine geringere Unfallhäufigkeit[75].

Jedoch hatte der verstärkte Wohnungsbau keineswegs eine Einschränkung der Pendelwanderung insgesamt zur Folge. Zwar wurden Arbeiter in größerem Umfang in unmittelbarer Nähe zum Betrieb oder zumindest in Stadtnähe angesiedelt; die so erreichte Reduzierung der Pendelwanderung eines Teils

---

73 Schulz, Günther, Der Wohnungsbau industrieller Arbeitgeber in Deutschland bis 1945, in: Teuteberg, Hans Jürgen (Hrsg.), Homo habitans. Zur Sozialgeschichte des ländlichen und städtischen Wohnens in der Neuzeit, Münster 1985, S. 373–389, hier: S. 375f.

74 Vgl. dazu Heinrich, Die Wohnungsnot und die Wohnungsfürsorge privater Arbeitgeber, S. 134f.

75 Vgl. ebda., S. 147f.

der Arbeiter wurde aber durch andere Entwicklungen überlagert, die diesen Effekt gleichsam überkompensierten:

1. Die Konzentration von Arbeitskräften in den städtisch-industriellen Ballungsräumen vollzog sich – gerade angesichts des Endes der Großen Depression Mitte der neunziger Jahre und der dynamischen Entwicklung der neuen Industrien (Chemie- und Elektroindustrie) – weit schneller, als zusätzliche Wohnungen zur Verfügung gestellt wurden. »Die Werkswohnungen waren zwar insgesamt ein Massenphänomen, wurden aber nie für die Masse der Beschäftigten errichtet. Stellt man den 1898 in Deutschland vorhandenen 140049 Werkswohnungen industrieller Arbeitgeber die etwa acht Millionen industriellen Arbeitskräfte gegenüber, so ergibt sich eine Relation von etwa 1,8 Werkswohnungen je 100 Arbeitnehmer«.[76] Im Jahre 1914 wurden schätzungsweise 80000 Ruhrbergleute durch den Wohnungsbau nicht mit eigenen Wohnungen versorgt[77]. Zudem nahm der Konzentrationsprozeß auf der Ebene der Einzelbetriebe und damit die räumliche Zusammenballung von Arbeitskräften rasch zu.

2. Die Dezentralisierung der Wohnstandorte innerhalb der großstädtischen Ballungszentren und die Herausbildung peripherer Wohnquartiere vertieften die Trennung zwischen Arbeits- und Wohnstätte. Im Rahmen dieser Entwicklungen wurden immer mehr Arbeiterfamilien an den Stadtrand gedrängt. Um die Jahrhundertwende nahm der innerstädtische Umzug in die Vororte noch nie gekannte Ausmaße an[78]. Zu dieser Zeit wechselten in den Großstädten zum Teil bis zu zwei Drittel der Einwohner innerhalb eines Jahres ihren Wohnstandort[79].

Die Bildung von immer größeren Produktionsstätten und die Entstehung großstädtischer Industrieagglomerationen mit Hunderttausenden von Einwohnern und einer entsprechenden Flächenausdehnung hatten zur Folge, daß die meisten

76 Schulz, Der Wohnungsbau industrieller Arbeitgeber in Deutschland bis 1945, S. 383.
77 Vgl. Brüggemeier, Leben vor Ort, S. 52f.
78 Vgl. Langewiesche, Dieter, Mobilität in deutschen Mittel- und Großstädten. Aspekte der Binnenwanderung im 19. und 20. Jahrhundert, in: Conze/Engelhardt (Hrsg.), Arbeiter im Industrialisierungprozeß, S. 70–93; vgl. auch Matzerath, Urbanisierung in Preußen 1815–1914, S. 311f.
79 Vgl. Niethammer/Brüggemeier, Wie wohnten Arbeiter im Kaiserreich?, S. 84.

Menschen nicht in der unmittelbaren Nähe ihrer Arbeitsstelle wohnen konnten. Diese Situation wurde durch die große Wohnungsnot noch verstärkt. Daher strömten nun alltäglich große Menschenmassen innerhalb dieser großstädtischen Zentren oder aus den Vororten und Vorstädten zu ihrem Arbeitsplatz.

Besonders stark wurde die Pendelwanderung mit dem Ausbau der Verkehrsinfrastruktur, insbesondere mit dem *Eisenbahnbau* verändert. Der billige und schnelle Transport der Arbeiter von ihrer Wohn- zur Arbeitsstätte war ein großes Problem. Das Straßennetz war zu wenig ausgebaut, die Straßen selbst von schlechter Qualität, die Beförderungskapazität von Postkutschen zu gering und ihre Beförderungskosten viel zu hoch[80]. Schließlich war das Fahrrad, sieht man vom Stand seiner technischen Entwicklung ab, bis etwa 1890 noch viel zu teuer, um als Massenbeförderungsmittel geeignet zu sein[81]. Gerade mit dem Abklingen der Gründerkrise fiel es den Unternehmern immer schwerer, den wachsenden Bedarf an Arbeitskräften aus der unmittelbaren Umgebung der jeweiligen Wirtschaftsregion zu rekrutieren[82].

Daher rückte die Beförderung von Arbeitern, nachdem bisher jahrzehntelang der Eisenbahnbau an den Erfordernissen des Güterverkehrs ausgerichtet worden war, immer mehr in das Blickfeld der Eisenbahnpolitik[83]. Mit der Hochindustrialisierung wurde auch der Bahnstreckenbau forciert, so daß Deutschland am Vorabend des Ersten Weltkrieges mit einem Streckennetz von über 60 000 km überzogen war[84]. Der Eisenbahnbau erleichterte die Wanderung von Saisonarbeitern und das Reisen der Wochenendpendler, brachte vor allem

---

80 Vgl. Blaich, Der Einfluß der Eisenbahnpolitik auf die Struktur der Arbeitsmärkte, S. 90.
81 Vgl. Lerch, Rudolf, Das Fahrrad und seine Bedeutung für die Volkswirtschaft, in: Jahrbuch für Gesetzgebung, Verwaltung und Volkswirtschaft im Deutschen Reich, 24. Jg., 1900, H. 1, S. 297–358, hier: S. 305ff., S. 337f.
82 Vgl. Blaich, Der Einfluß der Eisenbahnpolitik auf die Struktur der Arbeitsmärkte, S. 89.
83 Vgl. Rixecker, Otto, Die Bevölkerungsverteilung im Saargebiet, Diss., Berlin 1930, S. 47; Blaich, Der Einfluß der Eisenbahnpolitik auf die Struktur der Arbeitsmärkte, S. 92ff.
84 Vgl. Henning, Die Industrialisierung in Deutschland 1800 bis 1914, S. 162.

aber eine umfassende tägliche Pendelwanderung in Gang[85]. Die Arbeitsmöglichkeit in der Stadt bzw. in der Industrie bot den Bewohnern der Landgemeinden die Möglichkeit, ihre soziale Lage zu verbessern, mit ihrem mehr oder weniger regelmäßigen und häufig höheren Einkommen aus der industriellen Arbeit ihre Einkünfte aus dem landwirtschaftlichen Nebenerwerb, der meist ein Zwergbetrieb war, aufzubessern. Dabei konnte er den relativ regelmäßigen und hohen Lohn mit einer billigen Lebenshaltung auf dem Lande verbinden[86]. Einschränkend sei allerdings auch darauf hingewiesen, daß in stark agrarisch geprägten Regionen mit einem hohen Anteil von landwirtschaftlich nebenberuflichen Industriearbeitern die Fabriklöhne von den Unternehmern häufig nach Möglichkeit so niedrig bemessen wurden, daß die betreffenden Arbeiter auf ihre landwirtschaftliche Nebentätigkeit angewiesen waren.

Die Hauptnutznießer der Erschließung der ländlichen Arbeitsmärkte mit der Eisenbahn waren allerdings die Unternehmer, die mit dem 1880 einsetzenden Aufschwung auf die Versorgung mit Arbeitskräften aus den ländlichen Regionen angewiesen waren. Denn zum einen stellte diese Gruppe der Arbeiter relativ bescheidene Lohnforderungen, zum anderen verschärfte das ländliche Arbeitskräftereservoir die Konkurrenz innerhalb der Arbeiter und drückte somit die Löhne, und schließlich konnten die ländlichen Arbeiter bei Absatzschwierigkeiten oder Streiks leichter entlassen werden, denn der landwirtschaftliche Nebenerwerb wirkte »wie der Abzugskanal eines Schleusenbeckens, in den bei Freisetzung die Arbeitskräfte abströmen und aus dem sie bei zunehmender Beschäftigung an ihre Arbeitsplätze zurückkehren«.[87]

Jedoch mußte eine wichtige Voraussetzung für die Durchsetzung der Eisenbahn als Massenbeförderungsmittel im Nahverkehr erst noch geschaffen werden: Die Fahrpreise waren

---

85 Vgl. Blaich, Der Einfluß der Eisenbahnpolitik auf die Struktur der Arbeitsmärkte, S. 91 f.; vgl. zur Rolle der Eisenbahn auch Voigt, Fritz, Verkehr, 2 Bde., Berlin (West) 1965–1973, hier: Bd. 2, S. 507 ff.
86 Vgl. Hippel, Wolfgang von, Regionale und soziale herkunft der bevölkerung einer Industriestadt. Untersuchungen zu Ludwigshafen a. Rh. 1867–1914, in: Conze/Engelhardt, Arbeiter im Industrialisierungsprozeß, S. 51–69, hier: S. 55.
87 Zit. n. Blaich, Der Einfluß der Eisenbahnpolitik auf die Struktur der Arbeitsmärkte, S. 108.

anfangs viel zu hoch und für die Arbeiter mit ihren niedrigen Löhnen kaum erschwinglich. So berichtet Thienel mit Bezug auf Berlin, daß es »angesichts der allgemeinen Lohnverhältnisse« unwahrscheinlich sei, daß die dortigen 1846 eingerichteten fünf Omnibuslinien und andere Verbindungen zur Verkürzung der Arbeitswege benutzt wurden[88].

Daher begann man in den siebziger Jahren auf einigen Strecken mit der Einführung von Arbeiterwochenkarten oder anderen Abonnementskarten (»Arbeiterretourbillette« zu »ermäßigter Taxe«[89]), um den Arbeitern die Zugfahrt zu ermöglichen. Zwischen 1869 und 1877 verdoppelte sich zum Beispiel die Zahl der auf der Main-Neckar-Bahn im Lokalverkehr beförderten Personen von gut einer auf gut zwei Millionen.

Die außerordentlich starke Zunahme des Personennahverkehrs beruhte, wie die Zahl der verkauften Wochenkarten zeigt, zu einem sehr großen Teil auf der Steigerung der ermäßigten Fahrten im Nahverkehr. So führte beispielsweise in Baden der 1885 für den Nahverkehr eingeführte Vorzugstarif binnen kurzer Zeit zu einer Vervielfachung der Beförderungszahlen:

Tabelle 7

Die im Nahverkehr der badischen Staatsbahnen beförderten Personen 1885–1900

Jahr	Zahl der beförderten Personen
1885	89 073
1886	554 192
1887	882 043
1888	1.198 061
1889	1.325 318
1890	1.409 570
1895	2.383 368
1900	3.701 663

Quelle: Kalchschmidt, Die Entwickelung der Personentarife, S. 47.

88 Thienel, Industrialisierung und Städtewachstum, S. 128.
89 Zit. n. Blaich, Der Einfluß der Eisenbahnpolitik auf die Struktur der Arbeitsmärkte, S. 101; vgl. Kalchschmidt, Kurt, Die Entwickelung der Personentarife auf den Grossh. Bad. Staatsbahnen, Diss., Heidelberg 1909, S. 51ff., bes. S. 55f.

Es wurden sodann regelrechte Arbeiterzüge eingerichtet, die die ländliche Umgebung in das Streckennetz einbezogen und deren Takt allmählich an den Arbeitszeiten in der Industrie ausgerichtet wurde[90]. Anfangs wurde die Rentabilität der Arbeiterzüge durch die Wochenendpendler gefährdet. So waren 1872 die Sonderzüge auf der hessischen Ludwigsbahn zwischen Darmstadt und dem Odenwald nur samstags und montags voll besetzt, nach einem Jahr hatten jedoch die niedrigen Fahrpreise die meisten Arbeiter zum täglichen Pendeln bewogen[91].

Die Verbreitung der Eisenbahn schob somit den Einzugsbereich der Tagespendler immer weiter hinaus. Bereits in den sechziger Jahren des 19. Jahrhunderts fuhren Arbeiter aus bis zu 20 km entfernt liegenden Gemeinden täglich zur Arbeit nach Frankfurt. Um 1890 wohnten 11,8 Prozent aller in Mannheim beschäftigten Arbeiter in einer Entfernung von mehr als 10 km von ihrem Arbeitsort[92].

Trotz dieser Entwicklungen verfügte aber bei weitem noch nicht jedes Dorf über einen Eisenbahnanschluß. Häufig war nach wie vor ein langer Fußmarsch zur nächstgelegenen Bahnstation notwendig oder mußte gar ganz auf die Bahnfahrt verzichtet werden. Im elsässischen Industriezentrum Mülhausen ermittelten die Beamten der Gewerbeaufsicht im Jahre 1896, »daß von den ca. 23000 Arbeitern etwa der 3. Theil auswärts wohnt, zum Theil in Entfernungen von bis zu 10 und 12, vereinzelt bis zu 20 Kilometer. Davon hatte Mitte Dezember vorigen Jahres kaum die Hälfte die Eisenbahn oder die verschiedenen Straßenbahnen benützt; bei Ueberarbeit war und ist die Benutzung dieser Fahrgelegenheit überhaupt ziemlich ausgeschlossen«.[93] Im Jahre 1895 mußten auch noch viele Arbeiter der BASF in Ludwigshafen täglich mehrere Stunden zu Fuß zu ihrer Arbeitsstätte marschieren[94].

Wo die Entfernung zur Arbeitsstätte zu groß bzw. die tägliche Anmarschzeit zur nächsten Bahnstation derart lang war, daß

---

90 Blaich, Der Einfluß der Eisenbahnpolitik auf die Struktur der Arbeitsmärkte, S. 97ff.
91 Vgl. ebda., S. 106.
92 Vgl. ebda., S. 105.
93 Zit. n. ebda., S. 104.
94 Vgl. ebda., S. 104.

sie das tägliche Pendeln unattraktiv machte, bestand auch in den neunziger Jahren die Wochenpendelwanderung fort. So berichtete die Badische Fabrikinspektion über einen Arbeiter in Mannheim: »Seit 9 Jahren ist er an seiner jetzigen Stelle, welche 3½ Stunden von seinem Wohnort entfernt ist. Er kehrt nur am Samstag dorthin zurück und benützt während der Woche den Schlafsaal der Fabrik für 50 Pf. in der Woche«.[95] Insgesamt aber wurden mit der Verbesserung der Verkehrsinfrastruktur die geographische Reichweite der Pendler erhöht und ihre Fahrtzeiten verkürzt. Dabei war das Ausmaß des Pendelns sowohl hinsichtlich der Anzahl der Pendler als auch hinsichtlich der durchschnittlich zu bewältigenden Wegstrecke örtlich und regional sehr unterschiedlich ausgeprägt[96].

Die flächenmäßige Ausdehnung der Großstädte machte auch den innerstädtischen Einsatz von Verkehrsmitteln notwendig. Ohne die Entwicklung des öffentlichen Personennahverkehrs war die Verlagerung von Industrie in die Außenbezirke und die Dezentralisierung der Wohnstandorte gar nicht denkbar. Bereits um die Jahrhundertwende war das Vorortpendlerproblem für einige Städte von sehr großer Bedeutung. Diese Entwicklung zwang die Kommunen zum raschen Auf- und Ausbau eines städtischen Nahverkehrssystems. Zu dieser Zeit fanden daher in den Großstädten Vorortbahnen und elektrische Straßenbahnen zur Beförderung der Pendler große Verbeitung. Ihr Einsatz wiederum förderte nachhaltig die zukünftige Ausweitung der Pendelwanderung[97]. Aber auch die großstädtische Binnenpendelwanderung bzw. Vorortpendelwanderung erforderte trotz der Verbesserungen im öffentlichen Nahverkehr oftmals noch einen großen Zeitaufwand, zumal teilweise beträchtliche Entfernungen zurückgelegt werden mußten.

---

95 Zit. n. ebda., S. 106.
96 Vgl. Matzerath, Urbanisierung in Preußen 1815–1914, S. 270f.
97 Vgl. Thienel, Ingrid, Städtewachstum im Industrialisierungsprozeß des 19. Jahrhunderts. Das Berliner Beispiel, Berlin/West, New York 1973 (= Einzelveröffentlichungen der Historischen Kommission zu Berlin, Bd. 39), S. 205; Matzerath, Horst, Städtewachstum und Eingemeindungen im 19. Jahrhundert, in: Reulecke (Hrsg.), Die deutsche Stadt im Industriezeitalter, S. 67–89, hier: S. 80ff.

5. Strukturmerkmale der weiteren Entwicklung der Pendelwanderung

Die Veränderungen in der Pendelwanderung, die sich in der ersten Hälfte dieses Jahrhunderts vollzogen, lassen sich folgendermaßen charakterisieren:

1. In den ersten drei Jahrzehnten dieses Jahrhunderts, vermutlich vor allem in den zwanziger Jahren erfuhr die Pendelwanderung einen ungeheuren Schub. Auch wenn keine flächendeckenden Erhebungen über die Pendlerzahlen vorliegen, so deuten doch die verschiedenen lokalen oder regionalen Studien auf diesen Trend hin. 1927 wurde eine »riesige Zunahme« seit 1918 festgestellt[98]. In einer Untersuchung des mitteldeutschen Industriegebiets wurde 1935 eine Pendlerquote von 10 Prozent der Erwerbstätigen ermittelt.

Die Auswertung der oben bereits erwähnten Volkszählungsergebnisse im Land Württemberg ermöglicht es uns, die dortige Veränderung der Pendlerzahlen von der Jahrhundertwende bis zum Beginn des Zweiten Weltkriegs zu verfolgen:

Tabelle 8

Entwicklung der Berufspendlerzahlen in Württemberg 1900–1939

Jahr	Anzahl	in Prozent der Erwerbspersonen
1900	59 428	6,6
1910	88 155	8,0
1925	155 820	10,1
1939	221 889	13,8

Quelle: Statistisches Bundesamt, Fachserie A: Bevölkerung und Kultur, Volks- und Berufszählung vom 6. Juni 1961, H. 9: Pendler, Stuttgart und Mainz 1967, S. 22.

Seit 1910 ist hier also in der Tat eine kontinuierliche Beschleunigung eingetreten. Alle 15 Jahre sind knapp 70 000 neue Pendler hinzugekommen. Gegenüber 1910 ist die Anzahl der Berufspendler auf das Zweieinhalbfache gewachsen, und im Vergleich mit 1900 hat sich die Pendlerquote verdoppelt.

---

98 Vgl. Mooser, Arbeiterleben in Deutschland, S. 175.

2. Die Pendelwanderung innerhalb der Großstädte und die Vorort-Großstadt-Pendelwanderung bzw. die Zahlen der Umland-Großstadt-Pendler

nahmen ebenfalls, besonders wohl in den Jahren der Weimarer Republik, rapide zu[99]. Die Statistiken der Verkehrsunternehmungen geben, obwohl sie die wachsende Rolle des Fahrrades ausklammern, noch am ehesten Aufschluß über den Umfang der Pendelwanderungen. In Berlin, das über das am weitesten entwickelte Verkehrsnetz verfügte, beförderten die Straßenbahnen 1910 bereits mehr als eine halbe Milliarde Menschen, Berliner Omnibusse weitere knapp 150 Millionen. 1927 hatte sich die Zahl der mit Omnibussen beförderten Personen zwar kaum verändert, jedoch fuhren nun schon fast eine Milliarde Menschen mit der Straßenbahn. 1910 wurden 164 Millionen Menschen auf der Stadt- und Ringbahn befördert, 59 Millionen auf der Hoch- und Untergrundbahn, weiter 145 Millionen im Vorortverkehr der Eisenbahn, hingegen nur 11 Millionen Abfahrten im Fernverkehr. Aufgrund der Berechnung des Anteils der Wochen- und Monatskarten – allein die Ringbahn verkaufte über 3 Millionen Arbeiterwochenkarten – schätzen Lenger/Langewiesche die Zahl der Stadt-, Ring- oder Eisenbahn benutzenden Pendler auf 160000; die analoge Schätzung für das Jahr 1927 ergibt eine Zahl von 250000 Pendlern[100].

Folgende Entwicklungen haben maßgeblich zu dem rasanten Anstieg der Pendlerzahlen beigetragen:

1. Der Erste Weltkrieg markiert insofern einen Einschnitt in der Geschichte der regionalen Mobilität, als die umfangreichen Bevölkerungsbewegungen zu einem Abschluß kamen[101]. Es war gerade die im Vergleich zur sehr hohen Mobilität der

---

99 Vgl. Lenger, Friedrich/Langewiesche, Dieter, Räumliche Mobilität in Deutschland vor und nach dem Ersten Weltkrieg, in: Schildt, Axel/Sywottek, Arnold (Hrsg.), Massenwohnung und Eigenheim. Wohnungsbau und Wohnen in der Großstadt seit dem Ersten Weltkrieg, Frankfurt a.M./New York 1988, S. 103–126, hier: S. 109; vgl. zur Entwicklung des großstädtischen Nahverkehrs auch Voigt, Verkehr, Bd. 2, S. 667ff., bes. S. 670ff.

100 Vgl. Lenger/Langewiesche, Räumliche Mobilität in Deutschland vor und nach dem Ersten Weltkrieg, S. 109ff.

101 Langewiesche, Dieter/Schönhoven, Klaus, Zur Lebensweise von Arbeitern in Deutschland im Zeitalter der Industrialisierung, in: Dies. (Hrsg.), Arbeiter in Deutschland. Studien zur Lebensweise der Arbeiterschaft im Zeitalter der Industrialisierung, Paderborn 1981, S. 7–33, hier: S. 16.

Vorkriegszeit einsetzende Trendwende zur Seßhaftigkeit am Wohnort, die die Entwicklung der Pendelwanderung als »Form partieller täglicher Mobilität« beschleunigte[102].

2. In der Entwicklung der Großstädte überlagerten sich mehrere Tendenzen, die in ihrem Zusammenwirken die Binnenpendelwanderung bzw. die Vorort-Zentrum-Pendelwanderung verstärkten. Der kommunale, der genossenschaftliche und der Werkswohnungsbau in den Städten wurde weiter forciert. Gleichzeitig setzte sich die Entvölkerung der Innenstädte fort, denn die neuen Wohnstandorte wurden an den Rand der Städte gelegt. Daneben war schon vor dem Ersten Weltkrieg die Ausprägung einer anderen Tendenz in der städtischen Flächennutzung sichtbar geworden: die zunehmende Dezentralisierung der Industrieansiedlungen.

Die oben bereits dargelegten Tendenzen der Stadtentwicklung setzten sich so vor dem Ersten Weltkrieg und in den zwanziger Jahren beschleunigt fort. Die Entvölkerung des Stadtkerns der Innenstädte wurde schon von den Zeitgenossen als großes Problem wahrgenommen. So charakterisierte Grabe 1926 folgende Tendenzen in der Entwicklung der Innenstädte: »Die Zentralisationstendenz der Großstädte hat eine Dezentralisation der Wohnbevölkerung im Gefolge. Zahlreiche Umzüge aus dem Stadtkern heraus an die Peripherie oder in die Vororte finden statt. Neuhinzuziehende dringen nur noch selten bis in das Zentrum vor. Der Kern der Großstadt wird immer mehr zu einer Geschäfts-, Behörden- und Vergnügungsstadt.«[103] Nach dem Ersten Weltkrieg setzt sich das Wachstum der Großstädte nur noch stark verlangsamt fort.

3. Gleichzeitig wurde der Ausbau des Eisenbahnnetzes fortgesetzt, vor allem aber wurden die städtischen und großstädtischen Nahverkehrssysteme zügig ausgebaut. Insbesondere das Netz für die elektrischen Straßenbahnen, die schon vor dem Ersten Weltkrieg verbreitet waren, wurde weiter verbessert, und auch die U-Bahn und der Omnibus hielten Einzug in deutsche Großstädte[104]. Diese infrastrukturellen Maßnahmen verkürzten für Arbeiter und Angestellte die Wegezeiten

---

102 Vgl. Mooser, Arbeiterleben in Deutschland, S. 175.
103 Grabe, Der Einfluß der Pendelwanderung auf die Arbeitnehmer, S. 2.
104 Vgl. Voigt, Verkehr, Bd. 2, S. 667ff.

und erhöhten damit den Anreiz zum Pendeln. Zudem begann sich um die Jahrhundertwende das Fahrrad als Massenbeförderungsmittel durchzusetzen[105].

Diese Entwicklungen trugen dazu bei, daß sich die extremen Entfernungen zwischen Wohn- und Arbeitsort weiter ausdehnten. So heißt es in einer Untersuchung Ende der zwanziger Jahre, daß die auswärts wohnhaften Erwerbstätigen täglich aus einem Radius von bis zu 60 Kilometern mit der Eisenbahn in das Frankfurter Industriegebiet pendelten[106]. Die forcierte Trennung von Arbeit und Wohnung sowie ihre gesellschaftlichen Folgekosten sind mit dem beginnenden 20. Jahrhundert breiter in das Bewußtsein der Öffentlichkeit gerückt. Die Hamburger Hafenarbeiter, die in den damals neueren Nord-Zonen Hamburgs wohnten, mußten täglich zwischen 14 und 20 km zurücklegen, um den Weg zwischen Wohn- und Arbeitsstätte zurückzulegen[107]. Da sich auch die durchschnittlichen Entfernungen zwischen Wohn- und Arbeitsort vergrößert haben dürften, ist davon auszugehen, daß die größere Leistungsfähigkeit der Verkehrsinfrastruktur sich nicht in gleicher Weise auf die Verkürzung der arbeitsbedingten Abwesenheit von zu Hause ausgewirkt hat.

Der Anteil der Tagespendler vergrößerte sich, allerdings gab es immer noch bemerkenswert viele Wochenendpendler, die als Schlafgänger übernachteten. 1925 hatten 18 Prozent der Familien von Berufslosen, darunter zu einem großen Teil Arbeiterrentner, und 6 Prozent der Arbeiterfamilien an eine familienfremde Person untervermietet[108].

Die große Mehrzahl der Pendler waren Arbeiter. Aus dem Jahre 1933 liegen für Hessen die Anteile der Pendler an den Erwerbstätigen nach der Stellung im Beruf vor. Danach waren 8,9 Prozent der Beamten, 14,4 Prozent der Angestellten und 24,2 Prozent der Arbeiter Pendler[109]. Letztere stellten auch etwa zwei Drittel der täglich mit dem Zug nach Frankfurt einpendelnden Erwerbstätigen. Der Frauenanteil an den

---

105 Vgl. Lerch, Das Fahrrad und seine Bedeutung für die Volkswirtschaft, S. 337f.
106 Vgl. Decker, Walther, Die Tagespendelwanderungen der Berufstätigen nach Frankfurt a.M., Diss., Frankfurt a.M. 1929, S. 10, S. 16.
107 Vgl. dazu Nörnberg/Schubert, Massenwohnungsbau in Hamburg, S. 142.
108 Vgl. Mooser, Arbeiterleben in Deutschland, S. 144.
109 Vgl. Thost, Gerhard, Die Pendelwanderungen in Deutschland als geographisches Problem, Diss., München 1951.

Pendlern stieg. Unter ihnen waren die Jüngeren und Ledigen stark überproportional vertreten. So berichtet Decker, daß »die weiblichen Berufstätigen überwiegend zwischen dem 16. und dem 25. Lebensjahr, also von der Schulentlassung bis zu ihrer Verheiratung, tägliche Pendelwanderungen ausführen, während die männlichen gleichmäßig in jeder Altersstufe auftreten«.[110]

Am meisten überrascht wohl der Umstand, daß von der Jahrhundertwende bis 1939 der Anteil der Arbeiter mit landwirtschaftlichem Nebenerwerb an allen Arbeitern mit 10 Prozent konstant geblieben ist und – wegen des starken Wachstums der Arbeiterzahlen – in diesem Zeitraum, absolut gesehen, somit sogar kräftig angestiegen ist. Die Bindung insbesondere ländlicher und kleinstädtischer Arbeiter an Landwirtschaft und Hauseigentum war offenkundig sehr stark und die Bereitschaft zur Pendelwanderung entsprechend groß[111]. So war es zum Beispiel für die Facharbeiter der Bremerhavener Werften, die zu 90 Prozent aus der Wesermarsch kamen, typisch, Grundbesitz zu erwerben, ein kleines Haus zu bauen und nebenbei Landwirtschaft zu betreiben. Bei ihnen handelte es sich sehr häufig um Wochenendpendler: Sie erhielten wochentags von der Werft in Bremerhaven Unterkunft und kehrten sonn- und feiertags zu ihren Familien zurück[112]. Erst nach der Gründung der Bundesrepublik wurden die kleinen Landwirtschaftsbetriebe in großem Stil aufgegeben – 700 000 zwischen 1949 und 1973[113].

6. Belastungen für die Pendler

In den zwanziger und dreißiger Jahren entstanden einige Untersuchungen – auch medizinische bzw. medizinsoziologische – über die gesundheitlichen und sonstigen Belastungen der Pendelwanderer. Anhand einiger dieser Untersuchungen

---

110 Decker, Die Tagespendelwanderungen der Berufstätigen nach Frankfurt, S. 27.
111 Mooser, Arbeiterleben in Deutschland, S. 169 ff.
112 Vgl. Häußermann, Hartmut/Petrowsky, Werner, Hauseigentum, Mobilität und Belegschaftsstruktur. Eine Fallstudie bei Werftarbeitern in Bremen von 1900 bis heute, in: Schildt/Sywottek (Hrsg.), Massenwohnung und Eigenheim, S. 63–102, hier: S. 67 f.
113 Vgl. Mooser, Arbeiterleben in Deutschland, S. 174.

seien verschiedene Belastungsdimensionen benannt, die wohl typisch für die Situation von Pendlern in der Zwischenkriegszeit gewesen sein mögen.

Grabe untersuchte die Arbeiter der Fuchsschen Waggonfabrik in Kirchheim in der Nähe von Heidelberg. Sie befaßte sich mit dem Zusammenhang des Arbeitsweges und der Unfallhäufigkeit, Zahl und Art der Krankenfälle sowie den Ausfallzeiten in den Jahren 1920 bis 1922. Als Material dienten ihr die Unterlagen der Betriebskrankenkassen[114].

Sie teilte die Wohnorte der Pendler in fünf Wohngruppen ein und ermittelte für sie im einzelnen folgende Unfallquoten:

Tabelle 9

Die Arbeiter der Fuchsschen Waggonfabrik in Kirchheim nach Wohngruppen und Unfallquoten 1920–1922

Wohngruppe		Arbeiter-zahl	Unfallquote Sommer	Winter	insges.
I.	Kirchheim, Rohrbach	1090	3,7	6,4	10,1
II	Heidelberg, Neuenheim	638	6,1	4,2	10,3
III.	4–12 km entf. Bahnorte	806	11,9	8,9	20,8
IV.	über 12–50 km entfernte Bahnorte	263	6,3	8,2	14,5
V.	über 40 Min. vom Bahnhof entfernte Bahnorte	109	12,8	11,1	23,9

Quelle: Grabe, Der Einfluß der Pendelwanderung auf die Arbeitnehmer, S. 43.

Die Tabelle zeigt einen deutlichen Zusammenhang zwischen der Entfernung vom Arbeitsort und der Unfallhäufigkeit: je größer die Entfernung vom Arbeitsort, desto höher die Unfallhäufigkeit. Dieser Zusammenhang wäre fast linear, würde nicht die Unfallhäufigkeit von Wohngruppe III diejenige von Gruppe IV übertreffen und fast die von Gruppe V erreichen. Jedoch stellt Grabe plausibel einen Zusammenhang zur spezifischen Pendelsituation dieser Gruppe her, der nicht nur die überproportionale Unfallhäufigkeit erklärt, sondern auch ein bezeichnendes Licht auf die soziale Situation der Pendel-

114 Vgl. Grabe, Der Einfluß der Pendelwanderung auf die Arbeitnehmer; siehe auch Dresel, E. G./Grabe, Charlotte, Einfluß der Pendelwanderung auf die Arbeitnehmer, in: Deutsche Medizinische Wochenschrift, 50. Jg., 1924, Nr. 28, S. 959–961.

arbeiter wirft. Die Arbeiter der Wohngruppe III wohnen nämlich in einer Entfernung vom Arbeitsort, die es ihnen vom zeitlichen Aufwand her – wenn auch unter Strapazen – gestattete, die Entfernung zum Betrieb zu Fuß oder mit dem Fahrrad zurückzulegen – eine Möglichkeit, von der viele Gebrauch machten. Des weiteren, so Grabe, sei es den Arbeitern dieser Wohngruppe vor allem dann, wenn sie die Bahn benutzten, möglich gewesen, noch vor dem Aufbruch zur Arbeit ein bis zwei Stunden auf dem eigenen Acker zu arbeiten[115].

Die Statistik der Häufigkeit der Krankenfälle in den Jahren 1920–1922 zeigt dasselbe Bild wie die Unfallhäufigkeit:

Tabelle 10
Die Häufigkeit der Krankenfälle in der Fuchsschen Waggonfabrik in Kirchheim in den Jahren 1920–1922 (nach Wohngruppen)

Wohngruppe I	auf 845 Arbeiter = 666 Fälle = 78,8 Prozent
Wohngruppe II	auf 335 Arbeiter = 442 Fälle = 131,9 Prozent
Wohngruppe III	auf 514 Arbeiter = 800 Fälle = 155,6 Prozent
Wohngruppe IV	auf 137 Arbeiter = 161 Fälle = 146,7 Prozent
Wohngruppe V	auf 59 Arbeiter = 92 Fälle = 155,9 Prozent

Quelle: Grabe, Der Einfluß der Pendelwanderung auf die Arbeitnehmer, S. 45.

Dabei ist auffällig – und dies bestätigt die oben angeführte Argumentation –, daß die in Heidelberg wohnhaften Arbeiter deutlich weniger Krankenfälle zu verzeichnen haben als die in der gleichen Entfernung wohnenden Arbeiter der Landwirtschaft betreibenden Dörfer. Die Tage je Krankheitsfall steigen mit der Wohngruppe kontinuierlich an (von 9,4 Tagen in Wohngruppe I bis auf 16,1 Tage in Wohngruppe V)[116].

Bei allen Krankheitsgruppen, die Grabe gebildet hat, weisen die Arbeiter der Gruppe I, also die im Arbeitsort wohnenden Arbeiter, günstigere Verhältnisse auf als die Pendler. Besonders schwere Erkältungskrankheiten und Magen-Darm-Krankheiten sind bei den Pendlern stark ausgeprägt, aber auch leichte Erkältungskrankheiten und Rheumatismus.

---

115 Vgl. Grabe, Der Einfluß der Pendelwanderung auf die Arbeitnehmer, S. 29f.
116 Vgl. ebda., S. 34, 46f.

Schließlich existiert ein eindeutiger Zusammenhang zwischen der Entfernung zum Arbeitsort bzw. dem Aufwand, diesen zu erreichen, und den Versäumniszeiten sowohl hinsichtlich der Tages- als auch der Stundenversäumnisse[117]. Dabei ist allerdings zu betonen, daß nicht alle diese Versäumnisse auf Krankheiten, sondern manche auch auf verspätete Züge, unerwartete Verlängerung von Anfahrt- oder Anmarschzeiten in Folge ungünstiger Witterungsbedingungen etc. zurückzuführen sind. Dies bekamen die Arbeiter in Form von Lohnabzug zu spüren.

Arndt befaßte sich mit den pendelnden Textilarbeitern des sächsischen Vogtlandes[118]. In zwei Textilbetrieben der Mittelstädte Falkenstein und Auerbach erfaßte er im Jahre 1930 206 Personen (81 Männer und 125 Frauen). Dabei mögen zunächst folgende allgemeine Kennzeichen von Interesse sein, ohne daß diese einfach verallgemeinert werden können. Nach einer Einteilung der Personen in Wohngruppen[119] stellte er fest, daß die große Mehrheit der Frauen relativ näher am Werk wohnt und daß sie bei längeren Strecken im allgemeinen eher »ein allgemeines Verkehrsmittel«[120] benutzen, während die Männer auch große Strecken bei ungünstigen Witterungsbedingungen – gerade auch im Winter, der im relativ hoch gelegenen Vogtland hart, lang und schneereich ist – zu Fuß oder per Rad zurücklegen. Dieses Spezifikum dürfte sicherlich nicht zuletzt darauf zurückzuführen sein, daß die Frauen einer Doppelbelastung im Haushalt unterlagen und die dort wartenden Aufgaben eine schnelle Rückkehr nach der Arbeit erforderten. Von den 206 Personen mußten 16 immerhin eine einfache Strecke von mehr als 5 Kilometern zurücklegen, davon 11 zwischen 5 und 10 Kilometern, 5 Personen zwischen 10 und 20 Kilometern[121]. 16 Personen benutzten ständig Omnibus oder Eisenbahn, sie gehörten sämtlich

---

117 Ebda., S. 33 ff.
118 Vgl. Arndt, Helmuth, Die Entwicklung und Bedeutung der Pendelwanderung und ihre Folgen auf den Gesundheitszustand der Arbeiter unter besonderer Berücksichtigung des Textilgewerbes, Diss., Zeulenroda 1931.
119 Arndt ließ die Frage nach dem Gemeindewechsel auf dem Weg von der Wohn- zur Arbeitsstätte unberücksichtigt und fragte lediglich nach der Entfernung. Vgl. Arndt, Die Entwicklung und Bedeutung der Pendelwanderung und ihre Folgen auf den Gesundheitszustand der Arbeiter, S. 18.
120 Vgl. ebda., S. 21.
121 Vgl. ebda., S. 26.

den Wohngruppen an, die über 2 Kilometer vom Betrieb entfernt waren. Bei den Männern stellte Arndt einen signifikanten Zusammenhang zwischen Länge der Pendelstrecke und der Häufigkeit von Erkrankungen bzw. der Anzahl von Krankentagen fest. Aus ihren Krankheitstafeln »geht, von geringen Schwankungen abgesehen, eindeutig hervor, daß sowohl die Zahlen der Krankheitsfälle als auch der Krankheitstage mit zunehmender Pendelstrecke ständig und erheblich ansteigen«.[122] Sie verhalten sich beim Vergleich von Wohngruppe I (0 bis ¼ Kilometer) zu Wohngruppe VII (über 10 bis 20 Kilometer) bei der Anzahl der Erkrankungen fast wie 1:5, bei der Anzahl der Krankheitstage wie 1:8.

Tabelle 11

Erkrankungen der männlichen Erwerbstätigen unter Textilarbeitern des sächsischen Vogtlandes (nach Wohngruppen)

Wohngruppe		Erkrankungen auf je 100 Personen	Krankheitstage auf je 1 Person
I	0 – ¼ km	7	1,4
II	– ½ km	13	6,5
III	– 1 km	11	3,0
IV	– 2 km	14	7,0
V	– 5 km	26	9,3
VI	– 10 km	28	9,4
VII	– 20 km	33	11,3

Quelle: Arndt, Die Entwicklung und Bedeutung der Pendelwanderung und ihre Folgen auf den Gesundheitszustand der Arbeiter.

Diese Tendenz wird noch deutlicher, wenn die Krankheitsfälle der 16 Omnibus- und Eisenbahnpendler mitberücksichtigt werden, auf die nämlich nur 2 von allen 51 Krankheitsfällen kamen. Unter den 51 Krankheitsfällen gab es 14, deren Entstehung durch Erkältung und Durchnässung begünstigt wird, nämlich u.a. Mandelentzündung, Grippe, Gelenkrheuma, Ischias, Lungenentzündung, Nierenentzündung, sowie 8 Fälle von Neurasthenie und Herzneurose. Diese Krankheiten überwogen bei den Wohngruppen V bis VII. Außerdem war die durchschnittliche Unfallziffer auf je 100

122 Ebda., S. 21.

Personen bei den Wohngruppen IV bis VII mit 10 Fällen fast doppelt so hoch wie bei den ersten drei Wohngruppen[123].

Über den finanziellen Aufwand der Pendler gibt es so gut wie keine Untersuchungen, allerdings einige verstreute Hinweise und Schätzungen. Oben wurde bereits erwähnt, daß der Verkauf von verbilligten Zeitkarten an die Arbeiter eine zentrale Voraussetzung für die Durchsetzung der Eisenbahn als Massenbeförderungsmittel war, ohne den sich für viele die Arbeit in der Industrie kaum gelohnt hätte und letztendlich eine so rasche Verbreitung der Pendelwanderung gar nicht denkbar gewesen wäre. Als verbilligte Zeitkarten konnten die Arbeiter entweder die Arbeiterwochenkarte (für Tagespendler) oder die Arbeiterrückfahrkarte (für Wochenendpendler) benutzen.

Dennoch stehen die bereits erwähnten Arbeiter, die nach Kirchheim einpendelten und große Mühen nicht scheuten, um die Fahrtkosten zu sparen, als Beispiel dafür, wie sparsam die Arbeiterfamilien mit ihren Löhnen umgehen mußten und daß die Fahrtkosten durchaus sehr spürbare Belastungen waren. Die verbleibenden Kosten für die Bahnfahrt waren trotz der Verbilligung immer noch beträchtlich.

Am Ende des 19. Jahrhunderts war den an den Rändern der Großstädte wohnenden Arbeitern die Fahrt mit öffentlichen Nahverkehrsmitteln zu in der Innenstadt gelegenen Arbeitsplätzen kaum möglich. Allenfalls gutverdienende Arbeiter konnten sich dies erlauben, der Großteil legte die langen Wegstrecken zu Fuß zurück, um die Fahrtkosten zu sparen. Für die am Stadtrand wohnenden Arbeiter machten die Aufwendungen für Verkehrsmittel etwa drei bis fünf Prozent des Einkommens aus[124].

1925 mußte für eine Wochenkarte mit folgenden Entfernungen bezahlt werden[125]:

---

123 Ebda., S. 21 f.
124 Vgl. Wischermann, Clemens, Wohnung und Wohnquartier. Zur innerstädtischen Differenzierung der Wohnbedingungen in deutschen Großstädten des späten 19. Jahrhunderts, in: Heineberg, Heinz (Hrsg.), Innerstädtische Differenzierung und Prozesse im 19. und 20. Jahrhundert, Köln, Wien 1987, S. 57–84, hier: S. 77.
125 Vgl. dazu Grabe, Der Einfluß der Pendelwanderung auf die Arbeitnehmer, S. 10.

1–4 km	0,70 RM
20 km	2,70 RM
30 km	3,40 RM

Decker erwähnt bei seiner Untersuchung über die Tagespendler nach Frankfurt fünf Beispiele für das Verhältnis von Einkommen und Fahrtkosten. Die betreffenden Personen kamen alle etwa aus einer Entfernung von 25 km täglich nach Frankfurt[126].

	Fahrtkosten	Lohnhöhe
Fall 1	4,60 RM	50,— RM
Fall 2	4,— RM	30,— RM
Fall 3	4,40 RM	34,— RM
Fall 4	6,60 RM	53,76 RM
Fall 5	8,20 RM	50,— RM

Bis auf den Fall Nr. 2 sind in diesen Fahrtkosten allerdings jeweils 1,20 RM für die Straßenbahn in Frankfurt enthalten.

Decker schätzte die finanziellen Belastungen durch die Fahrtkosten insgesamt auf durchschnittlich etwas mehr als 10 Prozent des Einkommens[127]. Diese Schätzung enthält jedoch einige Unsicherheiten und kann nicht ohne weiteres verallgemeinert werden. Zwar waren die Entfernungen für die meisten Pendler kürzer als 25 km, aber immerhin mußten viele auch weit größere Entfernungen zurücklegen. Darüber hinaus muß zweierlei berücksichtigt werden:

Zum einen kam in den zwanziger Jahren der Omnibus als Verkehrsmittel auf, der vor allem mit der Eisenbahn nicht erreichbare Orte mit der Außenwelt verband; die Preise für den Omnibus waren jedoch zwei- bis dreimal höher als die für die Eisenbahn[128]; zum anderen lagen die Frauenlöhne weit niedriger als die Löhne der Männer – bei den oben erwähnten Beispielen Deckers sind nicht zufällig die beiden Personen mit dem deutlich abfallenden Wochenlohn Frauen – und

---

126 Vgl. dazu Decker, Die Tagespendelwanderungen der Erwerbstätigen nach Frankfurt, S. 41 ff.
127 Vgl. ebda., S. 46.
128 Vgl. Daum, Philipp, Arbeitsverhältnisse und Struktur der Arbeiterschaft der Großindustrie Singens a.H. unter besonderer Berücksichtigung der Pendelwanderung, Diss., Endingen 1931, S. 115 ff.

mußten die Frauen mithin einen weit höheren Anteil für Fahrtkosten ausgeben als die männlichen Pendler mit gleicher Entfernung[129].

Jedenfalls waren die Kosten für die Bahnfahrt so spürbar, daß auch mancher Unternehmer für eine Verbilligung der öffentlichen Verkehrsmittel eintrat, weil er sonst einen Druck in Richtung auf einen Anstieg der Löhne fürchtete. Daher forderten Unternehmer des öfteren von staatlichen oder kommunalen Stellen nicht nur den zügigen Bau von Bahn- und Nahverkehrsverbindungen[130], sondern auch, daß die Fahrpreise mit Subventionen niedrig gehalten werden müßten.

In der Literatur wird lediglich ein Beispiel für die Gewährung von Fahrtkostenerstattung in Tarifverträgen oder Betriebsvereinbarungen genannt, und zwar ein Großbetrieb der südbadischen Kleinstadt Singen, die als industrielles Zentrum Arbeiter aus dem stark agrarisch geprägten Umland anzog. Daum berichtet über die Vereinbarung in diesem Betrieb folgendes: »Um nun seinen auswärtigen Arbeitern, die täglich die Eisenbahn benützen, die empfindliche Last der Fahrtkosten zu erleichtern, ersetzt einer der drei Großbetriebe denjenigen Wochenkartenbetrag, der RM 4.20 übersteigt bis zum Maximum von RM 4.70. Eine analoge Vergütung besteht bei Benützung der Kraftpost, jedoch werden hier nicht die tatsächlichen Fahrpreise, sondern lediglich Bahnpreise als Berechnungsgrundlage genommen. Die Fahrpreisentschädigung ist von Singen aus in einem Umkreis von etwa 10 km wirksam.«[131]

Die Situation der Pendler wurde maßgeblich von der konjunkturellen Lage mitbestimmt, die sich direkt auf zeitliche, gesundheitliche und finanzielle Belastungen auswirken

---

129 Vgl. zur Bedeutung der Fahrpreise auch Teuteberg, Hans J./Wischermann, Clemens (Hrsg.), Wohnalltag in Deutschland 1850–1914. Bilder – Daten – Dokumente, Münster 1985 (= Studien zur Geschichte des Alltags, hrsg. v. Hans J. Teuteberg und Peter Borscheid, Bd. 3), S. 358f.
130 Vgl. dazu ebda., S. 359.
131 Vgl. Daum, Philipp, Arbeitsverhältnisse und Struktur der Arbeiterschaft der Großindustrie Singens, S. 114.

konnte[132]. Zugleich berichtet Arndt, daß zur Zeit seiner Untersuchung (1930/31) angesichts der Not die Bereitschaft zum Fahrradfahren und zum Fußmarsch unter den Pendlern selbst bei extremen Witterungsbedingungen gewachsen sei[133]. Längere Entfernungen wurden viel eher in Kauf genommen, um überhaupt Arbeit zu bekommen, und oft wurde, wenn es irgend möglich war, auch auf die Kosten der Zug-, Straßen-bahn- oder Omnibusfahrt verzichtet. Umgekehrt konnte es sich verhalten, wenn die Volkswirtschaft oder einzelne Branchen im Aufschwung begriffen waren. So geht eine neuere Untersuchung von einem sprunghaften Anstieg der Pendel-wanderung bei den Bremer Werftarbeitern während der Zeit des Faschismus aus, und zwar im Zusammenhang mit der forcierten Aufrüstungspolitik, die für die Werften einen staat-lich induzierten Nachfrageschub bedeutete. 1938 waren etwa 1200 Einpendler aus den nördlich von Bremen gelegenen Ge-meinden bei der AG Weser beschäftigt. Da die Eisenbahn ein für die Erschließung dieser zerstreuten Siedlungen ungeeigne-tes Verkehrsmittel war, richtete die Werft ab 1939 selbst einen eigenen Werkbusverkehr ein[134]. Die Konkurrenz unter den Betrieben war angesichts der Rüstungsaufträge derart ge-wachsen, daß die Betriebe sich regelrecht um die Bindung der Pendelarbeiter bemühen mußten. Der wachsende Bedarf an Arbeitskräften, vor allem an Facharbeitern, konnte nicht mehr aus der Region gedeckt werden. »Mit fast 15 Prozent wiesen die Betriebe mit mehr als 1000 Beschäftigten im Juli 1936 den höchsten Pendleranteil in der bremischen Wirt-schaft auf«.[135]

---

132 Wernsing, Caroline, Die Wanderungen auf dem deutschen Arbeitsmarkt in der Nachkriegszeit unter besonderer Berücksichtigung des bergbaulichen Arbeits-marktes im rheinisch-westfälischen Industriegebiet, Diss., Münster 1927, S. 6ff.; Saak, Die Pendelwanderung in Sachsen, S. 28ff.
133 Vgl. Arndt, Die Entwicklung und Bedeutung der Pendelwanderung und ihre Fol-gen auf den Gesundheitszustand der Arbeiter, S. 10.
134 Vgl. Häußermann/Petrowsky, Hauseigentum, Mobilität und Belegschaftsstruktur, S. 79.
135 Zit. n. ebda., S. 79.

7. Das Problem der Pendelwanderung und die Arbeiterbewegung

In den zahlreichen Arbeiten über die Herausbildung der Arbeiterklasse, über die frühe Arbeiterbewegung, ihre Organisationen und Aktionen finden sich nur wenige Aussagen über den Stellenwert des Problems der Pendelwanderung. Nur wenige Arbeiten haben Fragestellungen wie den Zusammenhang zwischen Pendelwanderung und Streik- und Konfliktverhalten von Arbeitern oder der Bedeutung von Pendlern bei der Herausbildung der Organisationen der Arbeiterbewegung untersucht[136]. Allerdings liegen aus der alltagsgeschichtlich orientierten Arbeiterforschung einige Studien vor, die – wenn auch eher nebenbei – auch Aussagen über die quantitativen Dimensionen des Pendelns, über Entfernungen und Zeitaufwand getroffen haben.

In diesem kurzen Exkurs soll in knapper Form der Frage nachgegangen werden, inwieweit Probleme der Pendelwanderung Gegenstand von Forderungen der Arbeiterbewegung oder ihrer Gewerkschaften waren und ob Pendler in den Organisationen der Arbeiterbewegung und in ihren Kämpfen eine bestimmte Rolle gespielt haben, und wenn ja, welche?

In den Dokumentationen und Untersuchungen über Streiks und Arbeitskonflikte finden wir keinen Hinweis darauf, daß die Arbeiter oder ihre Gewerkschaften wegen Problemen, die das tägliche oder wöchentliche Pendeln betreffen, gestreikt oder diesbezüglich in Streiks Forderungen aufgestellt haben. Lohn- und Arbeitszeitfragen standen eindeutig im Mittelpunkt.

Die große Rolle betrieblicher Konflikte für die gewerkschaftlichen Aktivitäten und der hohe Stellenwert von betrieblicher Alltagserfahrung für das Konfliktverhalten der Arbeiter legen die Vermutung nahe, daß – formell – jenseits dieser Sphäre angelegte Konflikte nicht Gegenstand gewerkschaftlicher Kampfhandlungen gewesen sind. Wie scharf diese Trennlinie von der Arbeiterbewegung selbst gezogen wurde, mag am Beispiel der Auseinandersetzung um das bergbau-

---

136 Beispielhaft seien hier die oben bereits erwähnten Untersuchungen über die Geschichte der Bergarbeiterbewegung an der Saar von Mallmann, Horch und Steffens erwähnt.

liche »Anfahren« deutlich werden: Während Konflikte um den Anmarsch bzw. die Anfahrt zur Arbeitsstelle nicht bekannt sind, gab es auf der anderen Seite jahrelange, teilweise äußerst heftige Auseinandersetzungen darüber, ob die Arbeitszeit mit der Anwesenheit auf der Grube beginnt und das Einfahren in die Grube bereits zur Arbeitszeit gehört – wie es alte Tradition war und die Bergleute es auch wollten – oder ob die Arbeitszeit erst mit der Ankunft unter Tage, also nach dem »Anfahren«, beginnen sollte – wie es die Bergwerksdirektionen nach der Einführung des 10-Stunden-Tages durchsetzen wollten. Die den unmittelbaren Arbeitsbedingungen oder dem unmittelbaren Arbeitsplatzinteresse vor- oder nachgelagerten Probleme wurden also ganz oder weitgehend aus gewerkschaftlichen Kampfhandlungen ausgeblendet. In diesem Blickfeld konnte auch die Pendelwanderung selbst und ihre Umstände nicht Gegenstand von Forderungen oder betrieblichen Aktionen sein.

Dennoch spielte das Problem des Pendelns bzw. der Trennung von Wohnung und Arbeit für Forderungen und Kämpfe der Arbeiterbewegung in vermittelter Form durchaus eine gewisse Rolle:

1. Bei der zentralen Auseinandersetzung um die Arbeitszeit, also der Durchsetzung des 10-Stunden-Tages, wurde der Hinweis auf den langen Weg zur Arbeitsstätte wiederholt von den Arbeitern als Argument benutzt, um die Berechtigung ihrer Forderungen zu untermauern. So heißt es zum Beispiel in einem Bericht der Zeitung »Der Agitator« über eine Streikversammlung im Rahmen eines über vierwöchigen Streiks von 3500 Berliner Maurern für den 10stündigen Normalarbeitstag bei Beibehaltung des bisherigen Mindestlohns von 1 Thaler pro Tag, daß die Arbeitszeit zu lang sei, zumal sie »durch stundenlanges Marschiren zum Arbeitsplatz noch bedeutend erhöht werde«.[137]

2. In Petitionen äußerten sich die Arbeiter kritisch zu den eingesetzten Zügen und forderten die Verbesserung der Transportbedingungen. So berichtet Steffens, daß die Bergarbeiter an der Saar sich über den oft gesundheitsgefährdenden

---

137 Zit. n. Machtan, Lothar, Streiks und Aussperrungen im Deutschen Kaiserreich. Eine sozialgeschichtliche Dokumentation für die Jahre 1871 bis 1875, Berlin (West) 1984, S. 78.

Zustand der Züge beklagten, insbesondere über Zugluft und Kälte in den Wagen, über die mangelnde Koordination der Fahrpläne mit den von Grube zu Grube oftmals unterschiedlichen Schichtzeiten und über die häufige Verspätung der Züge[138].

3. Die weiten Wege zur Arbeit boten auch Ansatzpunkte für die Durchbrechung industrieller Zeit- und Arbeitsdisziplin. Eine wichtige Rolle spielte dabei der Alkoholkonsum. Gerade in den achtziger Jahren häuften sich die Beschwerden der saarländischen Bergwerksdirektion über einen starken Alkoholgenuß der Bergleute, insbesondere vor der Arbeit. Vor allem diejenigen Bergleute, die mit der Eisenbahn oder »meilenweit auf Landwegen in der Nacht« anfuhren, benötigten vor Arbeitsbeginn einen »kräftigen Spirituosengenuß, der zur Folge hat, daß in einzelnen Fällen schon morgens berauschte Arbeiter zurückgewiesen werden mußten«[139]. Daher erließ eine Polizeiverordnung vom 1. Dezember 1883 in den industriellen Kreisen des Regierungsbezirks Trier ein Verbot des Branntweinausschanks im Sommer vor sieben und im Winter vor acht Uhr morgens. Jedoch konnte dieses Verbot den Alkoholkonsum auf den Fußmärschen zur Arbeit nicht einschränken. Die Arbeiter suchten weiterhin häufig die »leider in übergroßer Anzahl entlang der Grubenwege bestehenden Schankwirthschaften« auf[140].

Wenn von der Literatur über die Rolle von Pendlern in den Organisationen der Arbeiterbewegung und in ihren Kämpfen die Rede ist, so sind damit jene Arbeiter gemeint, die als Industriearbeiter – vermittelt über den Besitz an Haus und Hof und die nach wie vor vorhandene soziale Einbettung in ihrem Wohnort – über eine starke Bindung an ihr dörflich-agrarisches Umfeld verfügen.

Crew hält weniger die Seßhaftigkeit selbst als vielmehr die soziale – besonders berufsgruppenmäßige – Integration der Arbeiter in ein geschlossenes proletarisches Milieu für die wesentliche Voraussetzung für dauerhafte Protest- und Organisationsbereitschaft. Diese falle zwar häufig, aber nicht in jedem Falle mit der Seßhaftigkeit zusammen. Das Eingebun-

---

138 Vgl. Steffens, Autorität und Revolte, S. 120.
139 Zit. n. ebda., S. 121.
140 Zit. n. ebda., S. 122.

densein in proletarische Lebenszusammenhänge, die gemeinsame Erfahrung und die dauerhafte berufliche Identifikation mit der eigenen Tätigkeit sei die Voraussetzung für die Entwicklung von Selbstbewußtsein und Protestbereitschaft der Arbeiter. Nicht zuletzt zählt er dazu auch die von dem proletarischen Milieu ausgehenden sozialen Kontroll- und Disziplinierungsmechanismen. So wird über Bergarbeitersiedlungen in Bochum während eines Streiks berichtet, »daß sich Bergarbeiter, die weiterarbeiteten, Angriffen in ihrer Nachbarschaft und sogar in ihrem eigenen Heim ausgesetzt sahen«.[141] Frauen und Kinder würden in den Fenstern liegen und den betreffenden Bergarbeitern Beleidigungen nachrufen[142]. Es liegt auf der Hand, daß für Pendelarbeiter, insbesondere für jene, die aus ländlichen Gemeinden in die Stadt gingen, die Arbeit im Bergwerk o. ä. nur als zeitlich beschränkten Kompromiß ansahen und noch maßgeblich vom agrarisch-dörflichen Sozialmilieu geprägt waren, diese Bedingungen nicht zutrafen.

Im allgemeinen wird den Pendelarbeitern, weil sie zwischen unterschiedlichen, ja gegensätzlichen Sozialmilieus hin- und hergerissen, sozial entwurzelt und an den städtisch-industriellen Lebens- und Arbeitsrhythmus nicht gewöhnt oder ihm nicht gewachsen gewesen seien, zugeschrieben, daß sie nicht dauerhaft organisierbar seien und ihre Protestbereitschaft gering ausfalle. Ihre Unzufriedenheit mache sich allenfalls in kurzfristigen und häufig gewalttätigen Ausbrüchen Luft. Da sich für Pendelwanderer, zumal für solche, die aus ländlicher Umgebung in die Stadt pendelten, zwei Lebenskreise überlagerten sowie der Nebenerwerb und der lange Arbeitsweg eine zusätzliche Belastung darstellten, war ihr Interesse an den industriellen Arbeitergewerkschaften beeinträchtigt, zumal deren Leistungsangebot nicht auf diesen Typ zugeschnitten war[143].

Wie die Unternehmerseite häufig mit der geringen Protestbereitschaft solcher Pendler spekulierte, beschreibt Saak: »Das Betriebsinteresse spricht gegen die Pendelwanderung ..., und

---

141 Zit. n. Crew, David, Regionale Mobilität und Arbeiterklasse. Das Beispiel Bochum 1880–1901, in: Geschichte und Gesellschaft, 1. Jg., 1975, H. 1, S. 99–120, S. 120.
142 Vgl. Crew, Regionale Mobilität und Arbeiterklasse, S. 120.
143 Vgl. Schröder, Arbeitergeschichte und Arbeiterbewegung, S. 45f.

doch kann der Arbeitgeber als solcher die Heranziehung auswärtiger Kräfte begünstigen, und zwar im Hinblick auf die politische Stellung der Arbeiter. Die Arbeiterschaft einer Industriegemeinde enthält immer, und ganz besonders in Sachsen, eine große Menge radikaler Elemente. Zieht man nun einen großen Teil der Leute von auswärts heran, so hat das zwei Vorteile: einmal sind diese Arbeiter aus ländlichen Bezirken meist gemäßigter in ihren politischen Anschauungen, zum anderen kehren sie nach Tarifschluß an ihren Heimatort zurück, sind also dem politischen Einfluß ihrer ortsansässigen Arbeitskollegen entzogen. Deshalb stehen durchweg die Arbeitgeber der Pendelwanderung nicht ablehnend gegenüber, ja sie schaffen sie sogar bewußt, wenn ihnen nur ortsbekannte, politisch radikale Arbeitskräfte zur Verfügung gestellt werden können.«[144]

Vielfach gilt auch die bloße Existenz eines landwirtschaftlichen Nebenerwerbs als Grund genug für die Annahme, daß die Streik- und Konfliktbereitschaft sowie die Fähigkeit zur Solidarität der betreffenden Pendler wegen des Zwangs zur Bewirtschaftung ihres Landes kaum ausgeprägt sei. So wurde der erfolglose Ausgang eines einwöchigen Streiks von 500 Lederfabrikarbeitern im Jahre 1871 in Mainz von dem Organ der SDAP und der internationalen Gewerksgenossenschaften, »Der Volksstaat«, folgendermaßen bewertet: »Die große Lederfabrik hat auch viele ländliche Arbeiter, die zu Hause noch etwas Nebenverdienst haben. Hier war deßhalb die Einmüthigkeit nicht von großer Dauer, obwohl die Arbeit Aller anstrengend und schlecht bezahlt ist«.[145]

Umgekehrt konnte aber gerade die Existenz eines landwirtschaftlichen Nebenerwerbs Hintergrund und Anstoß für Forderungen und Kämpfe der Arbeiter sein. So ist es kein Zufall, daß im Bildstocker Protokoll, dem Forderungskatalog der streikenden Saarbergleute vom 15. Mai 1889, die »achtstündige Arbeitszeit mit Aus- und Einfahrt« an erster Stelle stand, weil die Ausdehnung der Schichtdauer von den Bergleuten als Einschränkung des landwirtschaftlichen Nebenerwerbs

144 Saak, Carola, Die Pendelwanderung in Sachsen unter besonderer Berücksichtigung der Stadt Heidenau, Diss., Berlin 1929, S. 33.
145 Zit. n. Machtan, Streiks und Aussperrungen, S. 109.

erfahren wurde[146]. Darüber hinaus konnte die Existenz eines landwirtschaftlichen Nebenerwerbs gerade wegen der größeren Unabhängigkeit vom industriellen Arbeitsplatz ja auch der Grund für eine höhere Konfliktbereitschaft und größeres Durchhaltevermögen sein.

Eine wichtige Rolle spielten die als Fern- oder Wochenendpendler im Saarbergbau arbeitenden Bergleute während der großen Streikzeit 1889–1893. »Der unumstrittene Führer der Revolte, Nikolaus Warken, personifizierte das typische Pendler- und Einwandererschicksal: Geboren 1851 als Sohn eines Bauern in Hasborn (im Norden des primären Einzugsbereichs), nahm er als sechzehnjähriger auf Grube Friedrichsthal im Industriekern die Arbeit auf. Er leistete Militärdienst, heiratete und hatte 1889 fünf Kinder. Er hatte das Haus seines Vaters und Land im Wert von 600 Mark geerbt. Bis zu ihrer Übersiedlung nach Bildstock im Jahr 1891 bewirtschaftete seine Familie sein Land, er hingegen bewohnte wochentags gemeinsam mit einem Kollegen eine Kammer im Haus eines Bergmanns in einer Kolonie im engeren Revier.«[147]

Vier geographische Räume, die in unterschiedlicher Weise von der Industrialisierung des Saargebietes betroffen waren und dementsprechend unterschiedliche Sozialmilieus herausbildeten, lassen sich unterscheiden[148]:

1. das eigentliche oder engere Revier;

2. eine Übergangszone, in der sich Charakteristika der Zone 1 und der Zone 3 vermischten;

3. das weitere Revier, aus dem die Arbeiter täglich in das engere Revier pendelten und in dem die Proletarisierung noch im stabilen dörflichen Verband verarbeitet wurde;

4. den primären Einzugsbereich, der diejenigen Fernpendler umfaßte, die in der Regel die Woche über im engeren Revier oder an der unteren Saar verbleiben mußten. In den großen Streiks 1889–1893 spielten gerade die Fernpendler eine herausragende Rolle, während sich die Nahpendler des weiteren

---

146 Vgl. Mallmann, Die Anfänge der Bergarbeiterbewegung an der Saar, S. 106.
147 Horch, Der Wandel der Gesellschafts- und Herrschaftsstrukturen in der Saarregion, S. 383. Vgl. zu N. Warken auch Mallmann, Die Anfänge der Bergarbeiterbewegung an der Saar, S. 128 f.
148 Vgl. Horch, Der Wandel der Gesellschafts- und Herrschaftsstrukturen in der Saarregion, S. 375 ff.

Reviers als am wenigsten kämpferisch erwiesen. Die Fern-pendler aus dem primären Einzugsbereich zeigten die größte Streikbereitschaft und hielten auch am längsten aus, obwohl – oder weil – sie den höchsten Anteil an Arbeitern mit Land-wirtschaft treibenden Familien und außerdem die größten Eigentumsflächen pro Kopf hatten[149].

Am sinnfälligsten tritt die Rolle der Fernpendler wohl in der Bedeutung der Schlafhausbewohner zutage. Beim Mai-Streik 1891 »sprachen sich hauptsächlich die Schlafhausbewohner für Streik aus, während sich die einheimischen Bergleute zu-rückhielten«[150]. So wurden im Mai 1889 bei Beginn des Streiks »die Schlafhäuser als Zentren der Unruhe sofort ge-schlossen...«[151]. Diese Maßnahme wurde auch beim Streik 1891 und beim Streik 1892/93 ergriffen[152].

Die Haltung der Fernpendler ist wohl darauf zurückzufüh-ren, daß bei ihnen die Wandlung von Bauern in Arbeiter nicht so bruchlos verlief, wie es im weiteren Revier, also bei den Nahpendlern, der Fall war. Weil sie nur am Wochenende heimkehren konnten, waren sie in ihren Heimatdörfern wie im Industrierevier Fremde. Die Fernpendler waren für die Industriearbeiter des engeren Reviers eine ungebetene Kon-kurrenz, sie sprachen einen anderen Dialekt, waren vom Freizeitleben der einheimischen Arbeiter getrennt und wur-den nicht zuletzt von ihnen deshalb beneidet, weil sie sich durch ihre Verbindung zum Land besser ernähren konnten. Zugleich fehlten den Fernpendlern zur Orientierung und Be-wältigung der neuen Umgebung die kompensierende Funk-tion der Familie und der gemeinschaftlichen Sozialformen des Dorfes[153]. Bei der Gründung des Rechtsschutzvereins im Jahre 1890, der Interessenvertretungsorganisation der Saar-bergleute, war die Organisationsbereitschaft in den länd-lichen Regionen weit höher war als im eigentlichen Industrie-revier. Jedoch stand der Rechtsschutzverein noch stark unter katholischem Einfluß, und als es zum Bruch zwischen beiden

---

149 Vgl. ebda., S. 272.
150 Mallmann, Die Anfänge der Bergarbeiterbewegung an der Saar, S. 234.
151 Vgl. Horch, Der Wandel der Gesellschafts- und Herrschaftsstrukturen in der Saar-region, S. 382.
152 Vgl. Mallmann, Die Anfänge der Bergarbeiterbewegung an der Saar, S. 234, 290.
153 Vgl. Horch, Der Wandel der Gesellschafts- und Herrschaftsstrukturen in der Saar-region, S. 380ff.

und zu einer katholischen Kampagne gegen die Organisation kam, hielten die Arbeiter des Industriekerns weit stärker zur Organisation als jene in den agrarisch strukturierten Gebieten[154].

In jedem Fall also waren die Beziehungen zwischen städtischen Industriearbeitern und den aus ländlichen Gebieten einpendelnden Arbeitern angesichts der sozialen und kulturellen Unterschiede immer wieder – auch in den Organisationen der Arbeiterbewegung – durchaus spannungsreich. Diese Probleme und Differenzen, die Ausdruck der mit der Industrialisierung einhergehenden Vertiefung regionaler Unterschiede, insbesondere des Gegensatzes von Stadt und Land waren, verloren aber in dem Maße an Bedeutung, wie durch die infrastrukturelle Modernisierung ländlicher Gemeinden die Unterschiede gegenüber den urbanen Gebieten verringert wurden. Die Pendler wiederum waren als Träger intensiver Kontakte zwischen Stadt und Land selbst maßgeblich am Abbau der soziokulturellen Unterschiede beteiligt[155].

Die führenden Personen der großen Bergarbeiterstreiks im Saarrevier entsprachen keineswegs dem Typus des – weil noch nicht an die industrielle Arbeitsdisziplin gewöhnten und seiner gewohnten Umgebung entrissenen – entwurzelten, besitzlosen, durch ein hohes Maß an Fluktuation gekennzeichneten, aggressiven und in seiner Gewalttätigkeit hilflosen Bergarbeiters, wie er verschiedentlich als prägend für die Auseinandersetzungen im Ruhrgebiet geschildert worden ist. Die meisten von ihnen waren schon mehrere Jahrzehnte im Bergbau tätig, waren Pendler, hatten noch eine enge Verbindung zum Land und verfügten über alten wie neuen Besitz. Prägend für ihre führende Rolle bei den Streiks war vielmehr der erlebte Verlust ständischer Rechte durch die preußische Bergrechtsreform[156].

Die große Rolle der geschlossenen proletarischen Milieus in den städtisch-industriellen Zentren für die Herausbildung der Stabilität und Homogenität von Arbeiterbewußtsein und für die Integration der Arbeiter in einen umfassenden proletarischen Lebenszusammenhang mit gemeinsamen Überzeugun-

---

154 Vgl. ebda., S. 384.
155 Vgl. Mooser, Arbeiterleben in Deutschland, S. 174f.
156 Vgl. dazu Mallmann, Die Anfänge der Bergarbeiterbewegung an der Saar, S. 130.

gen ist sicherlich unbestritten; und ebenso unbestritten ist die Tatsache, daß die Einpendler aus agrarisch strukturierten Gebieten aus diesem Zusammenhang herausfielen und gerade in der ersten Phase der Hochindustrialisierung nur sehr schwer zu integrieren waren. Jedoch darf die Bedeutung des Sozialmilieus im Hinblick auf das Bewußtsein und Organisationsverhalten der Pendler ländlicher Herkunft auch nicht überbewertet werden. Vielmehr muß gerade die Verarbeitung betrieblicher und gesellschaftlicher Widerspruchserfahrungen sowie Lernprozesse als konstitutives Moment der Entwicklung des Arbeiterbewußtseins berücksichtigt werden[157]. Eine einfache Gleichsetzung von Pendelarbeitern mit nicht organisierbaren, allenfalls zu kurzfristigem gewaltsamem Protest neigenden Beschäftigten erscheint in diesem Sinn jedenfalls als unzulässig.

8. Der Trend der historischen Entwicklung

Die Pendelwanderung bildete sich als Strukturelement regionaler Mobilität mit der Durchsetzung des kapitalistischen Industrialisierungsprozesses und der mit ihr einhergehenden Trennung von Wohn- und Arbeitsstätte heraus. Sie war von Beginn an vor allem eine Wanderung vom Land in die explosionsartig wachsenden Städte. Die Aussicht auf Arbeit und besseres Einkommen in der – zumeist städtischen – Industrie sollte verbunden werden mit der Aufrechterhaltung vertrauter sozialer Bezüge, dem billigen Leben auf dem Lande oder der Bewirtschaftung einer kleinen Parzelle. Angesichts der katastrophalen Wohnungssituation in den Städten blieb den Arbeitern oftmals auch keine andere Wahl als das Pendeln. Die Pendelwanderung wurde aber häufig von den Pendlern zunächst als ein vorübergehendes Zugeständnis an die Industrialisierung begriffen, erwies sich überwiegend jedoch als eine Vorstufe vor dem dauerhaften Umzug in die Stadt.

Mit der Entstehung der großstädtischen Ballungsräume trat neben der Land-Stadt-Wanderung auch zunehmend die Bewegung aus den Vorstädten in die Zentren und die großstäd-

---

157 Vgl. dazu Deppe, Frank, Einheit und Spaltung der Arbeiterklasse. Überlegungen zu einer politischen Geschichte der Arbeiterbewegung, Marburg 1981, bes. S. 28 ff.

tische Binnenpendelwanderung in Erscheinung. Schon vor der Jahrhundertwende setzte im Zentrum vieler Großstädte die City-Bildung ein, die mit einer Verdrängung der Wohnbevölkerung an die Peripherie verbunden war. Gleichzeitig verlagerten sich die Standorte der industriellen Großbetriebe allmählich in die Außenbezirke. Im Zuge dieses Prozesses schritt die Trennung von Wohn- und Arbeitsstätte weiter voran. Exakte Daten über das Ausmaß der Pendelwanderung in ganz Deutschland liegen für das 19. Jahrhundert nicht vor; jedoch ist davon auszugehen, daß bereits vor der Jahrhundertwende besonders die tägliche Pendelwanderung zumindest in den Großstädten eine verbreitete Erscheinung war. Zugleich lagen aber die Arbeitsstätten eines vergleichsweise hohen Anteils von Arbeitern immer noch in der Wohnung oder auf dem Wohngrundstück. In der Zwischenkriegszeit erlebte sie eine sehr rasche Ausdehnung. Zwischen 1900 und 1939 vervierfachte sich die Anzahl der Berufspendler in Württemberg, und die Berufspendlerquote erhöhte sich von 6,6 Prozent auf 13,8 Prozent. Insgesamt waren die Pendler wegen teilweise langen Wegezeiten, kräfteraubenden, nicht selten mehrstündigen Fußmärschen bei ohnehin schon langen Arbeitszeiten sowie wegen schlechten hygienischen Bedingungen in den Zügen großen Strapazen und gesundheitlichen Risiken ausgesetzt.

Der rasche Ausbau des Eisenbahnnetzes hatte eine immer stärkere Erschließung des ländlichen Arbeitskräftereservoirs für die städtischen Zentren zur Folge, so daß die Pendler aus immer größeren Entfernungen in die Städte strömten und den Beschäftigten das tägliche Pendeln erleichtert wurde.

In ähnlicher Weise war die fortschreitende flächenmäßige Ausdehnung der Stadtflächen und ihre räumliche Differenzierung nur möglich bei einem Auf- und Ausbau des städtischen Personennahverkehrs. Sowohl der Eisenbahnbau als auch die Verbesserung des großstädtischen Nahverkehrs mit dem Einsatz von Vorortbahnen und elektrischen Straßenbahnen begünstigten in der Folgezeit in hohem Maße die fortschreitende Ausbreitung der Pendelwanderung, zumal sie eine Verkürzung der erforderlichen Wegezeiten zur Folge hatten, die den Anreiz zum Pendeln erhöhte.

II. Die Pendelwanderung in der Bundesrepublik Deutschland

Die ökonomische Entwicklung der Bundesrepublik Deutschland war von ihrer Gründung bis zur Weltwirtschaftskrise 1974/75 durch ein dauerhaftes und hohes Wirtschaftswachstum gekennzeichnet, das lediglich durch die Rezession der Jahre 1966/67 kurzzeitig unterbrochen wurde[158]. Der ökonomische Expansionsprozeß war mit einer Verschiebung des Gewichts der einzelnen Sektoren verbunden. Insbesondere die Landwirtschaft hat relativ und absolut an Bedeutung verloren. Waren im Jahre 1950 noch 23,3 Prozent der Erwerbstätigen im primären Sektor beschäftigt, so war dieser Anteil Anfang der sechziger Jahre auf 13,4 Prozent geschrumpft. 1987 arbeiteten hier schließlich nur noch 3,2 Prozent[159]. Die Gesamtzahl der im primären Sektor Erwerbstätigen sank von knapp 5,1 Millionen im Jahre 1950 auf nur noch knapp 900000 im Jahre 1987[160]. Die industrielle Produktion war der Hauptträger des deutschen Wirtschaftswunders. Das produzierende Gewerbe konnte seinen Anteil an allen Erwerbstätigen zwischen 1950 und 1970 von 43,0 auf 48,9 Prozent steigern, jedoch ging in den siebziger und achtziger Jahren der Anteil der hier Beschäftigten auf 41,8 Prozent zurück. Im Jahre 1987 lag die Zahl der Erwerbstätigen des sekundären Sektors mit knapp 11,3 Millionen aber immer

---

158 Vgl. zur wirtschaftlichen Entwicklung in der Bundesrepublik Abelshauser, Werner, Wirtschaftsgeschichte der Bundesrepublik Deutschland 1945–1980, Frankfurt a. M. 1983; Henning, Friedrich-Wilhelm, Das industrialisierte Deutschland 1914 bis 1978, 5. Aufl. 1979; Altvater, Elmar/Hoffmann, Jürgen/Semmler, Willi, Vom Wirtschaftswunder zur Wirtschaftskrise. Ökonomie und Politik in der Bundesrepublik, 2 Bde., 2. Aufl. Berlin (West) 1980.
159 Vgl. Breimaier, Paul, Ergebnisse der Volkszählung 1987 zur Erwerbstätigkeit im langfristigen Vergleich, in: Wirtschaft und Statistik, 1989, H. 8, S. 499–507, hier: S. 503.
160 Vgl. ebda., S. 503.

noch um fast zwei Millionen höher als im Jahre 1950[161]. Innerhalb des produzierenden Gewerbes erhöhte sich allerdings der Anteil der produktionsorientierten Dienstleistungen sehr stark. Dabei vollzogen sich auch in der Binnenstruktur des sekundären Sektors bedeutende Umschichtungen im Gewicht der einzelnen Branchen: Die Metallindustrie – und hier vor allem die Elektro- und Feinmechanik – und die chemische Industrie expandierten besonders rasch, während einige traditionelle Industriezweige wie der Bergbau, die Stahlindustrie, die Werften und die Textil- und Bekleidungsindustrie – sei es durch stoffliche Veränderungen im Produktionsprozeß, sei es durch neue Entwicklungen in der weltwirtschaftlichen Arbeitsteilung – in eine tiefe Strukturkrise gerieten und sogar absolute Einbußen in den Beschäftigtenzahlen zu verzeichnen hatten. Das dynamische Wirtschaftswachstum im industriellen Sektor der Bundesrepublik wurde noch übertroffen von den Zuwachsraten bei den Dienstleistungen. Der tertiäre Sektor, der schon in den fünfziger Jahren ein überproportionales Wachstum aufwies, verzeichnete in den siebziger und achtziger Jahren einen besonders raschen Zuwachs und überflügelte in den achtziger Jahren den sekundären Sektor in den Beschäftigtenzahlen[162]. Dabei stagnierte der Bereich Handel, Verkehr und Nachrichtenübermittlung seit Anfang der sechziger Jahre, so daß der Anstieg des tertiären Sektors fast ausschließlich auf der Bedeutungszunahme der sonstigen Dienstleistungen beruhte. Diese Zunahme vollzog sich nicht nur bei den privaten Dienstleistungen, sondern wurde nicht zuletzt auch durch die wachsende infrastrukturelle Rolle des Staates getragen. Waren 1950 nur 33,6 Prozent der Erwerbstätigen im tertiären Sektor beschäftigt, so stieg dieser Anteil auf 55 Prozent in 1987. In absoluten Zahlen verdoppelten sich die Erwerbstätigen im genannten Zeitraum auf 14,7 Millionen Personen[163].

Im Zuge dieser wirtschaftlichen Strukturveränderungen verschoben sich auch die Relationen zwischen den erwerbstätigen Männern und Frauen. Im Jahre 1961 waren mit fast zehn

161 Vgl. ebda., S. 503.
162 Vgl. Krüger-Hemmer, Christiane/Veldhues, Bernhard, Strukturergebnisse der Arbeitsstättenzählung vom 25. Mai 1987, in: Wirtschaft und Statistik, 1989, H. 7, S. 420–431.
163 Vgl. Breimaier, Ergebnisse der Volkszählung 1987 zur Erwerbstätigkeit, S. 502f.

Millionen Frauen über zwei Millionen mehr erwerbstätig als noch im Jahre 1950. Das relativ stärkere Ansteigen der Frauenerwerbstätigkeit ist in erster Linie auf die steigende Erwerbsquote zurückzuführen. Sie stieg zwischen 1950 und 1987 bei den Personen zwischen 15 und 65 Jahren von 43,7 auf 53,4 Prozent; bei den Männern sank der entsprechende Anteil von 92,1 auf 80,8 Prozent. Nur in den sechziger Jahren war die Erwerbsquote bei beiden Geschlechtern gesunken[164].

Seit dem Ende des Zweiten Weltkriegs ist die Anzahl aller Beschäftigten beträchtlich gewachsen. Gab es 1950 21,8 Millionen Erwerbstätige, so stieg diese Zahl innerhalb eines Jahrzehnts um fast fünf Millionen auf 26,7 Millionen Personen. Dieses Wachstum in den fünfziger Jahren beruhte auf einem raschen Bevölkerungsanstieg und insbesondere auf einem Anstieg der im erwerbsfähigen Alter befindlichen Bevölkerung. Sie stellte das Arbeitskräftereservoir dar, das im Nachkriegsboom zügig in den Produktionsprozeß integriert wurde. Dabei beruhte die Zunahme der erwerbsfähigen Bevölkerung seit dem Kriegsende zu einem gewichtigen Teil auf dem Zustrom der Vertriebenen aus den ehemaligen deutschen Ostgebieten (fast fünf Millionen Personen) und der Flüchtlinge aus der Sowjetischen Besatzungszone bzw. der DDR (1,8 Millionen) sowie auf der Rückkehr der Kriegsgefangenen (etwa vier Millionen). Die anfangs sehr hohe Arbeitslosigkeit wurde in den fünfziger Jahren abgebaut, so daß Anfang der sechziger Jahre die Vollbeschäftigung erreicht war. Mit dem Erreichen der Vollbeschäftigung und dem Ende des Arbeitskräftezustroms aus der DDR wurde der Arbeitskräfteknappheit mit dem Anwerben ausländischer Arbeiter begegnet. Vom Ende der fünfziger Jahre bis zum Anwerbestopp im Jahre 1973 erhöhte sich die Anzahl der »Gastarbeiter« auf über zwei Millionen Personen.

Das hohe Wirtschaftswachstum wurde im industriellen Sektor zunächst von einem starken Konzentrationsprozeß begleitet. Zwischen 1950 und 1972 sank der Anteil der in Betrieben von 1–99 Beschäftigten arbeitenden Personen von 26 auf knapp 19 Prozent. Der Anteil der Betriebe mit 100–999 Beschäftigten blieb in etwa konstant, wohingegen der Anteil der

---

164 Vgl. ebda., S. 501.

industriellen Großbetriebe mit 1000 und mehr Beschäftigten von 33 auf 39 Prozent anstieg[165]. Demgegenüber weist die Arbeitsstättenzählung von 1987 im industriellen Sektor einen relativen und absoluten Rückgang der in den Großbetrieben Beschäftigten auf. Statt dessen stieg im Dienstleistungssektor die betreffende Konzentration von Beschäftigten ganz erheblich an[166].

Das Schrumpfen der Landwirtschaft sowie der Konzentrationsprozeß in der Industrie und im Dienstleistungsbereich drückte sich auch in dem nachhaltigen Rückgang des Anteils der Selbständigen und in der Verallgemeinerung abhängiger Arbeit aus. Der Anteil der Selbständigen, der 1950 noch 15,6 Prozent (3,4 Millionen) betrug, sank bis 1987 auf 8,5 Prozent (2,3 Millionen); freie Berufe erfuhren dabei allerdings einen beträchtlichen Zuwachs. Rechnet man zu den Selbständigen noch die mithelfenden Familienangehörigen hinzu, so reduzierte sich der entsprechende Anteil im genannten Zeitraum sogar auf ein Drittel: von 30,5 auf 10,3 Prozent. Der Anteil der Arbeiter schrumpfte von nahezu 50 Prozent auf etwas weniger als vierzig Prozent. Dabei stiegen die absoluten Zahlen von gut 10,6 Millionen in 1950 auf 12,8 Millionen Anfang der sechziger Jahre, um bis 1987 wieder auf die Zahlen von 1950 zu sinken. Parallel dazu verdreifachten sich die Zahlen der Angestellten von 3,6 Millionen im Jahre 1950 (16,5 Prozent) auf etwas mehr als elf Millionen im Jahre 1987 (41,0 Prozent). In den achtziger Jahren lag der Anteil der Angestellten erstmals über dem der Arbeiter[167].

In den Nachkriegsjahren und den ersten Jahren nach der Gründung der Bundesrepublik wurde die sich verstärkende Pendelwanderung nicht selten auf die Bewältigung der Kriegsfolgen zurückgeführt. Dabei galt die Vernichtung von Wohnraum während des Zweiten Weltkriegs, insbesondere in den Großstädten, als der wesentliche Grund. Insgesamt über 20 Prozent der Wohnungen war vernichtet worden; der ge-

---

165 Vgl. Henning, Das industrialisierte Deutschland, S. 216.
166 Vgl. Statistisches Bundesamt (Hrsg.), Unternehmen und Arbeitsstätten. Arbeitsstättenzählung vom 25. Mai 1987, Fachserie 2, H. 11: Arbeitsstätten, Unternehmen und Beschäftigte 1987, 1970, 1961, 1950, Stuttgart 1990, S. 12ff.
167 Vgl. Breimaier, Ergebnisse der Volkszählung 1987 zur Erwerbstätigkeit, S. 500, 504.

samte Bestand hatte sich von 10,7 Millionen Wohnungen in 1939 auf 8,3 Millionen in 1949 verringert[168]. Seit dem Ende des Zweiten Weltkriegs haben sich die Wohnungsverhältnisse einschneidend verändert[169]. Der Wohnungsnotstand war in den Nachkriegsjahren eines der gravierendsten sozialen Probleme und der Wohnungsbau eine der wichtigsten öffentlichen Aufgaben. Zwischen 1953 und 1968 wurden im Durchschnitt 500000 bis 600000 neue Wohnungen gebaut. Anfang der siebziger Jahre erfuhr der Wohnungsbau noch einmal einen Aufschwung und erreichte im Jahre 1973 mit der Fertigstellung von über 700000 Wohnungen seinen Höhepunkt. Seit der Wirtschaftskrise 1974/75 sank die Zahl der jährlichen Wohnungsneubauten beträchtlich ab und belief sich in der zweiten Hälfte der achtziger Jahre auf nur noch etwa 200000[170]. Lag in den fünfziger und sechziger Jahren der Schwerpunkt der staatlichen Förderung auf dem sozialen Wohnungsbau, so erlangte vor allem seit Mitte der siebziger Jahre die finanzielle Unterstützung des Eigenheimbaus einen wachsenden Stellenwert. Der Anteil der Haushalte, die über Wohneigentum verfügten, stieg von gut einem Viertel im Jahre 1950 über ein Drittel in 1972 auf fast 40 Prozent im Jahre 1987[171]. Nur noch 14 Prozent der fertiggestellten Wohnungen waren im Jahre 1988 Mietwohnungen[172]. Das Eigenheim im Grünen, sei es am Stadtrand oder in verstädterten Dörfern, entwickelte sich dabei zum Leitbild des Wohnens, und die wachsenden Realeinkommen ermöglichten einem immer größeren Teil der Bevölkerung, sich diesen Wunsch zu erfüllen.

---

168 Vgl. Henning, Das industrialisierte Deutschland, S. 191.
169 Vgl. Osterland, Martin/Deppe, Wilfried/Gerlach, Frank u.a., Materialien zur Lebens- und Arbeitssituation der Industriearbeiter in der BRD, 3. durchges. Aufl., Frankfurt a.M. 1973, S. 168ff.
170 Vgl. Polster, Werner/Voy, Klaus, Eigenheim und Automobil – Materielle Fundamente der Lebensweise, in: Voy, Klaus/Polster, Werner/Thomasberger, Claus (Hrsg.), Gesellschaftliche Transformationsprozesse und materielle Lebensweise (= Beiträge zur Wirtschafts- und Gesellschaftsgeschichte der Bundesrepublik Deutschland [1949–1989], Bd. 2), Marburg 1991, S. 263–320, hier: S. 264ff.
171 Vgl. Polster, Werner/Voy, Klaus, Eigenheim und Automobil, S. 267.
172 Vgl. Lauschmann, Elisabeth, Zur Bedeutung der Wohnungspolitik für die Regionalpolitik und Raumordnung, in: Raumforschung und Raumordnung, 48. Jg., 1990, H. 6, S. 289–295, hier: S. 290.

Jedoch drangen die Wohnstandorte nicht nur als Eigenheime immer weiter in die Fläche vor. Auch die zahlreich errichteten Neubausiedlungen wurden zu einem großen Teil an die Stadtränder oder ins Grüne ausgelagert. So schritt die Trennung zwischen Wohn- und Arbeitsstätte auch innerhalb der Städte weiter voran. Die Separierung des Wohnens wie überhaupt die fortschreitende räumliche Ausdifferenzierung der unterschiedlichen Lebensfunktionen ging mit der gesellschaftlichen Durchsetzung der Individualmotorisierung einher. Das Automobil war gleichermaßen Voraussetzung wie Folge dieses Prozesses.

Die stetige Verkleinerung der Haushalte, der Anstieg der Pro-Kopf-Wohnfläche und die Deregulierung des Wohnungsmarktes führten in den achtziger Jahren wieder zu einer akuten Wohnungsnot.

Das Wachstum der Städte, insbesondere jener mit über 500 000 Einwohnern, kam spätestens in den sechziger Jahren zu seinem Ende. Seitdem sind die Einwohnerzahlen in den Städten dieser Größenklasse rückläufig – und dies bei einem Anwachsen der in der Bundesrepublik Deutschland lebenden Bevölkerung. Statt dessen verzeichnete das Umland der großstädtischen Zentren einen beträchtlichen Einwohnerzuwachs. Zumindest für einen gewissen Zeitraum gestattete es die Wahl des dortigen Wohnsitzes, den Nachtcilen großstädtischen Wohnens, vor allem der im Zusammenhang mit dem Leitbild der »autogerechten Stadt« voranschreitenden »Unwirtlichkeit« der Städte und den hohen Lebenshaltungskosten zu entfliehen, ohne dabei auf dessen Vorteile, nämlich höhere Löhne und ein differenziertes Konsum- und Dienstleistungsangebot, verzichten zu müssen. Die in den fünfziger und sechziger Jahren besonders stark forcierte infrastrukturelle Modernisierung ländlicher Gemeinden trug dabei zusätzlich dazu bei, die traditionelle Rückständigkeit in den Lebensbedingungen zwischen Stadt und Land abzubauen und begünstigte so den Wegzug aus den Kernstädten[173].

---

173 Vgl. Ipsen, Detlev, Stadt und Land – Metamorphosen einer Beziehung, in: Häußermann, Hartmut/Ipsen, Detlev/Krämer-Badoni, Thomas u.a., Stadt und Raum. Soziologische Analysen, Pfaffenweiler 1991, S. 117–156, hier: S. 142ff.

Der Wiederaufbau verschärfte jedoch gerade hier noch einmal die Disproportionen, die sich in den letzten Jahrzehnten herausgebildet hatten, denn die Errichtung von Wohnraum hinkte dem Bau von Büros und Geschäftshäusern spürbar hinterher. Daher wurden noch mehr Menschen, die relativ häufig auf dem Lande untergebracht waren, wo vergleichsweise wenig Wohnraum zerstört war, von ihrem Arbeitsort getrennt und somit zum Pendeln gezwungen, wenn sie die wirtschaftlichen Zentren der Städte erreichen wollten[174].

Dienten die Wohnraumzerstörung und der Zustrom von Vertriebenen zunächst vielen Zeitgenossen noch als Argument, um die deutlich verstärkte Pendelwanderung zu einem vorübergehenden Phänomen der Nachkriegszeit zu erklären, so erwiesen sich diese besonderen Bedingungen jedoch recht bald lediglich als Faktoren, die eine dauerhafte und dynamische Ausweitung der Pendelwanderung nur noch verstärkten.

Im folgenden sollen die Veränderungen, die sich bei der Pendelwanderung in den letzten vierzig Jahren vollzogen, nachgezeichnet und analysiert werden.

1. Quantitative Dimensionen der Pendelwanderung

Das Statistische Bundesamt definiert den Begriff »Pendler« folgendermaßen: »Als Pendler gelten Erwerbstätige (Berufspendler), Schüler und Studierende (Ausbildungspendler), deren Arbeits- bzw. Ausbildungsstätte nicht auf dem Wohngrundstück liegt. Befindet sich die Arbeits- bzw. Ausbildungsstätte in der gleichen Gemeinde, handelt es sich um innergemeindliche Pendler, andernfalls um Pendler über die Gemeindegrenze. ... Pendler, die von der »hiesigen« Wohnung (Frage 6 c) zur Arbeits- oder Ausbildungsstätte gehen/fahren, gelten als Tagespendler. Der von Tagespendlern zurückgelegte Weg ist der tägliche Weg zwischen Wohnung und

---

174 Vgl. Thost, Die Pendelwanderungen in Deutschland als geographisches Problem, S. 16f.

Arbeits- oder Ausbildungsstätte. Fährt der Pendler von einer anderen Wohnung aus zur Arbeits- bzw. Ausbildungsstätte, zählt er für die »hiesige« Wohnung als Fernpendler.«[175]

Wir möchten für den hier verwendeten Pendlerbegriff auf zwei Gesichtspunkte aufmerksam machen:

1. Wir befassen uns in den folgenden Darstellungen in erster Linie mit Erwerbstätigen, die täglich über die Gemeindegrenze zur Arbeitsstätte pendeln. Wenn wir also im folgenden von »Pendlern« sprechen, dann sind also immer Tages-/Berufspendler über die Gemeindegrenze gemeint. Sollte darüber hinaus von anderen Pendlergruppen (innergemeindliche Pendler, Ausbildungspendler, Wochenendpendler etc.) die Rede sein, so werden sie auch immer explizit als solche bezeichnet.

2. Wir verwenden eine andere als die oben zitierte Definition des Begriffs »Fernpendler«. Als Fernpendler bezeichnen wir jene Pendler, deren Arbeitsweg – ohne genaue Entfernungs- oder Zeitangabe – täglich mehrere Stunden beträgt. Dieser Begriff lehnt sich an die statistische Kategorie des Mikrozensus und der Volkszählungen »60 Minuten und mehr für den Hinweg zur Arbeit« an. Gegenüber der vom Statistischen Bundesamt verwendeten Definition der Fernpendler hat diese Begrifflichkeit den Vorzug, daß sie auch diejenigen Pendler einschließt, die täglich über die Gemeindegrenze hinweg oder innergemeindlich mit dem genannten erheblichen Zeitaufwand zur Arbeit fahren. Für die vom Statistischen Bundesamt verwendete Bestimmung des Begriffs »Fernpendler«, die ja alle diejenigen zu dieser Kategorie zählt, die von einer anderen als der vorwiegend benutzten (»hiesigen«) Wohnung aus zur Arbeitsstätte fahren, scheint uns der Begriff »Wochenendpendler« – in Abgrenzung zu den »Tagespendlern« – zutreffender.

Seit der Gründung der Bundesrepublik Deutschland hat sich das Ausmaß der Pendelwanderung in der Bundesrepublik

---

175 Statistisches Bundesamt (Hrsg.), Bevölkerung und Erwerbstätigkeit. Volkszählung vom 25. Mai 1987, Fachserie 1, H. 9: Pendler, T. 1: Ausgewählte Strukturdaten, Wiesbaden 1991, S. 11.

drastisch erhöht[176]. Zwischen den Volkszählungen von 1950 und 1987 verdreifachte sich die Anzahl der Pendler von gut 3 Millionen auf fast 10 Millionen. Dabei ist zu berücksichtigen, daß im Jahre 1950 der Anteil der pendelnden Heimatvertriebenen an den Erwerbstätigen dieser Gruppe mit 21,3 Prozent außerordentlich hoch war[177] und der Anteil der Heimatvertriebenen an den Pendlern in der Phase des Wiederaufbaus generell über dem Durchschnitt lag. Sie wurden vergleichsweise häufig auf dem Land untergebracht, weil dort die Wohnraumzerstörung weit geringer war. Da die ländlichen Gemeinden aber noch weniger als die Städte in der Lage waren, am Ort ein der Zuwanderung entsprechendes Arbeitsplatzangebot bereitzustellen, fielen bei dieser Personengruppe weit seltener Wohn- und Arbeitsort zusammen.

Der rasche Anstieg der Pendlerzahlen in den fünfziger Jahren ist nur zum Teil auf die starke Zunahme der Beschäftigtenzahlen zurückzuführen. Die Pendelwanderung nahm weit stärker zu als die Beschäftigung. Allein in den Zeitraum von 1950 bis 1961 fiel eine Verdoppelung der Pendlerzahlen, während sich im gleichen Zeitraum die Zahl der Erwerbstätigen

---

176 Vgl. Statistisches Bundesamt (Hrsg.), Statistik der Bundesrepublik Deutschland, Bd. 37: Die berufliche und soziale Gliederung der Bevölkerung der Bundesrepublik Deutschland nach der Zählung v. 13.9. 1950, Teil II, H. 5, Stuttgart, Köln 1956; Statistisches Bundesamt, Fachserie A, Volks- und Berufszählung vom 6. Juni 1961, H. 9: Pendler; Statistisches Bundesamt, Fachserie A: Bevölkerung und Kultur, Volks- und Berufszählung vom 27. Mai 1970, H. 21: Pendler, Stuttgart und Mainz 1974; Statistisches Bundesamt (Hrsg.), Bevölkerung und Erwerbstätigkeit. Volkszählung vom 25. Mai 1987, Fachserie 1, H. 9: Pendler, T. 2: Berufs- und Ausbildungspendler, Stuttgart 1991; Die Pendelwanderung. Endgültiges Ergebnis der Volkszählung 1950 über die Zahl der Auspendler, in: Wirtschaft und Statistik, 1952, H. 2, S. 65–67; Boustedt, Artikel »Pendelverkehr«, Sp. 2291 ff.; Heidenreich, Hans-Joachim, Berufs- und Ausbildungspendler. Ergebnis des Mikrozensus, in: Wirtschaft und Statistik, 1988, H. 2, S. 86–100; Der Umfang der Pendelwanderung. Ergebnis der Volks- und Berufszählung am 6. Juni 1961, in: Wirtschaft und Statistik, 1964, H. 4, S. 215–219; vgl. auch die Zahlen des Mikrozensus 1961–1967, in: Pendelwanderung nach Wirtschaftsbereichen, Stellung im Beruf, Gemeindegrößenklassen und geleisteten Arbeitsstunden. Ergebnis des Mikrozensus April 1967, in: Wirtschaft und Statistik, 1969, H. 4, S. 219–221.
177 Vgl. Statistisches Bundesamt (Hrsg.), Die berufliche und soziale Gliederung der Bevölkerung nach der Zählung v. 13.9. 1950, S. 27.

nur um 20 Prozent erhöhte[178]. Dieser Prozeß spiegelt sich in der Entwicklung der Pendlerquote wider: Der Anteil der Pendler an allen Erwerbstätigen stieg von 14,5 Prozent in 1950 (mit dem Saarland 15,2 Prozent[179]) auf 36,8 Prozent in 1987.

Tabelle 12

Berufsauspendler über die Gemeindegrenze 1950, 1961, 1970 und 1987 (absolut und in Prozent der Erwerbstätigen)

Jahr	insgesamt	Prozent der Erwerbstätigen
1950[1]	3190903	14,5
1961	6132517	24,1
1970	7431650	28,1
1987	9875448	36,8

1 ohne das Saarland

Quelle: Statistisches Bundesamt (Hrsg.), Die berufliche und soziale Gliederung der Bevölkerung nach der Zählung v. 13.9.1950, S. 26; Statistisches Bundesamt, Fachserie A, Volks- und Berufszählung vom 6. Juni 1961, H. 9: Pendler, S. 22; Statistisches Bundesamt, Fachserie A: Bevölkerung und Kultur, Volks- und Berufszählung vom 27. Mai 1970, H. 21: Pendler, Stuttgart und Mainz 1974, S. 22, S. 104f.; Statistisches Bundesamt (Hrsg.), Bevölkerung und Erwerbstätigkeit. Volkszählung vom 25. Mai 1987, Fachserie 1, H. 9: Pendler, T. 2: Berufs- und Ausbildungspendler, Stuttgart 1991, S. 16f.

Die folgende Tabelle zeigt, daß die fünfziger Jahre auch Jahre eines besonders raschen relativen Anstiegs der Pendlerzahlen waren. Seitdem sind die durchschnittlichen Zuwachsraten zwar abgeflacht – ein Umstand, der allerdings nicht weiter verwundern kann, weil sich das Wachstum auf weit höherem Niveau vollzog –, jedoch war die jahresdurchschnittliche Erhöhung der Pendlerzahlen weiterhin sehr hoch.

1970 hatte sich die Zahl der Berufspendler (Auspendler) um 21 Prozent auf 7,4 Millionen und ihr Anteil an allen Erwerbs-

---

178 Vgl. Mackensen, Rainer/Vanberg, Monika/Krämer, Klaus, Probleme regionaler Mobilität. Ergebnisse und Lücken der Forschung zur gegenwärtigen Situation in der Bundesrepublik Deutschland/Berlin (West), Göttingen 1975, S. 19f.; Statistisches Bundesamt, Fachserie A, Volks- und Berufszählung vom 6. Juni 1961, H. 9, Pendler, S. 22.

179 Vgl. Boustedt, Artikel »Pendelverkehr«, Sp. 2291ff.

Tabelle 13

Steigerungsraten der Berufsauspendlerzahlen 1950–1987 (in Prozent)

	1950–61	1961–70	1970–87	1950–87
insgesamt	92,2	21,2	32,9	209,9
männlich	81,0	20,0	21,7	164,4
weiblich	132,9	24,5	63,3	373,4

Quelle: Informationen des Statistischen Bundesamts; eigene Berechnungen.

tätigen von 24,1 Prozent auf 28,1 Prozent erhöht[180]. Somit setzte sich das Wachstum der Pendlerzahlen auch in den sechziger Jahren fort, fiel allerdings deutlich verlangsamt aus. Zwischen den Volkszählungen von 1970 und 1987 verringerten sich zwar – im Vergleich mit den vorhergehenden Zeiträumen – die durchschnittlichen Zuwachsraten der Berufspendler. Jedoch verblieben in absoluten Zahlen die durchschnittlichen jährlichen Zuwachsraten in diesem langen Zeitraum mit über 140.000 auf dem Niveau des entsprechenden Wachstums der sechziger Jahre. Dabei ist davon auszugehen, daß der jeweilige reale jährliche Anstieg mit den Konjunkturzyklen auch Schwankungen unterlag, die nicht unbeträchtlich gewesen sein dürften.

Tabelle 14

Durchschnittlicher jährlicher Zuwachs der Pendlerzahlen (absolut) von Volkszählung zu Volkszählung

Zwischen Volkszählung von ... und Volkszählung von	Durchschnittlicher jährlicher Pendlerzuwachs
zwischen 1950 und 1961	267 419 Personen
zwischen 1961 und 1970	144 348 Personen
zwischen 1970 und 1987	143 753 Personen

Quelle: Eigene Berechnungen.

Unter dem Gesichtspunkt der Geschlechterverteilung unter den Pendlern waren die letzten vierzig Jahre eine Zeit beson-

---

180 Vgl. Statistisches Bundesamt, Fachserie A: Bevölkerung und Kultur, Volks- und Berufszählung vom 27. Mai 1970, H. 21, Pendler, S. 22.

ders tiefgreifender Veränderungen. Hatte sich der Anteil der Frauen an den Pendlern seit der Jahrhundertwende nur allmählich erhöht, so setzte nun ein unübersehbarer Trend in Richtung auf einen raschen, überproportionalen Zuwachs der Frauenpendelwanderung ein.

Tabelle 15

Berufsauspendler über die Gemeindegrenze 1950, 1961, 1970 und 1987 nach Geschlecht (absolut und in Prozent aller Pendler)

Jahr	insgesamt	männlich	Prozent	weiblich	Prozent
1950[1]	3 190 903	2 502 216	78,4	688 687	21,6
1961	6 132 517	4 528 803	73,8	1 603 726	26,2
1970	7 431 650	5 434 698	73,1	1 996 952	26,9
1987	9 875 448	6 615 147	67,0	3 260 301	33,0

1 ohne das Saarland

Quelle: Statistisches Bundesamt (Hrsg.), Die berufliche und soziale Gliederung der Bevölkerung nach der Zählung v. 13.9.1950, S. 26; Statistisches Bundesamt, Fachserie A, Volks- und Berufszählung vom 6. Juni 1961, Heft 9: Pendler, S. 22; Statistisches Bundesamt, Fachserie A, Volks- und Berufszählung vom 27. Mai 1970, H. 21: Pendler, S. 104f.; Statistisches Bundesamt (Hrsg.), Bevölkerung und Erwerbstätigkeit. Volkszählung vom 25. Mai 1987, Fachserie 1, H. 9: Pendler, T. 1: Ausgewählte Strukturdaten, Stuttgart 1991, S. 118ff.

Während im Gesamtzeitraum zwischen 1950 und 1987 sich die Zahlen der männlichen Pendler auf etwas mehr als das Zweieinhalbfache erhöhten, stiegen die Zahlen der Pendlerinnen fast auf das Fünffache. Waren die Frauen 1950 nur mit einem Fünftel an der Pendelwanderung beteiligt, so waren es 1987 bereits ein Drittel. Dies bedeutet aber zugleich – und dies sollte auch unter dem Eindruck des steigenden Frauenanteils nicht außer acht gelassen werden –, daß 1987 immerhin noch zwei von drei pendelnden Erwerbstätigen Männer waren und diese somit die große Mehrheit der Berufspendler stellten.

Beim Vergleich der Entwicklung zwischen den jeweiligen Volkszählungen fällt auf, daß auch hier die fünfziger Jahre die bei weitem dynamischste Phase des Vordringens der Frauenpendelwanderung waren, während sich der Frauenanteil in den sechziger Jahren nur geringfügig erhöhte und sich sein Wachstum seit 1970 auf höherem Niveau verstetigt hat. In dieser Entwicklung widerspiegelt sich die zunehmende Berufstätigkeit der Frauen, die vor allem angesichts der mit der zweiten Hälfte der fünfziger Jahren einsetzenden Arbeitskräfteknappheit anwuchs. Dabei ist zu vermuten, daß in der Wirtschaftskrise 1965/66 und insbesondere vor dem Hintergrund der anhaltenden Massenarbeitslosigkeit seit 1974/75 der Anstieg des Frauenanteils an den Pendlern nicht kontinuierlich verlief und auch eine tendenziell bremsende Wirkung auf den Zuwachs der weiblichen Pendler ausübte, weil die Frauen weit stärker von Krise und Arbeitslosigkeit betroffen waren als die Männer. Darüber hinaus wird aus der obigen Tabelle die starke relative Zunahme der Pendelwanderung unter den Frauen nur unzureichend deutlich, weil zumindest für die sechziger Jahre zu berücksichtigen ist, daß die zusätzlich aus dem Ausland rekrutierten Arbeitskräfte überwiegend Männer waren. Wie sehr sich die Pendelwanderung unter den weiblichen Erwerbstätigen ausgebreitet hat, zeigt erst die noch weit schnellere Annäherung der Frauen bei der geschlechtsspezifischen Pendlerquote, dem Anteil der Pendlerzahlen an allen Erwerbstätigen des jeweiligen Geschlechts[181].

Tabelle 16

Berufspendler über die Gemeindegrenze 1950, 1961, 1970 und 1987 insgesamt und nach Geschlecht (in Prozent der Erwerbstätigen)

Jahr	insgesamt	männlich	weiblich
1950[1]	15,2	18,8	8,9
1961	24,1	28,4	17,0
1970	28,1	32,0	21,0
1987	36,8	39,9	31,9

1 mit dem Saarland

Quelle: Statistisches Bundesamt (Hrsg.), Die berufliche und soziale Gliederung der Bevölkerung nach der Zählung v. 13.9.1950, S. 26; Statistisches Bundesamt, Fachserie A, Volks- und Berufszählung vom 6. Juni 1961, Heft 9: Pendler, S. 22; Statistisches Bundesamt, Fachserie A, Volks- und Berufszählung vom 27. Mai 1970, Heft 21: Pendler, S. 22; Boustedt, Artikel »Pendelverkehr«, Sp. 2291ff.; Statistisches Bundesamt, Fachserie A, Volks- und Berufszählung vom 27. Mai 1970, H. 21: Pendler, S. 104f.; Statistisches Bundesamt (Hrsg.), Bevölkerung und Erwerbstätigkeit. Volkszählung vom 25. Mai 1987, Fachserie 1, H. 9: Pendler, T. 1: Ausgewählte Strukturdaten, S. 118ff.; eigene Berechnungen nach Angaben des Statistischen Bundesamtes.

---

181 Vgl. dazu auch Mackensen u.a., Probleme regionaler Mobilität, S. 27.

Auch hier sehen wir, daß die fünfziger Jahre für beide Geschlechter gerade bei den Pendlerquoten ein Jahrzehnt besonders raschen Wachstums waren und seit 1961 die Entwicklungen auf steigendem Niveau im großen und ganzen recht kontinuierlich und stabil verlaufen sind, wobei die geschlechtsspezifische Pendlerquote bei den Frauen – mit Ausnahme der sechziger Jahre – schneller stieg als bei den Männern und 1987 schon recht nah an die männliche Quote herangekommen war.

Der Blick über die Geschichte der Bundesrepublik hinaus führt noch einmal sehr deutlich die rasante Entwicklung der Pendelwanderung vor Augen. Da für ganz Deutschland keine Zahlen vorliegen, müssen wir uns mit den Daten der Volkszählungen zwischen 1900 und 1987 in Württemberg begnügen, die nichtsdestotrotz einen nachhaltigen Eindruck vermitteln und die Gesamtentwicklung veranschaulichen. Die Zahlen beziehen sich auf das ehemalige Land Württemberg bzw. die heutigen Regierungsbezirke Nordwürttemberg und Südwürttemberg-Hohenzollern ohne die Landkreise Hechingen und Sigmaringen:

Tabelle 17

Entwicklung der Berufspendlerzahlen in Württemberg 1900–1987

Jahr	Anzahl	in Prozent der Erwerbspersonen
1900	59428	6,6
1910	88155	8,0
1925	155820	10,1
1939	221889	13,8
1950	320400	17,9
1961	582022	25,4
1970[1]	1299524	31,1
1987[1]	1781534	40,9

1 Berufsauspendlerzahlen für ganz Baden-Württemberg, Berufsauspendlerquote in Prozent der Erwerbstätigen

Quelle: Statistisches Bundesamt, Fachserie A, Volks- und Berufszählung vom 6. Juni 1961, H. 9, Pendler, S. 22; Boustedt, Artikel »Pendelverkehr«, Sp. 2293; Jansen, Paul Günter/Töpfer, Klaus, Pendelwanderung unter arbeitsmarktpolitischem Aspekt, in: Erbguth, Wilfried u.a., Probleme der Raumplanung, Münster 1974, S. 88–112 (= Materialien zum Siedlungs- und Wohnungswesen und zur Raumplanung, hrsg. v. Werner Ernst u. Rainer Thoss, Bd. 6).

Um die Jahrhundertwende war die Pendelwanderung noch vergleichsweise unbedeutend. Vom Beginn des Jahrhunderts bis 1961 war die Anzahl der Pendler also auf das Zehnfache angestiegen. Während im Jahre 1900 jeder zehnte Erwerbstätige auf dem Weg zur Arbeitsstätte seinen Wohnort verlassen mußte, so waren es sechzig Jahre später bereits jeder vierte und weitere 25 Jahre später schon zwei von fünf. Dabei ist im Jahre 1900 noch mancher als Pendler, der die Gemeindegrenze überschreitet, erfaßt, der aufgrund von Gebietsreformen und Eingemeindungen statistisch heute gar nicht mehr als solcher gelten würde. Daher geht aus dem Anstieg der Berufsauspendlerquoten noch nicht einmal das ganze Ausmaß des Zuwachses der Pendelwanderung hervor. Das Beispiel Württembergs mag hier den großen Trend statistisch illustrieren. Eine direkte Übertragbarkeit dieser Zahlen auf die Entwicklung in ganz Deutschland kann daraus nicht gefolgert werden, zumal in den früheren Phasen der Entwicklung des Kapitalismus die Dimensionen der Pendelwanderung regional weit unterschiedlicher ausgeprägt gewesen sein dürften, als dies in der Geschichte der Bundesrepublik der Fall ist.

Der Blick auf die länderspezifische Entwicklung der Pendelwanderung in den letzten vierzig Jahren zeigt, daß sich die Zunahme der Pendelwanderung räumlich teilweise sehr unterschiedlich entwickelt hat und sich auch heute noch die länderspezifischen Pendlerquoten mitunter erheblich voneinander unterscheiden.

Zugleich werden bei den landesspezifischen Pendlerquoten einige Besonderheiten sichtbar. 1950 und 1961 nahm das Saarland eine deutliche Sonderstellung ein, dessen Pendlerquote die der anderen Länder sehr deutlich übertraf. Trotz der Stagnation seiner absoluten Pendlerzahlen stieg im Saarland der Anteil der Pendler an den Erwerbstätigen bis 1970 noch einmal durchaus kräftig an. Alle anderen Bundesländer schwankten 1950 zwischen 10 und etwa 20 Prozent und 1961 zwischen 22 Prozent und 30 Prozent. Lediglich der Anteil der in den Stadtstaaten wohnenden Pendler war weit geringer. Trotz eines vergleichsweise durchaus kräftigen Anstiegs blieben sie deutlich hinter den Quoten der übrigen Länder zurück (Bremen 8,3 Prozent, Hamburg 5,6 Prozent).

84

Tabelle 18

Berufsauspendler (absolut) und Berufsauspendlerquote (in Klammern)
über die Gemeindegrenze 1950, 1961, 1970 und 1987 nach Ländern

Land	1950[1]	1961	1970	1987
Schleswig-Holstein	138931 (13,4)	234178 (23,9)	303067 (29,4)	512727 (45,6)
Hamburg	4647 (0,6)	7732 (0,9)	17611 (2,1)	38586 (5,6)
Niedersachsen	441932 (14,8)	774216 (25,7)	994553 (33,1)	1142195 (37,8)
Bremen	1383 (0,6)	9886 (3,1)	13478 (4,3)	22421 (8,3)
Nordrhein-Westfalen	883045 (15,4)	1659191 (23,2)	1748355 (25,1)	2183224 (31,5)
Hessen	429013 (21,3)	700514 (30,2)	884630 (36,8)	1121167 (45,0)
Rheinland-Pfalz	265966 (17,9)	496471 (30,9)	540056 (35,5)	797414 (51,1)
Baden-Württemberg	569535 (17,6)	1021184 (25,4)	1299524 (31,1)	1781534 (40,9)
Bayern	456451 (10,0)	1027842 (22,0)	1417313 (29,0)	2067459 (40,6)
Saarland[2]	170000 (41,4)	201303 (46,5)	211187 (52,0)	208470 (50,6)
Berlin (West)	–	–	1876 (0,2)	251 (0,0)
Bundesgebiet[3]	3190903 (14,5)	6132517 (24,1)	7431650 (28,1)	9875448 (36,8)

1 1950: in Prozent der Erwerbspersonen
2 Saarland: 14.11.1951 (geschätzte Zahl)
3 1950: ohne das Saarland

Quelle: Statistisches Bundesamt (Hrsg.), Die berufliche und soziale Gliederung der Bevölkerung
nach der Zählung v. 13.9.1950, S. 27; Statistisches Bundesamt, Fachserie A, Volks- und Berufszählung vom 6. Juni 1961, Heft 9: Pendler, S. 22; Statistisches Bundesamt, Fachserie A, Volks-
und Berufszählung vom 27. Mai 1970, H. 21: Pendler, S. 98ff.; Statistisches Bundesamt (Hrsg.),
Bevölkerung und Erwerbstätigkeit. Volkszählung vom 25. Mai 1987, Fachserie 1, H. 9: Pendler,
T. 1: Ausgewählte Strukturdaten, S. 116f.; Breimaier, Ergebnisse der Volkszählung 1987 zur
Erwerbstätigkeit, S. 505; eigene Berechnungen.

Im Jahre 1987 lagen die Anteile der Berufsauspendler an den
Erwerbstätigen in einzelnen Bundesländern zum Teil erheblich über dem Bundesdurchschnitt: In Rheinland-Pfalz und
im Saarland pendelte gut jeder zweite Erwerbstätige über die
Gemeindegrenze, ebenfalls deutlich über dem Bundesdurch-
schnitt liegen Schleswig-Holstein (45,6 Prozent), Hessen (45,0
Prozent), Baden-Württemberg (40,9 Prozent) und Bayern
(40,6 Prozent). Während Niedersachsen sich in etwa auf dem
Niveau des Bundesdurchschnitts bewegte, lag Nordrhein-
Westfalen, das mit Abstand bevölkerungsreichste Bundesland, deutlich darunter und blieb spürbar hinter den übrigen
Flächenstaaten zurück; dies gilt auch für den Zuwachs der
Pendlerquote in Nordrhein-Westfalen im Zeitraum von 1950
bis 1987. Auch der Zuwachs in Niedersachsen war unter-
durchschnittlich. Bayern verzeichnete hingegen in diesem
Zeitraum fast eine Verdoppelung seiner Pendlerquote und
übertraf damit alle anderen Bundesländer recht eindeutig.

Besonders die Entwicklung der Pendlerzahlen in Nordrhein-Westfalen, Bayern und dem Saarland weist jeweils eigentümliche Merkmale auf:

1. Nordrhein-Westfalen verzeichnete in den fünfziger Jahren auf bereits hohem Niveau einen kräftigen Schub in seinem Pendleraufkommen, jedoch blieben seit dem Anfang der sechziger Jahre die Zuwachsraten deutlich hinter denen anderer Länder zurück;

2. Bayern hat, abgesehen von den Stadtstaaten, im Vergleich von 1950 und 1987 den mit Abstand größten Zuwachs an Pendlern. Die bayerischen Auspendlerzahlen verfünffachten sich fast, und selbst in absoluten Zahlen gewann kein anderes Bundesland derart viele Auspendler hinzu. Bayern erreichte 1987 fast Nordrhein-Westfalen, obwohl es 1950 nur kaum mehr als halb so viele Berufspendler hatte, oder anders ausgedrückt: 1950 noch mit Hessen und Niedersachsen auf einem Niveau gelegen, hat es im Jahre 1987 fast doppelt so viele Pendler wie diese Bundesländer;

3. das Saarland schließlich verzeichnete in den fünfziger Jahren nur eine schwache Zunahme seines Pendleraufkommens und stagnierte seitdem.

Die wichtigsten Gründe für diese unterschiedlichen Entwicklungen der Pendelwanderung in den Regionen und Ländern der Bundesrepublik liegen vor allem in den langfristigen sektoralen Strukturverschiebungen. Der Bergbau und die Eisenindustrie verloren in der Nachkriegszeit ihre wirtschaftliche Führungsrolle zugunsten der verarbeitenden Industrie. Diese Entwicklung mußte insbesondere das Ruhrgebiet und das Saarland hart treffen, deren Erwerbstätigenzahlen rückläufig waren bzw. nur unterproportional anstiegen. Auch die regionalen Strukturkrisen in Nordrhein-Westfalen und damit eine vergleichsweise hohe Arbeitslosenquote haben in den siebziger und achtziger Jahren die Erhöhung der Pendelwanderung abgeschwächt. Hinzu kommt hier noch die Existenz zahlreicher großer Städte mit vielfach um oder gar über 500000 Einwohnern, die auf engem Raum konzentriert sind und kein eigenes Umland besitzen. Hier liegt, ebenso wie in großflächigen Städten wie Hamburg, der Anteil der Auspendler in der Regel deutlich unter den Durchschnittswerten und wird der

Weg von der Wohnung zur Arbeitsstelle, der auch hier häufig lang und zeitaufwendig ist, eher innerhalb der Gemeinde bewältigt.

In ganz ähnlicher Form wie im Ruhrgebiet ist die lange Stagnation der Pendlerzahlen und Pendlerquoten im Saarland vor allem auf die krisenhafte Entwicklung der Eisen- und Stahlproduktion und des Steinkohlebergbaus zurückzuführen, die in den wenigen industriellen Zentren eine bremsende Wirkung auf die Pendelwanderung ausübte. Zudem lag hier die Pendelwanderung im Saarland traditionell extrem hoch, denn hier vollzog sich die Industrialisierung eher allmählich und relativ bruchlos, d. h. unter Bewahrung relativ stabiler agrarisch-dörflicher Strukturen. Auf diesem schon zuvor erreichten hohen Niveau war eine weitere Steigerung der Pendelwanderung dann selbstverständlich noch viel schwieriger. Im Saarland und im Ruhrgebiet ging ebenso wie in den Stadtstaaten die bedeutende Rolle alter Industrien mit einem vergleichsweise niedrigen Tertiärisierungsgrad einher.

Der weit überproportionale Anstieg von in Bayern wohnenden Pendlern ist vor allem auf den ausgeprägten Strukturwandel zurückzuführen, in dessen Verlauf dieses Bundesland – früher überwiegend agrarisch strukturiert – seinen Industrialisierungsrückstand nachhaltig verringerte, wenn nicht gar gänzlich wettmachte. Die umfangreiche Ansiedlung moderner Unternehmen übte eine Sogwirkung auch auf andere Bereiche aus. Hier wurden etwa eine Million in der Landwirtschaft erwerbstätige Personen freigesetzt. Im Prozeß der Überführung ihrer beruflichen Stellung in eine abhängige Beschäftigung wurden daher besonders viele ehemalige Landwirte zu Pendlern, erst recht dann, wenn sie einen Teil ihres Landes im Nebenerwerb weiter bewirtschafteten. Dabei stieg gleichzeitig die Gesamtzahl der bayerischen Erwerbstätigen stark überproportional an.

Nicht zuletzt ist die Entwicklung der Pendelwanderung in den letzten vierzig Jahren dadurch geprägt, daß große Pendlerströme heute weit mehr Gebiete überziehen als in der Vergangenheit. Allein zwischen 1950 und 1961 erhöhte sich unter den 425 Landkreisen in der Bundesrepublik die Zahl derjenigen mit einer Auspendlerquote von mehr als 40 Prozent von

59 auf 107[182]. Dieser Umstand weist vor allem auf eine sich
verstärkende Land-Stadt-Pendelwanderung und auf die Vergrößerung der großstädtischen Einzugsgebiete hin; ihr liegt
aber auch ein sich verstärkender Austausch von pendelnden
Arbeitskräften zwischen Stadt und Land zugrunde.

2. Strukturmerkmale der Pendelwanderung

2.1 Pendler nach den Wirtschaftsbereichen

Die oben skizzierten tiefgreifenden ökonomischen Strukturveränderungen spiegeln sich auch in der Pendlerstatistik
wider. Mit den Gewichtsverschiebungen zwischen den verschiedenen Sektoren der Wirtschaft ändert sich auch die Zusammensetzung der Pendler. Bis 1961 blieben die Anteile der
jeweiligen Wirtschaftsbereiche an allen Pendlern in etwa konstant: das produzierende Gewerbe wies mit knapp 70 Prozent
den bei weitem größten Anteil auf, der tertiäre Sektor stellte

Tabelle 19

Berufsauspendler nach Wirtschaftsbereichen 1950, 1961, 1970 und 1987
(absolut und in Prozent aller Auspendler)

Wirtschafts-bereich	1950		1961		1970		1987	
	Tau-send	Pro-zent	Tau-send	Pro-zent	Tau-send	Pro-zent	Tau-send	Pro-zent
Land- und Forst-wirtschaft, Fischerei	64,1	2,0	63,4	1,1	62,1	0,8	95,0	1,0
Produzierendes Gewerbe	2189,7	68,6	4082,9	69,0	4648,3	62,6	4688,2	47,5
Dienstleistungen	936,0	29,3	1759,2	29,7	2721,1	36,6	5092,2	51,6
Ohne Angabe	1,1	0,1	8,3	0,1	–	–	–	–
Insgesamt	3190,9	100	5913,8	100	7431,7	100	9857,2	100

Quelle: Statistisches Bundesamt, Fachserie A, Volks- und Berufszählung vom 6. Juni 1961, H. 9:
Pendler, S. 35; Statistisches Bundesamt, Fachserie A, Volks- und Berufszählung vom 27. Mai
1970, H. 21: Pendler, S. 104f.; Breimaier, Ergebnisse der Volkszählung 1987 zur Erwerbstätigkeit,
S. 503; Wirtschaft und Statistik, 1989, H. 8, S. 266 (Tabellenteil); Statistisches Bundesamt (Hrsg.),
Bevölkerung und Erwerbstätigkeit. Volkszählung vom 25. Mai 1987, Fachserie 1, H. 9: Pendler,
T. 1: Ausgewählte Strukturdaten, S. 124f.; eigene Berechnungen.

---

182 Vgl. Mackensen u.a., Probleme regionaler Mobilität, S. 20.

knapp 30 Prozent der Pendler und der primäre Sektor blieb mit zwei bzw. einem Prozent für die Pendelwanderung unbedeutend. Während sich an dessen geringem Anteil an der Pendelwanderung nichts änderte, verschoben sich die Gewichte zwischen produzierendem Gewerbe und Dienstleistungssektor in der Folgezeit beträchtlich; 1987 war der tertiäre Sektor am produzierenden Gewerbe vorbeigezogen und stellte die Mehrheit aller Pendler, der sekundäre hingegen nur noch 47,5 Prozent. Gegenüber 1950 hatte sich 1987 die Zahl der erwerbstätigen Pendler des sekundären Sektors etwas mehr als verdoppelt, die des tertiären Sektors mehr als verfünffacht. Das produzierende Gewerbe stellte 1950 noch gut zwei von drei Pendlern und 1987 nur noch knapp die Hälfte. Der primäre Sektor wies in absoluten Zahlen seit 1970 einen – relativ gesehen – starken Anstieg seiner Pendlerzahlen auf.

Die Tabelle 20 zeigt den Anteil der Pendler unter den Erwerbstätigen des betreffenden Wirtschaftsbereichs, gibt also Auskunft darüber, wie stark die Pendelwanderung unter den Erwerbstätigen der jeweiligen Wirtschaftsbereiche verbreitet ist. Zwischen 1950 und 1970 stiegen die Pendlerquoten im sekundären und tertiären Sektor recht gleichmäßig an. Dabei lagen die Pendlerquoten im produzierenden Gewerbe jeweils deutlich höher als diejenigen des Dienstleistungssektors. Zwischen 1970 und 1987 hingegen wies der tertiäre Sektor einen weit stärkeren Anstieg auf und näherte sich der des produzierenden Gewerbes an. Aber auch 1987 bestand trotz der Annäherung der Pendlerquoten zwischen sekundärem und tertiärem Sektor immer noch ein mit etwa sieben Prozentpunkten recht deutlicher Abstand. Noch immer ist also für Beschäftigte des Produzierenden Gewerbes die Wahrscheinlichkeit, über die Gemeindegrenze zum Arbeitsplatz pendeln zu müssen, spürbar höher als für Beschäftigte des Dienstleistungsbereichs. Dieser Umstand wird auch durch den Vergleich der Anteile der einzelnen Wirtschaftsbereiche an allen Pendlern mit ihren Anteilen an allen Erwerbstätigen deutlich.

Der überproportionale Anstieg der Berufspendler unter den Angehörigen des Dienstleistungssektors in den siebziger und achtziger Jahren ist dabei nicht einfach auf den quantitativen Bedeutungszuwachs des tertiären Sektors zurückzuführen,

Tabelle 20

Berufsauspendler nach Wirtschaftsbereichen 1950, 1961, 1970 und 1987
(in Prozent der Erwerbstätigen des jeweiligen Wirtschaftsbereichs)

Wirtschaftsbereich	1950	1961	1970	1987
Land- und Forstwirtschaft	1,3	1,8	3,1	11,1
Produzierendes Gewerbe	23,3	31,8	35,9	42,4
Handel, Verkehr und Nachrichtenübermittlung	–	–	26,8	37,2
Sonstige Wirtschaftsbereiche (Dienstleistungen)	12,8	17,1	21,3	34,2
Zusammen	14,5	24,1	28,1	36,8

Quelle: Statistisches Bundesamt, Fachserie A, Volks- und Berufszählung vom 27. Mai 1970,
H. 21, Pendler, S. 25; Breimaier, Ergebnisse der Volkszählung zur Erwerbstätigkeit, S. 503;
eigene Berechnungen.

sondern wohl vor allem darauf, daß zum einen mit dem starken Anstieg der Beschäftigten in diesem Wirtschaftsbereich der Anteil der Selbständigen und damit auch der Anteil derjenigen Beschäftigtengruppe, die einen traditonell geringeren Auspendleranteil aufweist, weil sich hier der Arbeitsplatz besonders häufig auf dem Wohngrundstück befindet, überproportional zurückgegangen ist, und daß zum anderen der Konzentrationsprozeß im tertiären Sektor besonders stark vorangeschritten ist und sich gerade die großen Dienstleistungsunternehmen zunehmend in den großstädtischen Agglomerationsräumen ansiedeln.

Im primären Sektor liegt der wichtigste Grund für die außerordentlich niedrige Pendlerquote im weit überproportionalen Rückgang des Anteils der Selbständigen gegenüber dem der abhängig Beschäftigten. Was aber im tertiären Sektor Ausdruck eines stürmischen Aufschwungs war, vollzog sich im primären Sektor als krisenhafter Anpassungsprozeß vor dem Hintergrund des quantitativen Bedeutungsverlusts. Denn der Rückgang der landwirtschaftlich erwerbstätigen Bevölkerung betraf vor allem kleine Landwirte, die auf ihrem Wohngrundstück, in der Regel gemeinsam mit mithelfenden Familienangehörigen, arbeiteten und zur Aufgabe ihres Betriebs gezwungen wurden. Der landwirtschaftliche Konzentrationsprozeß führte somit zu einem rasch wachsenden Anteil abhängig Beschäftigter, für die Arbeitsort und Wohnort weit seltener zusammenfiel als für die kleinen Selbständigen. Al-

90

lein zwischen 1949 und 1973 haben etwa 700 000 Kleinbauern ihre Bewirtschaftungsflächen aufgegeben[183].

Tabelle 21

Berufsauspendler und Erwerbstätige nach Wirtschaftsbereichen 1970 und 1987 (in Prozent aller Pendler bzw. Erwerbstätigen)

Wirtschaftsbereich	1970		1987	
	Berufs-auspendler	Erwerbs-tätige	Berufs-auspendler	Erwerbs-tätige
Land- und Forstwirt-schaft, Fischerei	0,8	7,5	1,0	3,2
Produzierendes Gewerbe	62,6	48,9	47,5	41,9
Handel, Verkehr und Nachrichtenüber-mittlung	17,1	17,9	17,6	17,7
Sonstige Wirtschafts-bereiche (Dienst-leistungen)	19,5	25,7	34,0	37,2
Insgesamt	100	100	100	100

Quelle: Statistisches Bundesamt, Fachserie A, Volks- und Berufszählung vom 27. Mai 1970, H. 21: Pendler, S. 104f.; Breimaier, Ergebnisse der Volkszählung zur Erwerbstätigkeit im langfri-stigen Vergleich, S. 503; Statistisches Bundesamt, Fachserie A: Bevölkerung und Kultur, Volks-und Berufszählung vom 27. Mai 1970, H. 21: Pendler, S. 104f.; Statistisches Bundesamt (Hrsg.), Bevölkerung und Erwerbstätigkeit. Volkszählung vom 25. Mai 1987, Fachserie 1, H. 9: Pendler, T. 1: Ausgewählte Strukturdaten, S. 124f.; Wirtschaft und Statistik, 1989, H. 8, S. 266 (Tabellen-teil); eigene Berechnungen.

Der Blick auf die Pendlerquoten in den einzelnen Wirtschafts-abteilungen vermittelt ein differenzierteres Bild über die Ver-teilung der Pendler. Erwartungsgemäß hebt sich der primäre Sektor mit einer stark unterdurchschnittlichen Einpendler-quote deutlich von allen anderen Wirtschaftsabteilungen ab. Innerhalb des Dienstleistungssektors liegen einige Bereiche – nämlich die von Unternehmen und freien Berufen erbrachten Dienstleistungen und die »Organisationen ohne Erwerbs-zweck und private Haushalte« unter, andere etwas über dem Durchschnitt. Die unterdurchschnittlichen Einpendlerquoten in den Abteilungen »Handel« und »Dienstleistungen soweit von Unternehmen und freien Berufen erbracht« sind vor allem auf den hier relativ hohen Anteil von Selbständigen

---

183 Vgl. Mooser, Arbeiterleben in Deutschland, S. 174.

zurückzuführen. Die höchsten Einpendlerquoten weisen die Abteilungen »Energie- und Wasserversorgung, Bergbau« und »Verarbeitendes Gewerbe« sowie »Verkehr und Nachrichtenübermittlung« auf. Also weisen gegenüber den Wirtschaftsbereichen die Wirtschaftsabteilungen einige Abweichungen auf, die jedoch nicht außergewöhnlich hoch sind.

Tabelle 22

Berufseinpendlerquote der Erwerbstätigen am Arbeitsort nach Wirtschaftsabteilungen 1987

am Arbeitsort	Anteil der Einpendler an 100 Erwerbstätigen
Land- und Forstwirtschaft, Fischerei	11,1
Energie- und Wasserversorgung, Bergbau	44,2
Verarbeitendes Gewerbe	43,1
Baugewerbe	38,0
Handel	34,3
Verkehr und Nachrichtenübermittlung	42,9
Kreditinstitute und Versicherungsgewerbe	39,6
Dienstleistungen, soweit von Unternehmen und freien Berufen erbracht	31,2
Organisationen ohne Erwerbszweck und private Haushalte	31,4
Gebietskörperschaften und Sozialversicherung	38,5
insgesamt	37,3

Statistisches Bundesamt (Hrsg.), Bevölkerung und Erwerbstätigkeit. Volkszählung vom 25. Mai 1987, Fachserie 1, H. 9: Pendler, T. 1: Ausgewählte Strukturdaten, S. 124f.; eigene Berechnungen.

Die gegenüber dem Dienstleistungssektor höhere Auspendlerquote im produzierenden Gewerbe spiegelt sich in ähnlicher Weise in den Pendlerquoten von Arbeitern, Angestellten und Beamten wider.

Nach der Stellung im Beruf ist – wie nicht anders zu erwarten war – der Anteil der Pendler an den Erwerbstätigen bei den Selbständigen und mithelfenden Familienangehörigen außerordentlich gering. Bei ihnen befindet sich der Arbeitsplatz sehr häufig auf dem Wohngrundstück. Die Facharbeiter pendelten mit fast 45 Prozent am häufigsten, dicht gefolgt von der Gruppe der Beamten und Richter. Demgegenüber blieben die Angestellten etwas zurück. Ihr Anteil an den Aus-

Tabelle 23

Berufsauspendlerquote 1987 nach der Stellung im Beruf (in Prozent)

	Anteil der Auspend-ler an 100 Erwerbs-tätigen am Wohnort
Selbständige, mithelfende Familienangehörige	10,0
Beamte, Richter usw.	43,5
Angestellte	39,6
Facharbeiter	44,6
Sonstige Arbeiter	35,1
Auszubildende	42,1
Insgesamt	37,0

Statistisches Bundesamt (Hrsg.), Bevölkerung und Erwerbstätigkeit. Volkszählung vom 25. Mai 1987, Fachserie 1, H. 9: Pendler, T. 2: Berufs- und Ausbildungspendler, S. 73, S. 77; eigene Berechnungen.

pendlern wurde aber noch einmal recht deutlich von den sonstigen Arbeitern unterschritten. Im Vergleich mit Anfang der sechziger Jahre haben sich die spezifischen Auspendler-quoten von Arbeitern und Angestellten deutlich angenähert. Im Jahre 1961 pendelten 34,1 Prozent der Arbeiter zum Arbeitsplatz, hingegen nur 25,1 Prozent der Angestellten und Beamten[184].

Eine mögliche Erklärung für die niedrige Auspendlerquote unter den »sonstigen Arbeitern« ist, daß sie in der Regel – zumal viele Un- oder Angelernte in dieser Gruppe vertreten sind – über eine geringere Qualifikation verfügen und ein niedrigeres Einkommen erhalten. Sie dürften vor allem deshalb seltener über die Gemeindegrenze pendeln, weil der eventuelle Einkommenszuwachs bei einer auswärtigen Beschäftigung zu einem beachtlichen Teil durch die Fahrtkosten kompensiert oder nicht den größeren Aufwand an Zeit und Mühe lohnen würde. Darüber hinaus dürfte ihnen auch vergleichsweise häufiger die Gelegenheit zum Pendeln fehlen, weil es den Unternehmen zumindest in bezug auf gering qualifizierte Arbeiten leichter fällt, die benötigten Beschäftigten aus dem ortsansässigen Arbeitskräftereservoir zu rekrutie-

---

184 Pendelwanderung nach Wirtschaftsbereichen, Stellung im Beruf, Gemeindegrö-ßenklassen und geleisteten Arbeitsstunden, in: Wirtschaft und Statistik, 1969, H. 4, S. 220.

ren. Sonstige Arbeiter sind also weit häufiger als andere Beschäftigtengruppen auf eine am Wohnort bzw. in der Nähe des Wohnorts auszuübende Tätigkeit verwiesen.

2.2 Die Pendler nach Gemeindegrößen und -typen

Das überproportionale Wachstum der Großstädte, vor allem der Städte mit über 500000 Einwohnern, war schon in den zwanziger Jahren zum Stillstand gekommen. In den sechziger Jahren wurden die Einwohnerzahlen der Großstädte rückläufig. Es setzte ein Prozeß umfangreicher Abwanderungen in die Vorstädte ein (»Stadtflucht«, »Suburbanisierung«). Der umfangreiche Wegzug aus Kernstädten war in erster Linie eine Reaktion auf die forcierte Ausrichtung der Innenstädte an dem Profil von Dienstleistungs-, Finanz- und Vergnügungsvierteln. Mietpreissteigerungen, die Umwandlung von Wohn- in Büroraum, Grundstücksspekulation etc. griffen immer weiter um sich. Die infrastrukturellen Konsequenzen dieses Prozesses für die Binnenstruktur der Großstädte, insbesondere der exorbitant steigende Autoverkehr führten zur vielbeklagten »Unwirtlichkeit« der Städte. Dieser Prozeß verband sich mit dem Wunsch nach einer Verbesserung der Wohnverhältnisse. Der Bau eines Hauses oder der Kauf einer Eigentumswohnung am Stadtrand war nicht nur weit billiger, er bedeutete auch eine Erhöhung der Lebensqualität gegenüber dem großstädtischen Wohnen. Dabei war die rasche Verbreitung des Pkw wiederum eine zentrale Voraussetzung für die mit dem Umzug in die Vorstädte gestiegenen Mobilitätsanforderungen für den Weg zwischen Wohn- und Arbeitsstätte.

Gegenüber dieser Entwicklung in den Großstädten verzeichneten schon seit den fünfziger Jahren jene Städte mit 10000 bis 50000 Einwohnern die größten Zugewinne. Gleichzeitig veränderte sich nicht nur die Verteilung der Wohnstandorte auf die verschiedenen Gemeindegrößenklassen, sondern auch die der Standorte von Arbeitsstätten. Dabei hat sich allerdings seit Anfang der sechziger Jahre bis zur ersten Hälfte der achtziger Jahre der Anteil der Verdichtungsräume an allen Beschäftigten und an den Einwohnern nur wenig verändert. Allerdings ist es innerhalb der Verdichtungsräume zu einer

Verschiebung von den Agglomerationskernen hin zu den Agglomerationsrändern gekommen[185].

Die Pendelwanderung ist nach wie vor zu einem beachtlichen Teil eine Wanderung aus ländlichen Regionen in die Stadt. Mit zunehmender Gemeindegrößenklasse – ungeachtet regionaler und örtlicher Besonderheiten – sanken 1950 die Auspendlerzahlen und stiegen die Einpendlerzahlen. Der Pendlersaldo ist um so positiver, je mehr Einwohner die entsprechende Gemeindegrößenklasse zählt. Letzteres gilt auch für die Volkszählung von 1987; dabei hat sich der Trend zur Pendelwanderung in die Großstädte weiter verstärkt. Im Vergleich mit 1950 ist im Jahre 1987 die Bedeutung der Pendelwanderung für die Großstädte weiter gewachsen.

Tabelle 24

Auspendler und Einpendler (Berufspendler) 1950 und 1987 nach Gemeindegrößenklassen (in Tausend)

Gemeinde- größen- klasse	1950			1987		
	Aus- pendler Tausend	Ein- pendler Tausend	Saldo Tausend	Aus- pendler Tausend	Ein- pendler Tausend	Saldo Tausend
unter 2000	1413	354	− 1059	1089	266	− 823
2000 bis unter 5000	748	394	− 354	1505	581	− 924
5000 bis unter 10000	380	397	+ 17	1707	917	− 790
10000 bis unter 20000	236	393	+ 157	1967	1325	− 642
20000 bis unter 100000	274	768	+ 494	2508	3076	+ 568
100000 bis unter 200000				396	1097	+ 701
200000 bis unter 500000				349	1068	+ 719
500000 und mehr				354	1512	+ 1158
100000 und mehr	140	870	+ 730	1099	3677	+ 2578

Quelle: Statistisches Bundesamt (Hrsg.), Die berufliche und soziale Gliederung der Bevölkerung nach der Zählung v. 13.9.1950, S. 28; Statistisches Bundesamt (Hrsg.), Bevölkerung und Erwerbstätigkeit. Volkszählung vom 25. Mai 1987, Fachserie 1, H. 9: Pendler, T. 1: Ausgewählte Strukturdaten, S. 42f.

---

185 Vgl. Bade, Franz-Josef, Funktionale Arbeitsteilung und regionale Beschäftigungsentwicklung, in: Informationen zur Raumentwicklung, 1986, H. 9/10, S. 695–713, hier: S. 702ff.

1950 kamen 44,3 Prozent aller Pendler aus Gemeinden mit bis zu 2000 Einwohnern, 79,6 Prozent aus Gemeinden mit bis zu 10000 Einwohnern und nur 4,4 Prozent aus Gemeinden über 100000 Einwohnern. 1987 kamen nur noch 11,0 Prozent aus Gemeinden mit bis zu 2000 Einwohnern, 43,6 Prozent aus Gemeinden mit bis zu 10000 Einwohnern und 11,1 Prozent aus Gemeinden mit über 100000 Einwohnern. Ist der Rückgang des Anteils der kleinsten Gemeinden vor allem auf die Gebiets- und Gemeindereformen zurückzuführen, auf Grund derer zahlreiche dieser Gemeinden aus den Statistiken verbannt und in größere Einheiten integriert wurden, so verweist der Anstieg bei den Ein- und Auspendlern in den Großstädten auf eine wachsende Verflechtungsintensität.

Noch weit deutlicher als 1950 fällt für 1987 freilich auf, daß die Pendelwanderung eine Bewegung von den kleineren Städten und Gemeinden in die jeweils größeren ist. Erreichten 1950 schon die Gemeinden mit 5000–10000 Einwohnern einen positiven Pendlersaldo, so waren es 1987 erst die Gemeinden mit 20000–50000 Einwohnern. Dem Mikrozensus 1988 zufolge, haben die Gemeinden mit bis zu 50000 Einwohner einen überdurchschnittlichen Auspendleranteil, und erst ab 50000 Einwohnern sinkt diese Quote unter den Durchschnitt[186]. Besonders groß ist im Vergleich mit 1950 der Pendlerzustrom in die Großstädte mit über 100000 Einwohnern. Der Einpendlerüberschuß steigt von gut 700000 auf ungefähr 2.500000, also etwa auf das Dreieinhalbfache, an.

1961 und 1967 pendelten insbesondere Arbeiter überproportional häufig aus kleineren Gemeinden aus, während ihr Auspendleranteil in den größten Städten nur geringfügig über dem Durchschnitt aller Auspendler lag[187].

Die 1987 erstmals erfaßten Pendlerströme nach siedlungsstrukturellen Gemeindetypen belegen zum einen die große Bedeutung der Pendelwanderung aus dem Umland in die großen Verdichtungsräume und verdeutlicht andererseits den nach wie vor hohen Stellenwert der Auspendler, die auf dem Lande wohnen:

---

186 Angaben des Statistischen Bundesamtes; eigene Berechnungen.
187 Pendelwanderung nach Wirtschaftsbereichen, Stellung im Beruf, Gemeindegrößenklassen und geleisteten Arbeitsstunden, S. 220.

Tabelle 25

Erwerbstätige am Wohnort und Berufsauspendler nach siedlungsstruk-
turellem Typ der Wohnsitzgemeinde (absolut und in Prozent aller Erwerbstätigen bzw. Auspendler)

	Erwerbstätige am Wohnort		Berufs-auspendler		Pendler-saldo
1 Regionen mit großen Verdichtungsräumen					
Kernstädte (krsfr. Städte 100000 Einwohner)	7143728	26,6	887120	9,0	1943089
Hochverdichtetes Umland	5553315	20,7	2974623	30,1	− 1046013
Ländliches Umland	2306142	8,6	1183030	12,0	− 499346
Regionen mit großen Verdichtungsräumen insgesamt	15003185	55,9	5044773	51,1	397730
2 Regionen mit Verdichtungsansätzen					
Kernstädte	1364193	5,1	172789	1,7	629771
Ländliches Umland	6209380	23,2	2935594	29,7	− 883028
Regionen mit Verdichtungsansätzen insgesamt	7573573	28,2	3108383	31,5	− 253257
3 Ländlich geprägte Regionen					
Ländlich geprägte Kreise	4241883	15,8	1722292	17,4	− 177344
Ländlich geprägte Regionen insgesamt	4241883	15,8	1722292	17,4	− 177344

Quelle: Statistisches Bundesamt (Hrsg.), Bevölkerung und Erwerbstätigkeit. Volkszählung vom 25. Mai 1987, Fachserie 1, H. 9: Pendler, T. 1: Ausgewählte Strukturdaten, S. 114f.; eigene Berechnungen.

Sehr groß waren die Pendlerbewegungen aus dem hochver-
dichteten und ländlichen Umland großer Verdichtungsregio-
nen. Hier wohnten deutlich mehr als vierzig Prozent aller
Auspendler, allerdings nicht einmal dreißig Prozent aller Erwerbstätigen; mehr als jeder zweite hier wohnende Erwerbstätige war Auspendler. Umgekehrt lag der Anteil der in den

Kernstädten wohnenden Auspendler deutlich unter dem Anteil der dort wohnenden Erwerbstätigen. Innerhalb der einzelnen siedlungsstrukturellen Gemeindetypen bestand noch einmal – dies zeigt die Tabelle leider nicht – eine eklatante Differenz zwischen den Gemeinden mit und solchen ohne zentrale örtliche Funktion. Diejenigen Gemeinden, bei denen es sich weder um Mittel- noch um Oberzentren handelt, wiesen besonders hohe Auspendleranteile auf. Demgegenüber lagen die Auspendlerquoten ländlich geprägter Kreise in ländlichen Regionen bei vierzig Prozent und damit nur geringfügig über dem Durchschnitt aller Auspendler. In diesen Regionen beschnitt das fehlende Arbeitsplatzangebot großstädtischer Zentren offenbar die Möglichkeit zur Pendelwanderung.

Für die großstädtischen Zentren sind hohe Einpendler- und vergleichsweise niedrige Auspendlerzahlen charakteristisch. Den höchsten absoluten Einpendlerüberschuß (Pendlersaldo) hatte jeweils die Stadt Frankfurt. Die Millionenstädte München und Hamburg sowie die Stadt Köln haben in absoluten Einpendlerzahlen und in den Einpendlerquoten überproportional aufgeholt. Einen negativen Pendlersaldo hatten 1950 vier Großstädte, 1961 acht und 1970 sechs Großstädte. Dabei handelte es sich immer – nur mit Ausnahme von Wilhelmshaven im Jahre 1961 – um Städte des Ruhrgebietes[188]. Insgesamt hat die Bedeutung der Pendelwanderung für die Großstädte zwischen 1950 und 1987 stark zugenommen. In immer stärkerem Maße übersteigt die Anzahl der in den Großstädten beschäftigten die der dort wohnenden Personen[189].

Die vorliegenden Daten lassen für 1987 jedoch erkennen, daß bei allen aufgeführten Städten nicht nur die absoluten Einpendlerzahlen, sondern auch die Anteile der Einpendler an den Erwerbstätigen am Arbeitsort beträchtlich steigen; ein immer größerer Teil der in den Großstädten erwerbstätigen

188 Vgl. Heuer, Hans, Sozioökonomische Bestimmungsfaktoren der Stadtentwicklung, 2. erg. Aufl., Stuttgart, Berlin, Köln, Mainz 1977 (= Schriften des Instituts für Urbanistik, Bd. 50), S. 143f.
189 Vgl. ebda., S. 144, S. 364ff.

Tabelle 26

Die Gemeinden mit den höchsten Zahlen an Berufseinpendlern im Jahre 1950 und 1987 (absolut und in Prozent der Erwerbspersonen bzw. Erwerbstätigen am Arbeitsort)

Stadt	Anzahl 1950	in Prozent der Erwerbs- personen am Arbeitsort	Stadt	Anzahl 1987	in Prozent der Erwerbs- tätigen am Arbeitsort
Frankfurt a.M.	70564	21,8	Frankfurt a.M.	258492	49,0
Stuttgart	61743	20,3	München	251492	31,5
Hannover	49846	19,7	Hamburg	213421	24,7
Hamburg	49600	6,3	Stuttgart	189484	44,3
München	43727	9,3	Düsseldorf	170856	44,8
Köln	42066	13,9	Hannover	163074	46,3
Saar- brücken[1]	39250*	46,6	Köln	161587	31,5
Nürnberg	37053	16,9	Nürnberg	117125	37,6
Düssel- dorf	30168	11,8	Mannheim	87485	43,3
Bremen	25572	11,6	Bremen	80473	28,0

1 Am 14.11.1951

Quelle: Statistisches Bundesamt, Fachserie A, Volks- und Berufszählung vom 6. Juni 1961, Heft 9: Pendler, S. 32; Materialien der Statistischen Landesämter und der jeweiligen städtischen Ämter für Statistik.

Personen wohnt also außerhalb der Stadtgrenzen. Es verfügen in der Regel jene Städte über besonders hohe Einpendlerzahlen und hohe Einpendlerüberschüsse, die zum einen ein großes eigenes Umland besitzen und sich ihre Arbeitskräfte nicht mit anderen Konkurrenten teilen müssen, die zum anderen als Dienstleistungszentren einen fortgeschrittenen Tertiärisierungsgrad erreicht haben sowie eine große Anzahl und einen großen Anteil an höher qualifizierten Arbeitsplätzen anbieten. Dabei ist allerdings auch charakteristisch, daß die einwohnermäßig bei weitem größten bundesdeutschen Städte, nämlich Hamburg, München und Köln, einen vergleichsweise nur geringen Einpendleranteil an den Erwerbstätigen haben, der sich in etwa auf dem relativ niedrigen Niveau Bremens und der Ruhrgebietsstädte bewegt. Relativ gering waren 1987 umgekehrt die Einpendlerzahlen und Einpend-

Tabelle 27
Die Gemeinden mit den höchsten Zahlen an Berufseinpendlern im Jahre 1961

Stadt	Anzahl	in Prozent der Erwerbspersonen am Arbeitsort
Frankfurt a. M.	134473	28,0
Stuttgart	110396	24,7
München	96618	14,6
Hamburg	96207	9,8
Hannover	89529	25,3
Köln	78023	17,7
Nürnberg	75385	25,0
Düsseldorf	62995	16,9
Saarbrücken	53380	50,7
Bremen	49907	14,6

Quelle: Statistisches Bundesamt, Fachserie A, Volks- und Berufszählung vom 6. Juni 1961, Heft 9: Pendler, S. 32.

lerüberschüsse in jenen Städten, die von den Auswirkungen der Strukturkrise betroffen waren bzw. sind und den Strukturwandel noch vor sich haben. Die Einpendlerzahlen und Quoten sind aber in hohem Maße auch von der regionalen Bedeutung der jeweiligen Städte abhängig.

Die Städte mit den absolut meisten Einpendlern erreichen aber bei weitem nicht die höchsten Einpendlerquoten. So wiesen im Jahre 1950 folgende Städte die höchsten Einpendlerquoten auf:

Bei den Städten, die solch hohe Einpendlerquoten erreichen können, handelte es sich zum einen um Solitärstädte mit regional bedeutender Industrie in ländlich strukturierten Regionen (zum Beispiel Bad Oeynhausen, Limburg, Wetzlar), in die sehr viele Arbeitskräfte aus den Nachbargemeinden einpendelten, als auch um Gemeinden, die – in Ballungsräumen (zum Beispiel Hanau, Rüsselsheim, Sindelfingen) angesiedelt – als Sitz national und international bedeutender Unternehmen eine große Anziehungskraft ausübten.

Auch für die Volkszählungsergebnisse von 1987 gilt, daß solchermaßen charakterisierte Städte die höchsten Einpendlerquoten erreichen können. Allerdings haben sich diese Quoten kaum noch weiter erhöht. Im Vergleich mit 1950 reichten

Tabelle 28

Gemeinden im Jahre 1950 mit den höchsten relativen Einpendlerzahlen
bei mehr als 50 Prozent Einpendlern und mindestens 5000 Einwohnern

Stadt	Einpendler absolut	in Prozent der Erwerbstätigen
Rüsselsheim	14800	64
Wetzlar	13600	56
Hanau	12900	51
Bünde	8850	69
Sindelfingen	8500	64
Bad Oeynhausen	8160	64
Troisdorf	8000	65
Kornwestheim	7000	51
Limburg	6800	52

Quelle: Statistisches Bundesamt (Hrsg.), Die berufliche und soziale Gliederung der Bevölkerung
nach der Zählung v. 13.9.1950, S. 30.

1987 allerdings gerade die Großstädte mit über 500000 Einwohnern, die mit absolut hohen Einpendlerzahlen auch Einpendlerquoten erreichten, nahe an die 50 Prozent heran.
Frankfurt verfügte unter diesen Großstädten über die größte
Einpendlerquote (49,0 Prozent), danach folgten Hannover,
Düsseldorf und Stuttgart; fast jeder zweite Erwerbstätige in
diesen Städten wohnte also außerhalb der Stadtgrenze. Deutlich dahinter zurück blieben allerdings die übrigen Städte mit
Quoten um die 30 Prozent oder darunter. Mit den Berufseinpendlern – also die Ausbildungspendler noch gar nicht mit
eingerechnet – schwillt die Anzahl der Tagesbevölkerung teilweise um 40 Prozent an.

Für die Veränderung der Pendelwanderung in den Großstädten ist die Verteilung von Wohnstandorten und Arbeitsstätten auf dem Stadtgebiet und zwischen Stadt und Umland von
großer Bedeutung. Am Beispiel Hamburgs läßt sich der Wandel in den Arbeits- und Wohnnutzungen auf der Stadtfläche
und sein Zusammenhang mit dem Umfang, der Richtung
und der Länge der Berufspendlerströme aufzeigen. Trotz
mancher Sonderbedingungen Hamburgs ist die hier zu be-
obachtende Tendenz in der Entwicklung der Verteilung von
Wohn- und Arbeitsstätten in den Grundzügen wohl typisch
auch für die anderen bundesdeutschen Großstädte.

Schon in einer Untersuchung von 1941 wurden dem klassischen Modell der Stadtstruktur entsprechende innerstädtische Verteilungen der Arbeitsstätten ermittelt[190]. Danach hatten die Einrichtungen der Wirtschaftsabteilungen Handel und Verkehr sowie größere Behörden ihren Standort in der City und in eng angrenzenden Gebieten. Für die Industrie- und Gewerbegebiete ließen sich – außer im Hafengebiet, der als Standort von den natürlichen Bedingungen vorgegeben war – kaum geschlossene Industrieviertel nachweisen. Diese wiederum lagen eher verstreut auf der Stadtfläche.

Die Verteilung der Wohnstandorte nach der Zugehörigkeit der Erwerbstätigen zu den Wirtschaftsabteilungen und nach der Stellung im Beruf wies ebenso eindeutige Tendenzen auf. Die Zahl der Erwerbstätigen in den Wirtschaftsabteilungen Handel und Verkehr nahm vom Zentrum zur Peripherie hin ab; umgekehrt nahm der Anteil der Erwerbstätigen in Industrie und Gewerbe vom Zentrum zur Peripherie hin zu. Dementsprechend fielen die Beamten- und Angestelltenanteile vom Zentrum zur Peripherie hin ab, während die Zahl der Arbeiter in Citynähe geringer und zur Peripherie hin höher war[191].

Die Bevölkerungsgruppen mit niedrigerem sozialökonomischen Status wohnen also eher am Stadtrand. Ein wesentlicher Grund für diese Tendenz liegt sicherlich in der oben erwähnten Entwicklung der Mieten in der Innenstadt[192]. Die Verteilung der Bevölkerung in Hamburg ist in den letzten Jahrzehnten durch eine fortschreitende Abwanderung aus den Zentren an die Peripherie und ins Umland gekennzeichnet[193]. Nur in den fünfziger Jahren wurde dieser Trend – wohl aufgrund der Kriegsfolgen – umgekehrt. Der Prozeß der innerstädtischen Marginalisierung der Wohnbevölkerung hat sich für Hamburg zwischen 1939 und 1975 folgendermaßen gestaltet:

---

190 Vgl. Haack, Die Trennung von Arbeiten und Wohnen, S. 60.
191 Vgl. ebda., S. 60.
192 Vgl. dazu Nörnberg/Schubert, Massenwohnungsbau in Hamburg, S. 141.
193 Vgl. dazu auch Voigt, Fritz, Arbeitsstätte – Wohnstätte – Nahverkehr. Die Bedeutung des großstädtischen Nahverkehrssystems für die optimale Zuordnung von Wohnstätte und Arbeitsstätte – unter besonderer Berücksichtigung des Hamburger Wirtschaftsraumes, Hamburg 1968 (= Schriftenreihe der Gesellschaft für Wohnungs- und Siedlungswesen e.V. Hamburg 39), bes. S. 66ff.

Tabelle 29

Wohnbevölkerung in der Region Hamburg/Umland mit 40-km-Radius
und ihre Veränderung 1939–1975 (in Tausend)

| | Wohnbevölkerung in Tausend | | | | |
	17.5. 1939	13.9. 1950	6.6. 1961	17.5. 1970	31.12. 1975
Innere Stadt	1077	719	760	630	556
Äußere Stadt	621	886	1072	1164	1161
Hamburg insgesamt	1698	1606	1832	1794	1717
Umland	355	674	662	811	917
Region insgesamt	2054	2280	2494	2604	2634

Quelle: Haack, Die Trennung von Arbeiten und Wohnen, S. 93.

In Verhältniszahlen stellen sich diese Veränderungen in den
einzelnen Zeitabschnitten zwischen den Zählungen folgendermaßen dar:

Tabelle 30

Wohnbevölkerung in der Region Hamburg/Umland mit 40-km-Radius
und ihre Veränderung 1939–1975 (in Prozent)

| | Veränderung in Prozent | | | |
	1939–1950	1950–1961	1961–1970	1970–1975
Innere Stadt	− 33,2	+ 5,7	− 17,1	− 11,7
Äußere Stadt	+ 42,7	+ 21,0	+ 8,6	− 0,3
Hamburg insgesamt	− 5,5	+ 14,1	− 2,1	− 4,3
Umland	+ 89,8	− 1,9	+ 22,5	+ 13,1
Region insgesamt	+ 11,0	+ 9,4	+ 4,4	+ 1,0

Quelle: Haack, Die Trennung von Arbeiten und Wohnen, S. 93.

Insgesamt verschoben sich unter den Hamburger Binnen-
pendlern aber auch die Anteile jener Erwerbstätigen, die innerhalb ihres Stadtteils pendelten, und jener, die außerhalb
ihres Wohnstadtteils arbeiteten. Zwischen 1939 und 1970
sank der Anteil der innerhalb ihres Wohnstadtteils pendelnden Erwerbstätigen um fünf Prozent, während die Erwerbstätigen, deren Arbeitsstätte außerhalb ihres Wohnstadtteils
lag, um fünf Prozent zunahmen. 1970 arbeiteten immerhin
mehr als 70 Prozent aller Hamburger Binnenpendler außerhalb ihres Wohnstadtteils. Auch für die in Hamburg wohnen-

den Erwerbstätigen vertiefte sich offenkundig die Trennung von Wohn- und Arbeitsstätte.

Tabelle 31

Hamburger Berufsbinnenpendler mit Arbeitsplatz innerhalb und außerhalb des Wohnstadtteils

Jahr	Erwerbstätige Hamburger in Hamburg		Erwerbstätige Hamburger im gleichen Stadtteil		Erwerbstätige Hamburger außerhalb des Wohnstadtteils	
	Berufspendler		Binnenpendler		Aus-/Einpendler	
	absolut	Prozent	absolut	Prozent	absolut	Prozent
1939	784 179	100	260 192	33,2	523 987	66,7
1950	739 757	100	273 513	37,0	466 244	63,0
1961	884 276	100	255 839	28,9	628 437	71,1
1970	810 067	100	228 117	28,2	581 950	71,8

Quelle: Haack, Die Trennung von Arbeiten und Wohnen, S. 126.

Aus der Tendenz dezentralisierterer Wohnstandorte wie Industriestandorte folgt nicht notwendig die Tendenz zur Reduzierung der Distanz von Wohn- und Arbeitsstätte. Empirisch trifft vielmehr zu, daß die Pendelentfernungen auch der Binnenpendler erheblich zugenommen haben. Der Einzugsbereich der Hamburger Altstadt verdoppelte sich zwischen 1939 und 1970 nahezu. 1970 kamen 64 Prozent der Hamburger Beschäftigten, die in der Altstadt arbeiteten, aus einer Entfernung bis zu 9,2 km. Diese 64 Prozent (nämlich knapp 57 000 Beschäftigte) hatten 1939 noch 50 Prozent ausgemacht und waren aus einem maximalen Entfernungsradius von 4,1 km gekommen.

Tabelle 32

Einzugsbereich der Hamburger Beschäftigten der Hamburger Altstadt

1939	1970
50 % bis zu 4,1 km	50 % bis zu 6,8 km
64 % bis zu 4,6 km	64 % bis zu 9,2 km
75 % bis zu 6,0 km	75 % bis zu 11,0 km

Quelle: Haack, Die Trennung von Arbeiten und Wohnen, S. 140.

Die Berufseinpendler sind bei diesen Angaben noch gar nicht berücksichtigt. Ihre gerade in Hamburg absolut und relativ wachsende Rolle legt die Vermutung nahe, daß sich bei der Einbeziehung dieser Gruppe die durchschnittlichen Entfernungen zwischen Wohn- und Arbeitsstätte noch weit stärker erhöht haben.

2.3 Der Zeitaufwand für den Hinweg und die Entfernung zwischen Wohn- und Arbeitsstätte

Der Zeitaufwand der Berufspendler wurde erst bei der Volkszählung im Jahre 1970 im gesamten Bundesgebiet erhoben. Für 1961 ist der Zeitaufwand aller Pendler für den Weg zur Arbeitsstelle, also aller Personen, die nicht auf ihrem Wohngrundstück arbeiten, erfaßt, allerdings nicht gesondert für die Berufsauspendler berechnet worden. Wir haben aber immerhin Kenntnis vom Zeitaufwand der Berufsauspendler in Rheinland-Pfalz, Bayern und in Nordrhein-Westfalen.

Tabelle 33

Zeitaufwand der Berufsauspendler in Rheinland-Pfalz, Bayern und Nordrhein-Westfalen für den Hinweg zur Arbeitsstätte bei der Volkszählung 1961

| Zeitaufwand | Prozent aller Berufsauspendler | | |
	Rheinland-Pfalz	Bayern	Nordrhein-Westfalen
unter 15 Min.	9,1	10,4	8,5
15–30 Min.	29,5	31,1	31,1
30–45 Min.	25,4	24,2	26,4
45–60 Min.	13,4	12,3	13,3
60–90 Min.	15,7	15,0	20,3
über 90 Min.	6,8	5,1	–
ohne Angabe	0,0	1,9	0,3

Quelle: Statistisches Bundesamt, Fachserie A, Volks- und Berufszählung vom 6. Juni 1961, H. 9, Pendler, S. 41 f.; eigene Berechnungen.

1961 benötigte jeder zehnte Berufspendler weniger als 15 Minuten, knapp jeder dritte zwischen 15 und 30 Minuten, jeder vierte schließlich zwischen einer halben und einer dreiviertel Stunde für den einfachen Weg zur Arbeit. Immerhin jeder Fünfte war mehr als eine Stunde auf dem Hinweg unterwegs.

Tabelle 34

Berufsauspendler nach dem Zeitaufwand für den einfachen Weg zur Arbeitsstätte bei der Volkszählung 1970 und 1987 (absolut und in Prozent aller Auspendler)

Zeitaufwand	Erwerbstätige 1970		Erwerbstätige 1987	
	absolut	Prozent	absolut	Prozent
unter 15 Min.	1 462 683	19,7	1 431 338	14,5
15 bis unter 30 Min.	3 264 255	43,9	4 635 126	46,9
30 bis unter 45 Min.	–	–	2 250 133	22,8
45 bis unter 60 Min.	–	–	880 135	8,9
30 bis unter 60 Min.	2 043 425	27,5	3 130 268	31,7
60 Min. und mehr	661 287	8,9	678 716	6,9
Insgesamt	7 431 650	100	9 875 448	100

Quelle: Statistisches Bundesamt, Fachserie A, Volks- und Berufszählung vom 27. Mai 1970, H. 21, Pendler, S. 110f.; Statistisches Bundesamt (Hrsg.), Bevölkerung und Erwerbstätigkeit. Volkszählung vom 25. Mai 1987, Fachserie 1, H. 9: Pendler, T. 2: Berufs- und Ausbildungspendler, S. 20f.

Im Vergleich mit den Ergebnissen der späteren Zählungen ist der niedrige Anteil bei den kürzesten Pendelzeiten bemerkenswert.

Hingegen war 1970 fast jeder fünfte Berufsauspendler schon weniger als eine Viertelstunde unterwegs. Dieser Anteil sank bis 1987 wieder auf unter 15 Prozent. Demgegenüber waren bis zum Jahre 1987 die Anteile der Pendler mit den längsten Wegezeiten im Vergleich zu 1961 und 1970 deutlich zurückgegangen.

In absoluten Zahlen waren 1987 ungefähr genauso viele Pendler länger als 60 Minuten unterwegs wie im Jahre 1970; relativ gesehen ging damit der Anteil dieser Gruppe mit dem höchsten Zeitaufwand sogar zurück. Wie die Ergebnisse des Mikrozensus zeigen, verbirgt sich hinter dieser scheinbaren Kontinuität bei diesen längsten Pendelzeiten aber ein starker Rückgang zwischen 1970 und 1978 (von 3,9 auf 1,9 Prozent aller – also auch der innergemeindlichen – Pendler), dem dann wieder ein starker Anstieg bis 1988 folgt (auf 3,4 Prozent)[194]. In ähnlicher Weise veränderte sich auch der Anteil der Berufspendler mit einem Zeitaufwand von 30–60 Minu-

---

194 Heidenreich, Berufs- und Ausbildungspendler, S. 90; Angaben des Statistischen Bundesamts.

ten. Gleichzeitig erhöhte sich im Zeitraum von 1978 bis 1988 die Anzahl derjenigen Erwerbstätigen, die eine Wegstrecke zwischen 25 und 50 km zu überwinden hatten, um fast 50 Prozent auf über zwei Millionen, und die Anzahl derjenigen, deren Arbeitsstätte mehr als 50 km vom Wohnort entfernt liegt, um fast 100 Prozent auf knapp 800 000 Personen. Daher ist die skizzierte Veränderung der Pendelzeiten darauf zurückzuführen, daß sich bis 1978 die zeitverkürzenden Effekte des Ausbaus der Verkehrsinfrastruktur und der Durchsetzung des Autos als Hauptverkehrsmittel im Rückgang der extrem hohen zeitlichen Belastungen ausgedrückt haben, nach 1978 aber diese Faktoren »von den wachsenden Entfernungen zwischen Wohnung und Arbeitsstätte überkompensiert«[195] wurden. In jüngster Zeit hat sich zudem wohl gerade in den Agglomerationsräumen durch den ständig wachsenden Autoverkehr die durchschnittliche Geschwindigkeit des Pkw und damit die Zeitersparnis verringert. Darüber hinaus verweist der sprunghafte Anstieg des Anteils der sehr weiten Entfernungen zwischen Wohn- und Arbeitsstätte darauf, daß unter den Erwerbstätigen mit mehr als 60 Minuten für den Hinweg – eine Angabe, die nach oben nicht weiter ausdifferenziert ist – die Anzahl derjenigen mit einem extrem hohen Zeitaufwand ebenfalls stark in die Höhe geschnellt ist.

Der seit der zweiten Hälfte der siebziger Jahre schnell wachsende Anteil der großen Entfernungen bei den Arbeitswegen hängt offenbar mit der beginnenden Massenarbeitslosigkeit zusammen, die viele Erwerbstätige zwingt, sich bei der Suche nach einem Arbeitsplatz in entferntere Regionen zu orientieren. So hatten zuvor arbeitslose Pendler nach dem Wiedereinstieg in die Erwerbstätigkeit längere Wege zurückzulegen als alle Beschäftigten[196].

Die durchschnittlichen Entfernungen zwischen Wohn- und Arbeitsstätte stiegen auch in dem Maße an, wie die Größe der Wohnsitzgemeinde kleiner wurde. Dabei waren in allen Gemeindegrößenklassen Frauen bei den Entfernungen über zehn Kilometer deutlich schwächer vertreten als Männer[197].

195 Heidenreich, Berufs- und Ausbildungspendler, S. 90.
196 Vgl. ebda., S. 98f.
197 Vgl. ebda., S. 88f.

Hier wirkt sich offensichtlich die verbreitete Festlegung von Frauen auf Erziehungsfunktionen und Hausarbeiten aus, die oftmals eine längere Abwesenheit von zu Hause nicht gestattet.

1987 waren immerhin mehr als 1,5 Millionen Berufsauspendler täglich mindestens 90 Minuten, wenn nicht sogar noch viel länger auf dem Weg zur und von der Arbeit unterwegs. In dieser Zahl sind nicht die innergemeindlichen Pendler enthalten, von denen gerade die großstädtischen Erwerbstätigen teilweise ganz erhebliche und diesen Dimensionen vergleichbare Wegezeiten in Kauf nehmen müssen[198].

Die Ergebnisse des Mikrozensus vom April 1988 weisen selbst gegenüber denen der Volkszählung einen spürbaren Anstieg der Erwerbstätigen mit langen Pendelzeiten aus. So zählt der Mikrozensus 934000 Pendler (einschließlich innergemeindliche Pendler), die über 60 Minuten für den Hinweg zur Arbeitsstätte benötigen, davon 805000 Pendler, also fast über 130000 mehr als bei der Volkszählung 1987, über die Gemeindegrenze.

Tabelle 35

Berufspendler (Binnenpendler und Pendler über die Gemeindegrenze) nach Entfernung für den Hinweg zum Arbeitsplatz 1978 und 1988 (Ergebnisse des Mikrozensus)

Entfernung	Berufspendler (in Tausend)	
	1978	1988
unter 10 km:	13588	13318
10 bis unter 25 km:	5719	7298
25 bis unter 50 km:	1453	2138
50 km und mehr:	413	779

Quelle: Angaben des Statistischen Bundesamtes; Heidenreich, Berufs- und Ausbildungspendler, S. 88.

---

198 Vgl. dazu u.a. die Angaben des Statistischen Bundesamtes über die Ergebnisse des Mikrozensus 1988.

Der benötigte Zeitaufwand für den Weg zur Arbeitsstätte
weist auch spezifische Unterschiede nach der Stellung im
Beruf auf.

Tabelle 36

Zeitaufwand der Berufsauspendler für den einfachen Weg zur Arbeitsstätte nach der Stellung im Beruf 1987 (in Prozent der jeweiligen Beschäftigtengruppe)

Beschäftigtengruppen	Zeitaufwand für den Weg zur Arbeits-stätte von ... bis unter ... Minuten				
	unter 15	15 bis 30	30 bis 45	45 bis 60	60 und mehr
Selbständige, mithelfende Familienangehörige	23,8	46,3	18,3	6,5	5,2
Beamte, Richter usw.	12,2	43,3	23,5	11,1	10,2
Angestellte	13,3	45,4	24,2	10,0	7,1
Facharbeiter	15,2	49,3	21,4	7,4	6,7
Sonstige Arbeiter	17,0	50,5	20,6	6,9	5,0
Auszubildende	12,3	45,8	24,8	10,1	7,0
Berufsauspendler insgesamt	14,5	46,9	22,8	8,9	6,9

Quelle: Statistisches Bundesamt (Hrsg.), Bevölkerung und Erwerbstätigkeit. Volkszählung vom
25. Mai 1987, Fachserie 1, H. 9: Pendler, T. 2: Berufs- und Ausbildungspendler, S. 73; eigene
Berechnungen.

Hier wird zunächst sichtbar, daß in allen Beschäftigtengruppen zwischen 40 und 50 Prozent der Pendler zwischen 15 und
30 Minuten für den Hinweg zur Arbeitsstätte benötigen,
jeder vierte bis jeder fünfte Pendler 30 bis 45 Minuten und
jeder siebte bis achte weniger als eine Viertelstunde unterwegs
ist. Diesbezüglich macht aber die Gruppe der Selbständigen
eine Ausnahme, deren Anteil an den kurzen Wegezeiten sehr
hoch, an den langen Wegezeiten (über 45 Minuten) sehr niedrig ist. Am längsten sind Beamte und Richter (über 21 Prozent mit mehr als 45 Minuten, davon 10 Prozent mit mehr als
einer Stunde) sowie Angestellte (17 Prozent mit mehr als 45
Minuten, davon über 7 Prozent mit mehr als einer Stunde)
unterwegs. Angestellte pendeln also, wie oben gezeigt wurde,
zwar durchschnittlich weniger oft über die Gemeindegrenze
als Arbeiter, müssen dafür aber einen größeren Zeitaufwand
in Kauf nehmen. Die »sonstigen« Arbeiter haben die kürzesten Wegezeiten: 17 Prozent der Pendler dieser Beschäftigten-

gruppe haben einen einfachen Weg zur Arbeit von unter 15 Minuten und »nur« 12 Prozent einen Weg von mehr als 45 Minuten.

Bei ihnen besteht offenbar ein Zusammenhang zwischen der geringeren Auspendlerquote und dem geringeren Zeitaufwand. Ihre niedrige formale Qualifikation erschwert ihnen die Aufnahme einer auswärtigen Beschäftigung und ist daneben oft auch wenig lukrativ, weil die geringe Qualifikation auch das für sie erzielbare Einkommen nach oben eng begrenzt und somit die sozialen und vor allem die materiellen Kosten einer weiter entfernt auszuübenden Tätigkeit nicht aufwiegt. Hingegen spielen bei den längeren Wegezeiten von Beamten, Richtern und Angestellten, unter denen der Anteil von Höherqualifizierten recht groß ist, die höheren Einkommen und besseren Aufstiegschancen in den Dienstleistungs- und Verwaltungszentren der großen Städte sicherlich eine entscheidende Rolle, um eher lange Anfahrtzeiten zur Arbeitsstätte in Kauf zu nehmen. Auch die im Mikrozensus erhobene Entfernung zwischen Wohn- und Arbeitsstätte und ihr Zusammenhang mit der überwiegend ausgeübten Tätigkeit der betreffenden Pendler bestätigen diesen Zusammenhang. Danach waren bei den Männern wie bei den Frauen, die lange Wegstrecken zurücklegen müssen (25 km und mehr), diejenigen mit den überwiegend ausgeübten Tätigkeiten »Planen, Forschen«, »Leiten« und »Sichern« weit überproportional vertreten[199]. Bei den großen Entfernungen von 25 km und mehr ist der Anteil der Erwerbstätigen des Dienstleistungssektors höher als der des produzierenden Gewerbes, bei den geringeren Entfernungen unter 10 km niedriger. Zudem stieg – außer bei den hohen Nettoeinkommen ab 4000 DM – das monatliche Einkommen mit der Entfernung zwischen Wohn- und Arbeitsstätte[200]. Jedoch sind lange Wegezeiten und Wegstrecken keineswegs das alleinige Merkmal von Angestellten, die über ein hohes Einkommen verfügen und in Entwicklungs- oder Leitungsfunktionen tätig sind. Oft genug müssen von Beschäftigten auch niedrige Einkommen und ein großer Zeitaufwand in Kauf genommen werden, um überhaupt einen Arbeitsplatz zu bekommen. Ins-

---

199 Vgl. Heidenreich, Berufs- und Ausbildungspendler, S. 96.
200 Vgl. ebda., S. 94ff.

gesamt stellt die Fahrt vom Wohnort zur Arbeitsstätte für einen beachtlichen Teil aller Beschäftigtengruppen eine große zeitliche Belastung dar.

2.4 Die Verkehrsmittel der Pendler

Die Dezentralisierung der Siedlungsstruktur war nur denkbar mit der Durchsetzung der massenhaften Individualmotorisierung. Die Anzahl der zugelassenen Pkws erreichte zwar erst 1954 den Vorkriegsstand in Höhe 1,5 Millionen – allerdings bei einer noch größeren Zahl von motorisierten Zweirädern. Lag im Jahr 1955 der private Verkehr erstmals vor dem öffentlichen, so geriet der öffentliche Verkehr in der Folgezeit durch das explosionsartige Hochschnellen der Pkw-Zulassungszahlen sehr rasch und immer stärker ins Hintertreffen. 1960 gab es 4,5 Millionen Pkws in der Bundesrepublik, 1970 fast 14 Millionen, 1980 fast 23 Millionen und 1989 über 30 Millionen Pkws[201].

Dabei war Anfang der sechziger Jahre das Auto noch ein klares soziales Privileg. 1962 waren 67 Prozent der Selbständigen, 40 Prozent der Beamten und Angestellten, aber nur 22 Prozent der Arbeiter im Besitz eines Autos. 1970 war es schon weit schwieriger geworden, vom Besitz eines Pkw Rückschlüsse auf die berufliche Stellung der Besitzer zu ziehen: Autobesitzer waren nun 80 Prozent der Selbständigen, 84 Prozent der Beamten, 73 Prozent der Angestellten und 66 Prozent der Arbeiter[202]. Dabei ist aber auch darauf hinzuweisen, daß der Pkw nicht hauptsächlich für den Weg von und zur Arbeit, sondern vor allem für die Freizeit benutzt wurde.

Das Vordringen des Pkw wurde gefördert und ermöglicht durch eine Verkehrspolitik, die daran orientiert war, dem individualisierten Massenverkehr eine geeignete Infrastruktur bereitzustellen[203]. Das Leitbild der autogerechten Stadt hatte zum Ziel, die Autofahrer mit mehrspurigen Ausfall- und Zufahrtsstraßen sowie einem großen Angebot an Parkplätzen, Tiefgaragen und Parkhäusern schnell und möglichst

---

201 Vgl. Tatsachen und Zahlen aus der Kraftverkehrswirtschaft, hrsg. v. Verband der Automobilindustrie, Frankfurt a.M. 1991 (55. Folge).
202 Vgl. Mooser, Arbeiterleben in Deutschland, S. 80ff.
203 Vgl. Polster/Voy, Eigenheim und Automobil, S. 295ff.

nah an das gewünschte Ziel in der Stadt zu bringen. Demgegenüber wurden die öffentlichen Verkehrsmittel sträflich vernachlässigt. Hierfür sind vor allem strukturelle Konkurrenznachteile der Bahn verantwortlich, so zum Beispiel die Verantwortung für den Unterhalt des Schienennetzes und das Prinzip der Eigenwirtschaftlichkeit. Unterlassene Modernisierungsinvestitionen trugen darüber hinaus wesentlich dazu bei, daß das Angebot der Bahn gegenüber den Möglichkeiten des Pkw immer mehr ins Hintertreffen geriet. Die fehlende Wirtschaftlichkeit der Bahn führte zu Streckenstillegungen und zum Rückzug aus der Fläche – ein Prozeß, der seinerseits den weiteren Umstieg auf den Pkw förderte. Gleichzeitig sorgte die Spirale zwischen einem immer engeren Straßennetz und wachsenden Pkw-Zahlen für die hohe Attraktivität des Autoverkehrs.

Der Vergleich der von den Auspendlern benutzten Verkehrsmittel im Zeitraum von 1961 bis 1987[204] veranschaulicht die dramatische Entwicklung weg von der großen Rolle öffentlicher Verkehrsmittel hin zur eindeutigen Dominanz motorisierter privater Individualverkehrsmittel.

Tabelle 37

Berufsauspendler nach den benutzten Verkehrsmitteln 1961 (absolut und in Prozent aller Berufsauspendler

Überwiegend benutztes Verkehrsmittel	in 1000	in Prozent
Eisenbahn	1138,6	21,9
Straßenbahn	268,3	5,2
U-Bahn, Hochbahn	8,0	0,2
Kraftomnibus, O-Bus	1261,9	24,3
Öffentliche Verkehrsmittel zusammen	2676,8	51,6
Personenkraftwagen, Kombinationskraftwagen, Kleinbus, Lastkraftwagen	1019,0	19,6
Motorrad, Motorroller, Moped	722,8	13,9
Fahrrad	775,5	14,9
Individualverkehr zusammen	2517,3	48,4
Insgesamt	5194,2	100

Quelle: Statistisches Bundesamt, Fachserie A, Volks- und Berufszählung vom 6. Juni 1961, H. 9, Pendler, S. 39; Der Umfang der Pendelwanderung, S. 217.

---

204 Bei der Volkszählung des Jahres 1950 sind die benutzten Verkehrsmittel nicht erfragt worden.

Tabelle 38

Berufsauspendler nach den benutzten Verkehrsmitteln 1970 (absolut und in Prozent aller Berufsauspendler)

Benutztes Verkehrsmittel	in Tausend	in Prozent
Kein Verkehrsmittel (zu Fuß)	136412	1,8
Eisenbahn	828309	11,1
Straßenbahn	140749	1,9
S-Bahn, U-Bahn, Hochbahn	28970	0,4
Werkbus	528987	7,1
Öffentlicher oder privater Linienbus	1108575	14,9
Motorrad, Moped	236079	3,2
Fahrrad, sonstige Verkehrsmittel (ohne Auto)	316869	4,3
Auto	4106698	55,3
Insgesamt	7431648	100

Quelle: Statistisches Bundesamt, Fachserie A, Volks- und Berufszählung vom 27. Mai 1970, H. 21: Pendler, S. 72f.; eigene Berechnungen.

Tabelle 39

Berufsauspendler nach den benutzten Verkehrsmitteln 1987 (absolut und in Prozent aller Berufsauspendler)

Hauptsächlich benutztes Verkehrsmittel	absolut	Prozent
Kein Verkehrsmittel (zu Fuß)	34777	0,4
Fahrrad	149856	1,5
Auto	7946773	80,5
U-Bahn, S-Bahn, Straßenbahn	344494	3,5
Eisenbahn	451452	4,6
Bus, sonst. öffentl. Verkehrsmittel	794184	8,0
Sonstiges (Motorrad, Moped, Mofa)	153912	1,6
Insgesamt	9875448	100

Quelle: Statistisches Bundesamt (Hrsg.), Bevölkerung und Erwerbstätigkeit. Volkszählung vom 25. Mai 1987, Fachserie 1, H. 9: Pendler, T. 2: Berufs- und Ausbildungspendler, S. 20f.; eigene Berechnungen.

Mit fast einem Viertel benutzte im Jahre 1961 der größte Teil der Berufspendler den Kraftomnibus oder O-Bus, mit 22 Prozent liegt die Eisenbahn nur knapp dahinter. Etwa jeder siebte Pendler fährt mit dem Motorrad oder Moped zur Arbeit, etwas mehr sogar noch mit dem Fahrrad. Insgesamt überwogen 1961 noch leicht die öffentlichen gegenüber den privaten Verkehrsmitteln, und bei den privaten Verkehrsmitteln war der Anteil der nichtmotorisierten noch relativ groß. Läßt man jedoch den Träger außer acht und stellt man die Art der Fortbewegung in den Mittelpunkt, so gelangten 57,8 Prozent motorisiert zum Arbeitsplatz, 27,3 Prozent mit dem schienengebundenen Verkehr und fast 15 Prozent mit dem eigenen Fahrrad.

Der Vergleich mit dem Jahre 1970 verdeutlicht schon die nachhaltige Verschiebung zu Lasten des öffentlichen und schienengebundenen Verkehrs und zugunsten des motorisierten Individualverkehrs[205]. Insbesondere Bus (von 14,9 auf 8 Prozent) und Eisenbahn (von 11,1 auf 4,6 Prozent) sind vom Rückgang der öffentlichen Verkehrsmittel betroffen. Die Verdrängung der Straßenbahn aus den deutschen Städten hatte schon vorher begonnen und wurde in den sechziger Jahren fortgesetzt[206]. Zwischen 1961 und 1987 ging insbesondere der Anteil der Bus- und Eisenbahnfahrer, der Radfahrer und der Fußgänger zurück. Der Anteil der Radfahrer und Fußgänger wurde fast bedeutungslos. Benutzte 1961 nicht einmal jeder fünfte Auspendler ein Auto, so war es 1970 schon mehr als die Hälfte; die Volkszählung 1987 schließlich belegt seine schon erdrückend gewordene Dominanz. Bis 1987 stieg die absolute Zahl der Pkw-Fahrer auf das Achtfache. Über 80 Prozent der Pendler über die Gemeindegrenze kamen mit dem Pkw zur Arbeit, nur 16 Prozent mit öffentlichen Verkehrsmitteln. Betrug der Anteil der öffentlichen bzw. Massenverkehrsmittel 1970 noch über 36 Prozent, so war er 1987 auf etwa 16 Prozent gesunken. Die Berufspendler benutzten 1961 zu einem Drittel – darunter ein relativ hoher Anteil an Zweirädern –, 1970 zu knapp 60 Prozent und 1987 bereits zu über 80 Prozent private motorisierte Individualverkehrsmittel. 1961 fuhr fast jeder zweite Auspendler mit Bus oder Bahn zur Arbeit, 1987 noch jeder sechste.

Auch der Blick auf die von allen Pendlern, also auch den innergemeindlichen Pendlern, benutzten Verkehrsmittel bestätigt die oben dargelegte Tendenz:

---

205 Vgl. auch Franz, Peter, Soziologie der räumlichen Mobilität. Eine Einführung, Frankfurt/M., New York 1984, S. 163 ff.
206 Vgl. Voigt, Verkehr, Bd. 2, 2. Hälfte, S. 670 ff.

Tabelle 40

Berufspendler (innergemeindliche Pendler und Pendler über die Gemeindegrenze) nach dem benutzten Verkehrsmittel bei der Volkszählung 1970

Benutztes Verkehrsmittel	in Tausend	in Prozent
Kein Verkehrsmittel (zu Fuß)	9922,9	37,5
Eisenbahn	973,0	3,7
Straßenbahn	1253,8	4,7
S-Bahn, U-Bahn, Hochbahn	436,5	1,7
Werkbus	727,8	2,7
Öffentlicher oder privater Linienbus	2405,7	9,1
Motorrad, Moped	535,0	2,0
Fahrrad, sonstige Verkehrsmittel (ohne Auto)	1639,0	6,2
Auto	8599,8	32,4
Insgesamt	26493,5	100

Quelle: Statistisches Bundesamt, Fachserie A, Volks- und Berufszählung vom 27. Mai 1970, H. 21, Pendler, S. 23.

Tabelle 41

Berufsauspendler und innergemeindliche Pendler 1987 nach dem für den Weg zur Arbeitsstätte überwiegend benutzten Verkehrsmittel

Überwiegend Benutztes Verkehrsmittel	absolut	Prozent
Pkw	15612194	65,2
U-/S-Bahn, Straßenbahn	1529353	6,4
Eisenbahn	524909	2,2
Bus	1897434	7,9
Sonst. (Motorrad, Moped, Mofa)	405567	1,7
Fahrrad	1633252	6,8
Zu Fuß	2328111	9,7
Insgesamt	23930820	100

Quelle: Statistisches Bundesamt (Hrsg.), Bevölkerung und Erwerbstätigkeit. Volkszählung vom 25. Mai 1987, Fachserie 1, H. 9: Pendler, T. 2: Berufs- und Ausbildungspendler, S. 50.

Die Anteile der Fußgänger und Fahrradfahrer sind in dieser Tabelle deshalb erheblich höher als bei den Pendlern über die Gemeindegrenze, weil hier auch alle innergemeindlichen Pendler aufgenommen sind, bei denen selbstverständlich ein

115

deutlich größerer Teil als bei den Pendlern über die Gemeindegrenze den Arbeitsplatz in größerer oder unmittelbarer Nähe zur Wohnung hat. Entsprechend sind auch die Anteile der Benutzer anderer öffentlicher und privater Verkehrsmittel etwas niedriger.

Im Jahre 1987 war das Auto in allen Gemeindegrößen das bei weitem dominierende Verkehrsmittel, auch wenn sein Anteil in den Großstädten hinter dem in anderen Gemeindegrößen zurückblieb. Allerdings waren die öffentlichen Verkehrsmittel regional durchaus von unterschiedlicher Bedeutung. Mit zunehmender Gemeindegröße wuchs ihre Bedeutung für die Pendler[207]. Dieser Unterschied ist vor allem ein Hinweis auf die unzureichende Erschließung des ländlichen Raumes durch die öffentlichen Verkehrsmittel und ihren fortschreitenden Rückzug aus der Fläche.

Die Entwicklung des schienengebundenen öffentlichen Personennahverkehrs verlief hingegen ein wenig anders. Ging die Zahl von Berufspendlern bei U-/S- und Straßenbahn nach 1970 zunächst zurück, so trat diesbezüglich seit Anfang der achtziger Jahre ein Wandel ein. Seitdem ist die Anzahl der Berufspendler, die diese Verkehrsmittel benutzen, wieder angestiegen und hat mit 1,6 Millionen fast wieder die Größenordnung des Jahres 1970 erreicht[208]. Hier hat sich offenbar der Ausbau städtischer Nahverkehrssysteme ausgewirkt; für diese Tendenz mag allerdings auch die angesichts zusehends verstopfter Innenstädte sinkende großstädtische Geschwindigkeit des Pkw von Bedeutung sein.

Das Vordringen des Pkws als das Hauptverkehrsmittel der Berufspendler widerspiegelt zum einen die bedeutende Funktion des Autos als sozialem Statussymbol und als Instrument zur Erweiterung des individuellen Aktionsraums. Zugleich ist der dramatisch wachsende Berufsverkehr aber auch darauf zurückzuführen, daß der öffentliche Personenverkehr lange Zeit vernachlässigt worden ist und sich zudem die Betriebe und die Kommunen bemühten, die Lage der Arbeitsstätte

207 Vgl. Heidenreich, Berufs- und Ausbildungspendler, S. 91.
208 Vgl. ebda., S. 91.

durch Parkplätze und Zufahrtsstraßen autogerecht zu gestalten. Darüber hinaus wurde die überregionale Verkehrsanbindung der Städte, vor allem durch ein enggeknüpftes Autobahnnetz, zu einem der wichtigsten Voraussetzungen für ihr wirtschaftliches Wachstum.

3. Die Pendelwanderungen aus den neuen in die alten Bundesländer

Die Öffnung der Grenze und der Prozeß der deutschen Wiedervereinigung haben nachdrücklich zum Anstieg des arbeitsbedingten Pendelns auf dem Gebiet der alten Bundesrepublik beigetragen. Die Gründe dafür liegen auf der Hand: die rasch um sich greifende und weiter anwachsende Arbeitslosigkeit in den neuen Bundesländern, nicht absehbare berufliche Zukunftsperspektiven und im Vergleich zu den westlichen Bundesländern in der Regel erheblich niedrigeren Löhne und Gehälter. Das Deutsche Institut für Wirtschaftsforschung (DIW) hat auf der Grundlage des Arbeitsmarkt-Monitors eine Untersuchung über das Ausmaß der Pendelwanderung sowie über die Lebensbedingungen und Motive der Pendler aus den neuen Bundesländern vorgelegt[209]. Auch die Bundesanstalt für Arbeit verfolgt kontinuierlich die Entwicklung der Pendlerzahlen aus den neuen Bundesländern. Nach den Berechnungen des DIW belief sich ein Jahr nach der Wirtschafts-, Währungs- und Sozialunion die Zahl der Berufseinpendler aus den neuen Bundesländern in die alten auf 446 000; davon pendeln allerdings 100 000 nach West-Berlin ein. Seit der Öffnung der Mauer ist die Zahl der Pendler demnach kontinuierlich angestiegen: pendelten im November 1990 noch 205 000 Personen zu ihrem Arbeitsplatz in die alten Bundesländer, so waren es im März 1991 bereits

---

209 Vgl. Pendler und Migranten – Zur Arbeitskräftemobilität in Ostdeutschland, in: DIW-Wochenbericht, 59. Jg., 1992, H. 3, S. 21–26; Scheremet, Wolfgang/Schupp, Jürgen, Pendler und Migranten – Zur Arbeitskräftemobilität in Ostdeutschland, Berlin 1991 (= DIW-Diskussionspapier Nr. 36).

306000[210]. Für das Jahresende 1991 rechnet das DIW mit über 500000, eventuell bis zu 600000 Ost-West-Pendlern.

Ost-West-Pendler weisen gegenüber den in den neuen Bundesländern wohnhaften und dort arbeitenden Erwerbstätigen in ihren soziodemographischen Merkmalen einige Besonderheiten auf.

Folgende bedeutende Unterschiede erscheinen dabei als besonders bemerkenswert:

– der Frauenanteil unter den Westpendlern ist weit niedriger als ihr Anteil an den Erwerbstätigen in den neuen Bundesländern; dieser Umstand ist wohl darauf zurückzuführen, daß auch bei dem hohen Ausmaß der Frauenerwerbstätigkeit in der ehemaligen DDR die Hausarbeit weiterhin den Frauen allein überlassen blieb und zudem seit der Wende zahlreiche gesellschaftliche Einrichtungen, die den Frauen in der Vergangenheit eine Erwerbstätigkeit überhaupt erst ermöglicht haben, geschlossen worden sind; unter diesen Voraussetzungen ist heute sehr vielen Frauen die Arbeitsaufnahme im Westen wegen des damit verbundenen hohen Zeitaufwandes nicht möglich;

– das durchschnittliche Alter der Westpendler liegt mit 31 Jahren deutlich unter dem Durchschnittsalter der Erwerbstätigen in den neuen Bundesländern (38 Jahre); die Altersgruppe der bis zu 35jährigen ist überproportional unter den Westpendlern vertreten; hierin dürften sich die geringeren Arbeitsmarktchancen und die geringere Mobilitätsbereitschaft älterer Menschen widerspiegeln;

– der Anteil von Facharbeitern ist sehr hoch, aber ebenfalls der Anteil derjenigen, die als An- bzw. Ungelernte tätig sind;

– der Anteil von hochqualifizierten Arbeitskräften in Angestelltenpositionen liegt unter dem Durchschnitt der Erwerbstätigen in den neuen Bundesländern;

---

210 Für den März 1991 kommt die Bundesanstalt für Arbeit lediglich auf eine Zahl von gut 191000 Ost-West-Pendlern. Die erhebliche Differenz von fast 115000 Personen gegenüber den Ergebnissen des Arbeitsmarkt-Monitors erklärt sie damit, »daß Pendler, die im Westen nur einer geringfügigen Beschäftigung nachgehen, in der Beschäftigtenstatistik nicht enthalten sind.« Zudem müsse gerade bei den Pendlern ein verzögerter Meldeeingang in Betracht gezogen werden (vgl. Bundesanstalt für Arbeit, Berufspendler aus den neuen in die alten Bundesländer, Ts., Nürnberg Dezember 1991, S. 2).

– der Anteil der Erwerbstätigen, die auch in ihrem erlernten Beruf tätig sind, ist unter den Westpendlern deutlich niedriger als unter den in den neuen Bundesländern arbeitenden Erwerbstätigen.

Die Schlußfolgerung, daß die Westpendler in unterqualifizierten Funktionen arbeiten, teilen die Autoren zwar nicht; jedoch weisen die von ihnen ermittelten Daten in eine andere Richtung: während nur 6 Prozent der Westpendler sich noch in der Ausbildung befinden bzw. ohne Ausbildung sind, nehmen immerhin 22 Prozent von ihnen Tätigkeiten als Un- bzw. Angelernte wahr[211]. Diese Zahl legt die Vermutung nahe, daß ein beachtlicher Teil von Westpendlern mit Tätigkeiten beschäftigt wird, die unterhalb ihrer formalen Qualifikation liegen. Dabei ist allerdings darauf hinzuweisen, daß die Schul- und Berufsqualifikationen zum Teil nicht vergleichbar sind. In jedem Fall aber ist die Bereitschaft – und wohl auch der Zwang –, bei der Arbeit im Westen ein anderes Tätigkeitsfeld zu ergreifen, unter den Westpendlern sehr groß. Sehr viele werden nicht ihrem Berufsabschluß entsprechend beschäftigt. Unter den Branchen, in denen die Westpendler arbeiten, sind besonders der Handel und das Baugewerbe, aber auch die Metall- und Elektroindustrie gegenüber dem Anteil dieser Branchen an den Erwerbstätigen in den neuen Bundesländern überrepräsentiert.

Das treibende Motiv für die Arbeit im Westen ist die Möglichkeit, ein höheres Einkommen zu realisieren, und der Versuch, der bereits eingetretenen oder drohenden Arbeitslosigkeit zu entgehen. Das erstgenannte Motiv war dabei weit häufiger bei Männern, das zweite weit häufiger bei Frauen vertreten. Die Westpendler erreichten in der Regel auch eine beträchtliche Einkommenssteigerung. Dabei konnten die Männer ihren Nettoverdienst um 92 Prozent steigern, die Frauen lediglich um 67 Prozent. 11 Prozent der Westpendler waren vor der Annahme einer Beschäftigung im Westen arbeitslos gemeldet.

Die Westpendler nehmen sehr häufig außerordentlich große Belastungen auf sich. Sie bestehen vor allem in den Folgen,

---

211 Vgl. Pendler und Migranten – Zur Arbeitskräftemobilität in Ostdeutschland, S. 24.

Tabelle 42

Sozio-demographische Struktur von Erwerbstätigen in Ostdeutschland und ostdeutschen Berufspendlern in die neuen Bundesländer (in Prozent der jeweiligen Gruppe)

	Erwerbstätige insgesamt	Pendler in die neuen Bundesländern
Geschlecht		
Männer	55	83
Frauen	45	17
Durchschnittsalter (in Jahren)	38	31
Höchster Bildungsabschluß		
gering	30	13
mittel	56	72
Abitur	14	15
Berufl.Bildungsabschluß		
noch in Ausbildung	3	2
ohne Abschluß	3	2
Lehre	60	7
höherer Abschluß	24	12
Hochschule	10	9
Stellung im Beruf		
un- und angelernte Arbeiter	11	21
Facharbeiter	31	42
Vorarbeiter/Meister	4	1
einfache Angestellte	14	8
qualifizierte Angestellte	15	11
hochqualifizierte Angestellte	15	8
Sonstige	10	10
Tätigkeit im erlernten Beruf	60	51

Quelle: Scheremet/Schupp, Pendler und Migrante – Zur Arbeitskräftemobilität in Ostdeutschland, S. 27

die mit den langen Wegezeiten verbunden sind, aber auch in den hohen Kosten für Fahrt und Lebensunterhalt, die aber offensichtlich durch das höhere Einkommen mehr als ausgeglichen werden. So muß ein beachtlicher Teil der Pendler sehr große Entfernungen auf dem Weg zum Arbeitsplatz überwinden. Allein unter den Tagespendlern betrug der durchschnittliche Hinweg zur Arbeitsstätte 59 km, für diejenigen, die innerhalb der neuen Bundesländer pendeln, waren es 30 km. Dabei ist bei den Zahlen über die Entfernungen für die Westpendler noch gar nicht der außerordentlich große Anteil der Wochenendpendler und derjenigen, die in noch größeren

Zeitabständen pendeln, erfaßt. Dieser Anteil betrug 31 bzw. 13 Prozent, zusammen also fast die Hälfte aller Westpendler. Für sie dürfte die durchschnittliche Entfernung zum Arbeitsplatz noch weit größer sein, weil das Hauptmotiv für die seltenere Heimfahrt darin liegen dürfte, daß die größeren Entferungen bei der Heimfahrt zu lange Wegezeiten oder zu hohe Fahrtkosten mit sich bringen. Etwa die Hälfte aller Westpendler mußte eine Entfernung von mehr als 50 km zurücklegen; der entsprechende Anteil unter den Berufsauspendlern der alten Bundesländer lag bei 7,1 Prozent. Trotz dieser großen Belastungen war die Lebens- und Arbeitszufriedenheit der Westpendler spürbar größer als zu der Zeit, als sie noch keinen Arbeitsplatz im Westen hatten. Die Hauptzielorte der Westpendler liegen entlang der ehemaligen Grenze zwischen den beiden deutschen Staaten.

Tabelle 43

Merkmale des Arbeitsweges von ostdeutschen Berufseinpendlern in die alten Bundesländer (in Prozent der jeweiligen Gruppe)

	Erwerbstätige insgesamt	Pendler in die neuen Bundesländer
Häufigkeit des Pendelns		
Täglich	27	56
Wöchentlich	3	32
Seltener	1	12
Entfernung für den Hinweg von ... bis unter ... km		
unter 10	11	6
10 bis 25	12	15
25 bis 50	3	15
50 und mehr wechselnder Arbeitsort	3	14
Zeitaufwand für den Hinweg von ... bis unter ... min.		
unter 10	1	0
10 bis 30	12	11
30 bis 60	11	19
60 und mehr	7	63
wechselnder Arbeitsort	1	6

Quelle: Scheremet/Schupp, Pendler und Migrante – Zur Arbeitskräftemobilität in Ostdeutschland, S. 28

Bezogen auf die Verteilung der Berufsauspendler auf die Bundesländer waren Thüringen und Ost-Berlin besonders stark über- und Sachsen besonders stark unterrepräsentiert. Im Falle Sachsens dürfte dabei die große Entfernung zum alten Bundesgebiet eine zentrale Rolle spielen. Hierfür spricht auch die Tatsache, daß der Anteil der Migrationswilligen hier besonders groß ist – offenbar deshalb, weil die Pendelwanderung als Möglichkeit einer Berufsausübung im Westen ausscheidet oder nur unter besonders unzumutbaren Umständen zu verwirklichen ist. Unter allen Westpendlern würden 60 Prozent gern oder unter Umständen in den Westen ziehen, 30 Prozent schlossen diese Möglichkeit jedoch völlig aus.

Das DIW hat in seiner Studie auch jene Pendler erfaßt, die außerhalb ihrer Wohngemeinde arbeiten, aber innerhalb der neuen Bundesländer pendeln. Die diesbezügliche Pendlerquote erreichte 27,2 Prozent, ein deutlich niedrigerer Anteil, als ihn der Mikrozensus für das Gebiet der alten Bundesländer für das Jahr 1988 ermittelt hat (39 Prozent)[212].

4. Probleme der Pendelwanderung in den Einpendlerzentren

4.1 Die Berufseinpendler in bundesdeutschen Einpendlerzentren im Vergleich

Die Anzahl der Berufseinpendler in den zwanzig bundesdeutschen Städten mit den meisten Einpendlern hat sich nach der letzten Volkszählung von 1987 gegenüber der Volkszählung von 1970 um 47,8 Prozent erhöht; der Anstieg lag damit deutlich über dem Bundesdurchschnitt für alle Gemeinden von 32,6 Prozent. Dabei ist überdies noch zu berücksichtigen, daß sich im Vergleich mit 1970 die Stadtgrenzen durch Eingemeindungen ausgedehnt haben. Obwohl ein ganz exakter Vergleich also kaum möglich ist, geben die Zahlen aber doch eine recht zuverlässige Größenordnung wieder. In allen Städten übersteigt der Zuwachs der weiblichen den der männlichen Einpendlerzahlen deutlich, und zwar besonders stark in jenen Städten, die einen überproportionalen Anstieg des

---

212 Die Gesamtauspendlerquote, also mit den Westpendlern, betrug in den neuen Bundesländern im Juli 1991 31,6 Prozent.

tertiären Sektors auf Kosten des sekundären Sektors verzeichneten. Gerade in den Zentren der großen Agglomerationen München, Stuttgart, Rhein-Main, Rhein-Ruhr und Hamburg wurden die höchsten Einkommen erzielt[213], und sie übten so eine große Anziehungskraft auf auswärts wohnende Arbeitskräfte aus.

Nach wie vor wies Frankfurt, mit allerdings nur noch geringem Vorsprung vor München, die höchsten Einpendlerzahlen auf. Die Erhöhung der Frankfurter Berufseinpendlerzahlen liegt über dem Bundesdurchschnitt, allerdings unter dem Durchschnitt der Einpendlerzentren. Dabei ist allerdings hervorzuheben, daß sich diese Relativwerte in Frankfurt auf ein außerordentlich hohes Ausgangsniveau beziehen und der absolute Zuwachs in Frankfurt im Vergleich mit 1970 immer noch sehr beträchtlich ist. Zudem war Frankfurt schon zum Zeitpunkt der letzten Volkszählung ein entwickeltes Finanz- und Dienstleistungszentrum.

Der Zuwachs an Berufseinpendlern war besonders stark in München, Bonn und Köln. Hierbei spielte – wie noch zu zeigen sein wird – die überproportional starke Expansion des Dienstleistungssektors in der jeweiligen städtischen Erwerbsstruktur eine zentrale Rolle. Deutlich hinter den Durchschnittswerten zurück bleibt hingegen der Berufseinpendlerzuwachs in den Städten Saarbrücken und Hannover. Während sich in Saarbrücken der Niedergang des Saarbergbaus und der Stahlindustrie sowie der noch nicht vollzogene ökonomische Strukturwandel widerspiegelt, ist die Entwicklung Hannovers in erster Linie auf ein relatives Zurückbleiben auf hohem Niveau zurückzuführen. Herausragend ist die Entwicklung Münchens und Bonns. Während in München der besonders starke Sprung in der Modernisierung der Industriestruktur, vor allem die Entwicklung zu einem High-Tech-Zentrum, die wirtschaftliche Bedeutung der Stadt und ihre Anziehungskraft auf den Großraum enorm verstärkt haben, was als die entscheidende Determinante für den Anstieg der Pendelwanderung anzusehen ist, war für Bonn der im Vergleichszeitraum vollzogene starke Ausbau der Ministerialbürokratien des Bundes sowie der von ihm ausgehende Sog-

---

213 Vgl. Bade, Funktionale Arbeitsteilung und regionale Beschäftigungsentwicklung, S. 711.

effekt auf andere Dienstleistungsbereiche ausschlaggebend, der die Aufnahmefähigkeit der Stadt für ein entsprechendes Wachstum der Wohnbevölkerung überfordert hat.

Tabelle 44

Berufseinpendler und Berufspendlersaldo in den bundesdeutschen Einpendlerzentren 1970 und 1987 (absolut) sowie die Veränderung der Berufseinpendlerzahlen zwischen 1970 und 1987 (in Prozent)

Stadt	Einpendler 1970	Einpendler 1987	Veränderung (Prozent)	Saldo 1970	Saldo 1987
Frankfurt	(1) 187 752	(1) 258 492	37,7	+ 173 742	+ 229 829
München	(3) 136 012	(2) 251 492	84,9	+ 118 501	+ 199 105
Hamburg	(5) 134 426	(3) 213 421	58,8	+ 116 815	+ 174 835
Stuttgart	(4) 135 040	(4) 189 484	40,3	+ 117 669	+ 159 028
Düsseldorf	(6) 100 914	(5) 170 856	69,3	+ 89 481	+ 144 402
Hannover	(2) 137 086	(6) 163 074	19,0	+ 122 492	+ 142 390
Köln	(7) 91 034	(7) 161 587	77,5	+ 65 962	+ 120 855
Nürnberg	(8) 81 761	(8) 117 125	43,3	+ 68 301	+ 95 211
Mannheim	(9) 69 264	(9) 87 485	26,3	+ 59 501	+ 72 031
Bremen	(11) 55 442	(10) 80 473	45,1	+ 49 194	+ 64 965
Karlsruhe	(15) 45 359	(11) 74 068	63,3	+ 39 021	+ 62 419
Bonn	(19) 38 151	(12) 69 492	82,1	+ 29 584	+ 52 701
Essen	(13) 46 483	(13) 66 480	43,0	+ 12 028	+ 24 328
Darmstadt	(17) 43 618	(14) 62 722	43,8	+ 37 035	+ 51 637
Saarbrücken	(10) 56 105	(15) 60 467	7,8	+ 36 360	+ 44 670
Ludwigshafen	(12) 47 133	(16) 60 257	27,8	+ 50 668	+ 48 642
Kassel	(14) 45 377	(17) 60 182	32,6	+ 38 775	+ 49 554
Duisburg	(16) 43 810	(18) 60 177	37,4	+ 14 671	+ 17 979
Dortmund	(20) 37 884	(19) 59 474	57,0	+ 15 939	+ 22 509
Augsburg	(18) 41 306	(20) 59 275	43,5	+ 34 739	+ 44 009

Quelle: Materialien der betreffenden Statistischen Landesämter und der städtischen Ämter für Statistik.

Das Verhältnis der am Ort wohnhaften zu den am Ort arbeitenden Erwerbstätigen und damit den Grad der Abhängigkeit von auswärts wohnenden Erwerbstätigen zeigt die folgende Tabelle. In einigen Städten reichte – rechnet man noch die in der Regel hohen Ausbildungseinpendlerzahlen hinzu – die Tagbevölkerung sogar dicht an die Einwohnerzahlen heran.

Tabelle 45

Einwohner, Berufseinpendler, Erwerbstätige am Arbeitsort und Einpendlerquote der bundesdeutschen Einpendlerzentren am 25.5.1987

Stadt	Einwohner	Erwerbs-tätige am Arbeitsort	Berufsein-pendler	Anteil an den Erwerbstätigen am Arbeitsort (in Prozent)
Frankfurt	618266	527913	258492	49,0
München	1185421	798701	251492	31,5
Hamburg	1592770	864253	213421	24,7
Stuttgart	551904	428149	189484	44,3
Düsseldorf	563531	381131	170856	44,8
Hannover	494864	352131	163074	46,3
Köln	928309	512737	161587	31,5
Nürnberg	470943	311643	117125	37,6
Mannheim	295191	201906	87485	43,3
Bremen	533455	286517	80473	28,1
Karlsruhe	260591	177497	74068	41,7
Bonn	276653	166364	69492	41,8
Essen	623427	256938	66480	25,9
Darmstadt	134272	109701	62722	57,2
Saarbrücken	188702	120392	60467	50,2
Ludwigshafen	160915	112252	60257	53,7
Kassel	187288	123088	60182	48,9
Duisburg	525378	213084	60177	28,2
Dortmund	584089	242647	59474	24,5
Augsburg	242819	151435	59275	39,1

Quelle: Materialien der betreffenden Statistischen Landesämter und der städtischen Ämter für
Statistik.

Darmstadt, Ludwigshafen und Saarbrücken verfügten über
die höchsten Einpendlerquoten unter diesen Einpendlerzentren. Offenbar fällt es Städten dieser Größenordnung leichter, eine entsprechend hohe Einpendlerquote zu erreichen als
den Kernstädten mit über 500000 Einwohnern. Dabei lag
Darmstadt mit deutlichem Vorsprung vorne: Weit mehr als
die Hälfte der in Darmstadt arbeitenden Berufstätigen
wohnte 1987 außerhalb der Stadt, während dies in Saarbrük-
ken, Frankfurt und Kassel etwa auf die Hälfte zutraf. Ihnen
folgten die drei Landeshauptstädte Hannover, Düsseldorf
und Stuttgart mit einer Quote von jeweils etwa 45 Prozent.
Deutlich zurück blieben die drei Ruhrgebietsstädte Dortmund, Duisburg und Essen sowie die Hansestädte Bremen
und Hamburg. Ihre Einpendlerquote lag bereits unter dem

Bundesdurchschnitt von 36,8 Prozent, und zwar recht deutlich. Bei den Ruhrgebietsstädten wirkte sich insbesondere aus, daß die hier dominanten Wirtschaftszweige ihre Führungsrolle verloren. Im Zuge des Strukturwandels konnten die Ruhrgebietsstädte ihre Rolle als Gravitationszentren nicht mehr wahrnehmen und verringerten sich ihre Beschäftigtenzahlen. Offenkundig wiesen diejenigen Städte, die über einen starken Dienstleistungsbereich und Verwaltungssektor verfügen, höhere Berufseinpendlerquoten auf.

Zwar haben sich Zahlen der Berufseinpendler in den großstädtischen Zentren und damit ihre Einpendlerüberschüsse gegenüber 1970 stark erhöht. Gleichzeitig sind in den Einpendlerzentren aber nicht nur die Einpendlerzahlen, sondern auch die Auspendlerzahlen stark angewachsen.

Tabelle 46

Berufsauspendler aus den bundesdeutschen Einpendlerzentren 1970 und 1987 sowie Berufsauspendlerquote 1987

Stadt	Berufs- auspendler 1970	Berufs- auspendler 1987	Berufs- auspendlerquote 1987
Frankfurt	14010	28663	9,6
München	17511	52387	8,7
Hamburg	15611	38586	5,6
Stuttgart	17371	30456	11,3
Düsseldorf	11433	26454	10,3
Hannover	14594	20684	9,9
Köln	25072	40732	10,0
Nürnberg	13460	21914	10,1
Mannheim	9763	15454	11,9
Bremen	6248	15508	5,4
Karlsruhe	6338	11649	10,1
Bonn	8567	16791	14,4
Essen	34455	42152	17,1
Darmstadt	6583	11085	19,1
Saarbrücken	5437	11825	9,8
Ludwigshafen	10773	15587	23,1
Kassel	6602	10628	14,5
Duisburg	29139	42198	21,2
Dortmund	21945	36965	16,5
Augsburg	6567	15266	14,2

Quelle: Materialien der betreffenden Statistischen Landesämter und der städtischen Ämter für Statistik.

Während die Einpendlerzahlen in den Einpendlerzentren zwischen 1970 und 1987 um 47,8 Prozent gestiegen sind, nahmen die Berufsauspendlerzahlen aus diesen Städten sogar um durchschnittlich 78,1 Prozent zu. Es hat sich innerhalb der Verdichtungsräume offenkundig eine erhöhte Verflechtungsintensität herausgebildet, die darauf zurückzuführen ist, daß zum einen der Wegzug aus den Innenstädten an den Rand der Agglomerationen unter Beibehaltung des großstädtischen Arbeitsplatzes vom Anfang der sechziger Jahre bis in die zweite Hälfte der achtziger Jahre hinein zumindest in den Großstädten mit über 500000 Einwohnern zu starken Wanderungsverlusten geführt hat. Gleichzeitig vollzog sich eine Umschichtung von Arbeitsstätten und damit von Arbeitsplätzen innerhalb der großen Agglomerationen von den Kernen hin zu den Rändern[214]. In weit stärkerem Maße als früher, wenn auch im Vergleich mit der Zahl der Einpendler von geringer Bedeutung, pendeln daher in den Großstadtkernen wohnende Erwerbstätige in das Umland aus. So haben sich also keineswegs nur einseitig die Pendlerströme aus dem Umland in die Einpendlerzentren verstärkt, sondern generell die Austauschbeziehungen der Arbeitskräfte zwischen Großstadt und Umland intensiviert. Dabei ist zu beachten, daß die Auspendlerquote noch weit stärker angestiegen ist als die absoluten Auspendlerzahlen, weil nämlich die Bevölkerung am Ort der Hauptwohnung in den Einpendlerzentren im Durchschnitt deutlich zurückgegangen ist.

Im einzelnen betrachtet, hat München die höchsten Auspendlerzahlen und den bei weitem größten Anstieg seit 1970. Es folgen die Ruhrgebietsstädte sowie Köln und Hamburg. Die Ruhrgebietsstädte haben zugleich sehr hohe Auspendlerquoten sowie Auspendlerzahlen, die nicht sehr weit hinter den Einpendlerzahlen zurückbleiben. Hierin dürfte zum Ausdruck kommen, daß keine der größten Städte des Ruhrgebiets gegenüber anderen die Rolle eines wirklichen Zentrums spielt, sondern daß es sich um eine Großagglomeration handelt, in der die Großstädte relativ ausgewogene Pendlerströme aufweisen und lediglich aus den kleineren Städten und Randregionen einen Einpendlerüberschuß rekrutieren.

---

214 Vgl. ebda., S. 702ff.

Darmstadt wies unter den Einpendlerzentren den – in bezug auf die Anzahl der Erwerbstätigen – bei weitem intensivsten Austausch von Arbeitskräften mit seinem Umland auf. Es hatte die mit Abstand größte Einpendlerquote und – nach Duisburg – die zweithöchste Auspendlerquote. Mehr als jeder zweite der dort arbeitenden Erwerbstätigen kommt von außerhalb, und gleichzeitig verläßt immerhin jeder fünfte der in Darmstadt wohnenden Erwerbstätigen auf dem Weg zur Arbeit seinen Wohnort. Diese ausgeprägte Verflechtung Darmstadts ist auf seine besondere Lage zu den Agglomerationen Rhein-Main und Rhein/Neckar zurückzuführen. Es spielt also die Rolle eines Einpendlerzentrums in bezug auf das Rhein-Main-Gebiet und in bezug auf den Ballungsraum Mannheim/Ludwigshafen, und zugleich stellt es insbesondere für Frankfurt eine beträchtliche Anzahl von Arbeitskräften selbst zur Verfügung.

Die zwanzig größten Einpendlerzentren haben sowohl ihre Einpendlerquoten im Vergleich mit 1970 überproportional wie auch ihren Einpendlerüberschuß beträchtlich gesteigert. Die naheliegende Vermutung, daß der überproportionale Anstieg von Arbeitsplätzen in diesen großstädtischen Einpendlerzentren die Ursache für den Pendlerstrom in die Großstädte sei, ist – wie die folgende Tabelle zeigt – nicht zutreffend. Im Gegenteil: Durchschnittlich ist die Anzahl der Beschäftigten hier zurückgegangen – und dies trotz der oben bereits erwähnten Eingemeindungen –, während sie im Bundesgebiet in etwa auf gleichem Niveau blieb.

Lediglich München weist einen sehr deutlichen Anstieg der Beschäftigtenzahlen auf, während die übrigen Städte in etwa auf gleichem Niveau verharren oder gar einen empfindlichen Rückgang der Beschäftigtenzahlen in Kauf nehmen müssen (Essen, Duisburg, Köln, Hannover, Hamburg). Nur für München kann also der beträchtliche Anstieg der Einpendlerzahlen zum großen Teil auf eine Erhöhung der Beschäftigtenzahlen zurückgeführt werden. Da sich selbst in den Städten mit stagnierenden oder geringfügig steigenden Beschäftigtenzahlen die Berufseinpendlerzahlen durchweg stark erhöht haben, kann eine zunehmende Beschäftigung in den Großstädten allenfalls zur Erklärung eines geringen Teils des Pendlerzuwachses herangezogen werden. Die im ganzen rück-

Tabelle 47

Beschäftigte in ausgewählten bundesdeutschen Einpendlerzentren
am 27.5.1970 und am 25.5.1987

Stadt	Beschäftigte 1970	Beschäftigte 1987
Frankfurt	545245	558852
München	729979	850136
Hamburg	970664	936088
Stuttgart	446764	441880
Düsseldorf	435727	411705
Hannover	395799	348075
Köln	528666	493696
Nürnberg	320636	325971
Mannheim	214377	209811
Karlsruhe	166636	180513
Essen	303728	255447
Ludwigshafen	113994	114258
Duisburg	260842	223779
Dortmund	276775	260313

Quelle: Materialien der betreffenden Statistischen Landesämter und der städtischen Ämter für Statistik.

läufige Entwicklung der Beschäftigung in den Großstädten ist auf die obenerwähnte Ansiedlung bzw. Auslagerung von Arbeitsstätten in das großstädtische Umland zurückzuführen. Insbesondere Unternehmen des sekundären Sektors ließen sich dort nieder, während sich die Dienstleistungen stark auf die Verdichtungszentren konzentrierten.

Viel bedeutsamer für die Erklärung des Pendlerzuwachses ist der Umstand, daß offenkundig die städtische Bevölkerung und insbesondere die am Wohnort auch erwerbstätige städtische Bevölkerung gegenüber 1970 stark zurückgegangen ist. In fast allen Einpendlerzentren ist die erwerbstätige Bevölkerung seit 1970 nachhaltig gesunken – wie im übrigen die Einwohnerzahlen auch. Noch deutlicher hat – wegen der gestiegenen Auspendlerzahlen – die Anzahl der Erwerbstätigen abgenommen, die in den Einpendlerzentren wohnt und zugleich arbeitet.

Der Rückgang war besonders stark in München: Hier war die Anzahl der Personen, die in München wohnen und dort ihren Arbeitsplatz haben, gegenüber 1970 um 120000 gesun-

Tabelle 48

Erwerbstätige am Wohnort und Erwerbstätige am Wohnort minus Berufsauspendler[215] in ausgewählten bundesdeutschen Einpendlerzentren am
27.5.1970 und am 25.5.1987

Stadt	Erwerbstätige am Wohnort		Erwerbstätige am Wohnort minus Berufsauspendler	
	1970	1987	1970	1987
Frankfurt	342544	298084	328534	269421
München	685398	600757	667887	548370
Düsseldorf	317579	257249	306146	230795
Köln	389499	407085	364427	366353
Bonn	116553	116646	107986	99855
Essen	274313	246788	239858	204636
Darmstadt	60941	58064	54358	46979
Kassel	88967	73534	82365	62906
Duisburg	186145	199235	157006	157037
Dortmund	251270	223720	229325	186755

Quelle: Materialien der betreffenden Statistischen Landesämter und der städtischen Ämter für
Statistik.

ken. Weiterhin war der Rückgang der am Ort der Hauptwohnung auch erwerbstätigen Bevölkerung sehr beträchtlich in
Frankfurt, Düsseldorf, Essen, Kassel und Dortmund.

Tabelle 49

Erwerbstätige am Ort der Hauptwohnung in Stuttgart und Berufseinpendler nach Stuttgart am 25.5.1987 nach Wirtschaftsbereichen (in Prozent der jeweiligen Gruppe)

	Erwerbstätige am Ort der Hauptwohnung	Berufs-einpendler
Land- und Forstwirtschaft, Fischerei	0,8	0,4
Produzierendes Gewerbe	37,8	45,1
Handel, Verkehr und Nach-richtenübermittlung	18,4	16,5
Übrige Wirtschaftsbereiche	43,0	38,0

Quelle: Angaben des Statistischen Amtes der Stadt Stuttgart.

Ebenso wie im Durchschnitt aller Einpendler mußten – wie
das Beispiel Stuttgarts zeigt – in den Einpendlerzentren die

---

215 Dies sind diejenigen Erwerbstätigen, die in der betreffenden Stadt wohnen *und*
arbeiten.

Angehörigen des sekundären Sektors weit häufiger zu ihrer Arbeitsstätte einpendeln als die Erwerbstätigen des tertiären Sektors, also der Wirtschaftsbereiche »Handel, Verkehr und Nachrichtenübermittlung« und »Übrige Wirtschaftsbereiche«. Offenkundig liegt der Wohnort von Erwerbstätigen des produzierenden Gewerbes vergleichsweise häufiger außerhalb der Großstädte. Da im sekundären Sektor überwiegend Arbeiter, im tertiären Sektor vornehmlich Angestellte tätig sind, liegt auch die Vermutung nahe, daß Arbeiter im Durchschnitt häufiger pendeln müssen als Angestellte.

Der Pkw baute bei der Volkszählung 1987 seine schon vorher dominierende Stellung als Hauptverkehrsmittel der Berufspendler noch einmal nachdrücklich aus. Der Anteil der öffentlichen Verkehrsmittel verringerte sich außerordentlich stark. Allerdings lag in einigen Großstädten, vor allem in jenen mit mehr als 500000 Einwohnern, der Anteil der Pkw-Benutzer deutlich unter dem Bundesdurchschnitt von 80,5 Prozent.

Beim Vergleich zwischen den Städten fallen beträchtliche Unterschiede in der Benutzung von öffentlichen Verkehrsmitteln und der Pkw-Benutzung auf. Eine Sonderrolle spielte hier wiederum München, das den mit Abstand geringsten (etwas mehr als die Hälfte) Pkw-Anteil und den mit Abstand höchsten Anteil von öffentlichen Verkehrsmitteln aufweisen kann. Es folgten – in dieser Reihenfolge – Stuttgart, Frankfurt, Nürnberg, Hannover und Hamburg. Zwischen diesen und den Städten mit dem nächstniedrigeren Anteil an Berufseinpendlern, die öffentliche Verkehrsmittel benutzen, klaffte bereits eine erhebliche Lücke. Am Ende standen schließlich die Ruhrgebietsstädte sowie Mannheim, Ludwigshafen, Karlsruhe und Bonn.

Es sei hier zunächst darauf hingewiesen, daß offenkundig diejenigen Städte einen relativ hohen Anteil an öffentliche Verkehrsmittel benutzenden Pendlern aufweisen, in denen zugleich der Anteil von U- bzw. S-Bahn-Fahrern (München, Stuttgart, Frankfurt, Hamburg) oder von Eisenbahnfahrern (Nürnberg, Hannover, Frankfurt) überproportional hoch ist. Ein relativ gut ausgebautes U-Bahn-, S-Bahn- oder Eisenbahnnetz, das einen schnelleren Transport garantiert als Bus oder Straßenbahn, wirkt sich offensichtlich positiv auf die

Tabelle 50

Berufseinpendler in die bundesdeutschen Einpendlerzentren nach dem hauptsächlich benutzten Verkehrsmittel am 25.5.1987 (in Prozent aller Berufseinpendler)

Stadt	Eisen-bahn	U-, S- und Straßen-bahn	Bus, sonstige öffentliche Ver-kehrsmittel	Öffentliche Verkehrsmittel insgesamt	Pkw
Frankfurt	12,8	14,6	3,2	30,6	68,4
München	9,8	28,7	4,1	42,6	56,3
Hamburg	9,4	13,4	4,9	27,8	70,8
Stuttgart	7,6	23,7	3,6	34,9	64,1
Düsseldorf	7,4	9,6	5,9	22,9	75,6
Hannover	14,8	6,0	7,8	28,6	69,1
Köln	11,8	4,9	3,4	20,1	78,5
Nürnberg	16,0	4,6	8,3	28,9	69,9
Mannheim	6,3	5,2	3,8	15,4	82,5
Bremen	10,3	1,0	5,7	17,0	79,9
Karlsruhe	8,9	3,9	4,7	17,4	80,7
Bonn	5,7	6,4	5,9	17,9	79,8
Essen	6,9	7,6	3,7	18,1	80,3
Darmstadt	7,0	4,7	7,3	19,0	79,1
Saarbrücken	9,9	0,0	11,0	20,9	78,3
Ludwigshafen	–	–	–	16,8	80,3
Kassel	6,1	1,7	8,3	16,1	82,2
Duisburg	4,8	3,3	3,9	12,0	85,6
Dortmund	8,7	3,3	3,7	15,7	82,6
Augsburg	9,0	1,4	13,5	23,9	72,9

Quelle: Materialien der betreffenden Statistischen Landesämter und der städtischen Ämter für Statistik.

Nutzung der entsprechenden Verkehrsmittel aus. Gerade beim Erreichen der Innenstädte bieten U-Bahn und S-Bahn einen Zeitvorteil. Wohl aus diesem Grund erreichten Bank- und Versicherungsangestellte auch sehr oft auf dem Schienenwege ihre dort gelegenen Arbeitsstätten[216].

Neben den Ruhrgebietsstädten sowie der Industrieregion Mannheim/Ludwigshafen waren es vor allem die kleineren Städte, in denen die Berufseinpendler nur zu einem außergewöhnlich geringen Teil öffentliche Verkehrsmittel benutzten. Offensichtlich sind hier die Innenstädte auch mit dem Pkw

---

216 Vgl. Rompel, Heinz-Kurt, Pendler nach Wirtschaftsabteilungen und Verkehrsmitteln. Ergebnisse der Volks- und Berufszählung 1987, in: Staat und Wirtschaft in Hessen, 47. Jg., 1992, H. 2, S. 34–38, hier: S. 35f.

noch in einer akzeptablen Zeit zu erreichen. Darüber hinaus dürfte zumindest in den kleineren Städten auch eine unter dem Gesichtspunkt des Zeitaufwandes günstige Alternative zum Pkw fehlen. Das Beispiel Darmstadts verdeutlicht, wie stark sich auch in absoluten Zahlen der Stellenwert des Pkw-Verkehrs zuungunsten des öffentlichen Verkehrs erhöht hat.

Tabelle 51

Berufseinpendler nach Darmstadt nach dem hauptsächlich benutzten Verkehrsmittel am 27.5.1970 und am 25.5.1987 (absolut und in Prozent aller Berufseinpendler)

	1970 absolut	Prozent	1987 absolut	Prozent	Veränderung absolut	Prozent
Öffentliche Verkehrsmittel	18590	42,6	11924	19,0	− 6666	− 35,9
Pkw	24092	55,2	49634	79,1	+ 25542	+ 106,0

Quelle: Angaben des Statistischen Amts der Stadt Darmstadt.

Die Berufseinpendler in den städtischen Zentren benötigen im Durchschnitt weit mehr Zeit, um von der Wohnung zur Arbeit zu gelangen, als der Durchschnitt der bundesdeutschen Pendler insgesamt. Auch dabei existieren beträchtliche Unterschiede zwischen den einzelnen Städten.

Der für den Weg zur Arbeitsstätte benötigte Zeitaufwand hängt offensichtlich vom Einzugsbereich des jeweiligen Einpendlerzentrums ab sowie vom siedlungsstrukturellen Charakter der jeweiligen Region. Einen direkten Zusammenhang zwischen dem hauptsächlich benutzten Verkehrsmittel und dem Zeitaufwand können wir aus diesen Zahlen nicht ableiten. Pendelzeiten sind dann lang, wenn eine große Entfernung zur Arbeitsstätte zu überbrücken ist oder wenn der Weg zur Arbeitsstätte durch einen großen verdichteten großstädtischen Ballungsraum führt, in dem die Durchschnittsgeschwindigkeit der Verkehrsmittel stark sinkt. Daher hatten die Einpendler nach Hamburg und München den bei weitem größten Zeitaufwand, denn hier trifft das große Einzugsgebiet mit dem großen Ballungsraum zusammen. Jeweils nur etwa jeder fünfte Erwerbstätige benötigt bis zu einer halben Stunde, hingegen gut jeder vierte immerhin mehr als eine Stunde. Umgekehrt in den Städten Mannheim, Karlsruhe,

Tabelle 52

Zeitaufwand der Berufseinpendler für den einfachen Weg zur Arbeitsstätte (Hinweg) am 25.5.1987 (in Prozent aller Berufseinpendler)
Es benötigten für den Weg von der Wohn- zur Arbeitsstätte von ... bis
unter ... Minuten

Stadt	unter 15 Min.	15–30 Min.	30–60 Min.	60 Min und mehr
Frankfurt	2,4	25,6	52,0	20,1
München	2,3	18,2	52,9	26,6
Hamburg	2,6	18,2	53,3	25,8
Stuttgart	2,9	26,4	54,5	16,2
Düsseldorf	2,6	23,8	55,2	18,4
Hannover	4,1	30,7	48,3	16,9
Köln	2,1	24,1	54,5	19,2
Nürnberg	3,2	30,1	50,4	16,3
Mannheim	3,7	47,2	42,4	6,6
Bremen	3,7	34,9	47,9	13,5
Karlsruhe	4,4	45,5	42,7	7,5
Bonn	5,4	45,7	41,0	8,0
Essen	3,6	27,8	51,9	16,7
Darmstadt	4,4	45,7	44,7	5,2
Saarbrücken	3,8	40,3	48,2	7,8
Ludwigshafen	4,3	48,0	47,7[1]	–
Kassel	6,2	47,4	40,0	6,3
Duisburg	6,0	45,6	39,3	9,1
Dortmund	4,2	32,5	51,2	12,1
Augsburg	7,3	41,1	43,5	8,1
alle Berufspendler im Bundesgebiet	14,5	46,9	31,7	6,9

1 Ludwigshafen: 30 Min. und mehr

Quelle: Materialien der betreffenden Statistischen Landesämter und der städtischen Ämter für
Statistik.

Bonn, Kassel, Darmstadt, Duisburg und Augsburg: Hier erreicht etwa jeder zweite Erwerbstätige seinen Arbeitsplatz
binnen einer halben Stunde, und der Anteil derjenigen, die
länger als 1 Stunde unterwegs sind, sinkt unter zehn Prozent.
Dem im Vergleich mit 1970 eingetretenen leichten Rückgang
des Anteils der Berufspendler mit dem höchsten Zeitaufwand
dürfte die gleiche zyklische Bewegung zugrunde liegen, die
oben bei der Erläuterung des Zeitaufwands im Bundesdurchschnitt dargelegt worden ist.

4.2 Frankfurt am Main als Einpendlerzentrum

Die Stadt Frankfurt ist heute eine international bedeutende Finanz-, Dienstleistungsmetropole und Messestadt. Diese Stellung verdankt die Stadt nicht zuletzt ihrer zentralen Lage und ihrem Ausbau zum wichtigsten europäischen Verkehrsknotenpunkt mit einer sehr guten Anbindung des Straßen-, Schienen- und Luftverkehrs. Das wirtschaftliche Wachstum der Mainmetropole beruht auf einer großen Vielfalt von Wirtschaftszweigen, vor allem mit einem dynamisch wachsenden Dienstleistungssektor. Von herausragender wirtschaftlicher Bedeutung für die Stadt sind der Finanzsektor, der Flughafen und das Messewesen. Unter den Dienstleistungen zählen außerdem die Versicherungs- und Werbewirtschaft, Marktforschungsinstitute und Unternehmensberater sowie eine differenzierte Medienlandschaft und die Datenverarbeitungsbranche zu besonders wichtigen Trägern der wirtschaftlichen Dynamik. Die Wirtschaft der Stadt ist durch einen hohen Grad an Internationalität gekennzeichnet. Es ist nicht nur Sitz von sehr vielen ausländischen Firmen, sondern auch zahlreicher international agierender deutscher Unternehmen. Frankfurt hat sich in wachsendem Maße zu einem Entscheidungs- und Verwaltungszentrum großer Unternehmen und Verbände entwickelt.

Somit weist Frankfurt also einen sehr hohen Tertiärisierungsgrad auf: 1987 waren 76 Prozent der Beschäftigten im Dienstleistungssektor tätig[217]. Die Zahlen der in der Industrie Beschäftigten waren demgegenüber zwischen 1970 und 1987 nicht nur relativ, sondern auch absolut rückläufig. Der Rückgang belief sich in diesem Zeitraum auf 35000 Personen, so daß 1987 noch etwa 100000 Personen in der Industrie arbeiteten. Die wichtigsten Branchen der Frankfurter Industrie sind die Chemie- und Elektroindustrie, der Druck, die Ernährungswirtschaft sowie der Maschinen- und Straßenfahrzeugbau.

Darüber hinaus ist Frankfurt in seiner dominierenden Rolle eingebettet in die polyzentrale Struktur des Rhein-Main-Ge-

---

217 Speer, Albert & Partner GmbH, Zielvorstellungen für die Gestaltung des engeren Verdichtungsraumes Rhein-Main bis zum Jahr 2000 und Handlungsstrategien zur Umsetzung, Frankfurt a.M. 1990, S. 27.

biets mit weiteren kulturellen und wirtschaftlichen Mittel-punkten.

In Frankfurt ist das Pro-Kopf-Einkommen sehr hoch. Es erreichte 1987 eine durchschnittliche Höhe von 44457 DM pro Jahr und lag damit um fast 10000 DM (27 Prozent) über dem Bundesdurchschnitt von 34985 DM[218]. Nur Leverkusen und Ludwigshafen erreichten ein noch höheres Pro-Kopf-Einkommen. In der Bruttowertschöpfung je Einwohner hat sich seit 1980 der Abstand zwischen dem hessischen Durch-schnitt und Frankfurt weiter vergrößert: erreichte sie 1980 noch einen Index von 240,4 gegenüber dem Landeswert, so war es 1988 bereits 258,0[219].

Dabei ist Frankfurt ebenso wie viele andere Großstädte von der Großstadt-Umland-Wanderung betroffen. Zwischen den Volkszählungen von 1970 und 1987 ist die Bevölkerung von knapp 670000 auf knapp 620000 zurückgegangen – ein Trend, der sich allerdings seit der Mitte der achtziger Jahre umgekehrt hat, denn inzwischen ist die Bevölkerungszahl in Frankfurt wieder auf etwa 645000 Personen angestiegen[220]. Den rückläufigen Bevölkerungszahlen Frankfurts steht ein Bevölkerungsgewinn des Umlandes gegenüber. Allein die an Frankfurt angrenzenden drei Landkreise Hochtaunus, Main-Taunus und Offenbach verzeichneten zwischen den letzten beiden Volkszählungen einen Bevölkerungsgewinn von über 106000 Einwohnern (15,9 Prozent).

In Frankfurt und seinem Umland liegt die Arbeitslosenrate deutlich unter dem Bundesdurchschnitt. Sie belief sich im Arbeitsamtsbezirk Frankfurt a.M., der ein wesentlich größe-res Gebiet als die Stadt umfaßt, Mitte 1991 auf 4,3 Prozent (Ende 1987: 6,8 Prozent)[221]. Dabei kann das Umland nur deshalb solch eine niedrige Arbeitslosenrate erreichen, weil ein großer Teil der dort wohnenden Erwerbstätigen in Frank-furt arbeitet. Dieser Umstand verweist zugleich darauf, daß in der Konkurrenz um die Arbeitsplätze die Bewohner des Umlandes Vorteile gegenüber einem Teil der Frankfurter Be-

---

218 Vgl. Angaben des Statistischen Bundesamtes.
219 Vgl. Angaben des Hessischen Statistischen Landesamtes.
220 Stadt Frankfurt (Hrsg.), Statistisches Jahrbuch Frankfurt am Main 1991, Frank-furt a.M. 1991, S. 191.
221 Vgl. ebda., S. 45.

völkerung besitzen. Der wichtigste Grund für diesen Sachverhalt dürfte darin liegen, daß der ohnehin vorhandene Trend zum Export niedriger qualifizierter Tätigkeiten im Rahmen der internationalen Arbeitsteilung in Frankfurt als einem Dienstleistungszentrum besonders deutlich in Erscheinung tritt. Daher ist ein Teil der in Frankfurt wohnhaften Arbeitslosen, unter denen der Anteil der Personen ohne eine abgeschlossene Berufsausbildung oder mit gesundheitlicher Beeinträchtigung besonders groß ist, immer weniger in der Lage, dem Anforderungsprofil der verfügbaren Arbeitsplätze zu entsprechen[222]. Daher wird der Mangel an hochqualifizierten Arbeitskräften durch die Pendelwanderung auswärtiger Beschäftigter ausgeglichen.

Daß diese Entwicklung zu einer rasch wachsenden Anzahl von Einpendlern geführt hat, hängt aber auch eng damit zusammen, daß der wirtschaftliche Aufschwung der Stadt einherging mit der Verdrängung relevanter Teile der Wohnbevölkerung aus der City wie aus dem Stadtgebiet insgesamt[223]. Dies geschah vor allem durch die Umwandlung von Wohn- in Büroraum, durch Grundstücksspekulation, Mieterhöhungen, durch die Umwandlung von Miet- in Eigentumswohnungen und vor allem in jüngerer Zeit durch Luxusmodernisierungen.

Der zunehmende Pkw-Verkehr, die steigenden Mieten und die Durchdringung der Innenstadt mit Banken, Geschäften, Vergnügungs- und Dienstleistungseinrichtungen machten Frankfurt zu einem Negativbeispiel für die »Unwirtlichkeit« der Städte. Diese Entwicklung trug nachdrücklich zur in den sechziger Jahren unübersehbar gewordenen Stadtflucht bei. Dabei entsprang die Abwanderung in das Umland auch dem Umstand, daß der Wunsch nach Verbesserung der Wohnverhältnisse hier wegen niedrigerer Grundstücks-, Miet- und Kaufpreise leichter verwirklicht werden konnte.

Wie oben bereits dargelegt, kommt Frankfurt unter den bundesdeutschen Großstädten als Einpendlerzentrum in man-

---

222 Vgl. Heinz, Werner, Stadtentwicklung und Strukturwandel. Einschätzungen kommunaler und außerkommunaler Entscheidungsträger, Stuttgart, Berlin, Köln 1990, S. 127f.

223 Vgl. ebda.; Scholz, Carola, Frankfurt – eine Stadt wird verkauft. Stadtentwicklung und Stadtmarketing – zur Produktion des Standort-Images am Beispiel Frankfurt, Frankfurt 1989, S. 56.

cherlei Hinsicht eine Ausnahmestellung zu. Keine andere Stadt verfügte 1987 über so viele Berufseinpendler und einen so hohen Einpendlerüberschuß. Vor allem aber nimmt Frankfurt eine Ausnahmestellung ein, weil die Frankfurter Tagbevölkerung fast an die Anzahl der dort lebenden Einwohner heranreichte und die Anzahl der Berufseinpendler fast so hoch war wie die Anzahl der Erwerbstätigen am Wohnort Frankfurt.

Somit ist Frankfurt als Arbeitsort selbstverständlich auch von hervorragender Bedeutung für das Rhein-Main-Gebiet und darüber hinaus ein ausgedehntes Einzugsgebiet für Arbeitskräfte aus weiter entfernt liegenden Regionen. Der Großteil der Berufseinpendler nach Frankfurt hat seinen Wohnsitz in Hessen (239 519 = 92,7 Prozent)[224]. 9804 kommen aus Rheinland-Pfalz (3,8 Prozent), 7371 aus Bayern (2,9 Prozent) und 1569 aus Baden-Württemberg (0,6 Prozent)[225]. Lediglich 100 Einpendler stammen aus Nordrhein-Westfalen, 129 aus Niedersachsen[226].

Unter den Berufseinpendlern stellten 1987 die Angestellten den bei weitem größten Anteil. Darüber hinaus waren im Vergleich mit den innergemeindlichen Pendlern Frankfurts bzw. den Erwerbstätigen am Wohnort die Angestellten unter den Berufseinpendlern deutlich überrepräsentiert. Die Mehrzahl aller in Frankfurt erwerbstätigen Angestellten pendelte von auswärts ein. Während sich die Zahl der von auswärts einpendelnden Facharbeiter mit den innergemeindlichen Facharbeitern in etwa die Waage hielt, waren die in Frankfurt wohnenden und dort erwerbstätigen Selbständigen und »Sonstigen Arbeiter« gegenüber den Einpendlern ihrer Beschäftigtengruppe eindeutig in der Mehrzahl[227].

Die Zusammensetzung der Ein- und Auspendler nach Wirtschaftsbereichen war 1987 sehr unterschiedlich. Bei den Einpendlern waren – wie schon erwähnt – die Erwerbstätigen des tertiären Sektors eindeutig in der Mehrheit (67 Prozent),

224 Vgl. Hessisches Statistisches Landesamt (Hrsg.), Berufseinpendler am 25. Mai 1987 nach Zielgemeinden und ausgewählten Wohnsitzgemeinden – Ergebnisse der Volkszählung 1987 –, H. 1: Regierungsbezirk Darmstadt, Wiesbaden 1990, S. 20.
225 Vgl. ebda., S. 24ff.
226 Vgl. ebda., S. 10.
227 Vgl. Angaben des Hessischen Statistischen Landesamtes.

während das produzierende Gewerbe nicht einmal ein Drittel ausmachte (31,6 Prozent). Hingegen stellten bei den Auspendlern die im produzierenden Gewerbe Beschäftigten immerhin 39 Prozent und der tertiäre Sektor nur noch 60 Prozent. Innerhalb der Wirtschaftsabteilungen des tertiären Sektors fallen beträchtliche Unterschiede zwischen den Anteilen bei Ein- und Auspendlern auf. Während in den Abteilungen Verkehr- und Nachrichtenübermittlung (18,5 gegenüber 7,0 Prozent) sowie Kreditinstitute und Versicherungsgewerbe (12,8 gegenüber 5,2 Prozent) die Anteile bei den Einpendlern die der Auspendler deutlich überstiegen, lagen in den Abteilungen Handel (17,0 gegenüber 10,1 Prozent) und private Dienstleistungen (22,1 gegenüber 16,6 Prozent) die Anteile unter den Auspendlern erheblich höher[228].

Von den 260 000 Berufseinpendlern, die 1987 nach Frankfurt strömten[229], kamen fast genau ein Drittel, nämlich 85 285 Personen, aus nur 13 Gemeinden, die jeweils mehr als 5000 Einpendler nach Frankfurt stellen. Dies sind folgende Städte bzw. Gemeinden:

Tabelle 53

Berufseinpendler nach Frankfurt 1987 aus Gemeinden, die mehr als 5000 Berufspendler nach Frankfurt stellen

Offenbach	11 168
Maintal	8615
Mörfelden-Walldorf	7037
Neu-Isenburg	6941
Hofheim	6274
Oberursel	6270
Bad Homburg	6216
Bad Vilbel	6043
Hattersheim	5926
Wiesbaden	5738
Dreieich	5392
Hanau	5129
Kelkheim	5076

Quelle: Hessisches Statistisches Landesamt (Hrsg.), Berufseinpendler am 25. Mai 1987, H. 1: Regierungsbezirk Darmstadt, S. 10ff.

---

228 Vgl. ebda..

229 Am 30.6.1990 gab es in Frankfurt bereits 285 909 sozialversicherungspflichtig beschäftigte Einpendler. Dies waren etwa 60 Prozent aller in Frankfurt sozialversicherungspflichtig Beschäftigten. Vgl. dazu Landesarbeitsamt Hessen, Frankfurt-Report II: Zur Entwicklung der Beschäftigung in Frankfurt am Main und in den Gemeinden des Arbeitsamtsbezirkes Frankfurt, Frankfurt 1991.

Aus diesen Gemeinden pendelten nicht nur in absoluten Zahlen sehr viele Erwerbstätige nach Frankfurt, auch der Anteil der Auspendler nach Frankfurt war in diesen Gemeinden außerordentlich hoch. In einer Reihe von Kommunen in der Nähe Frankfurts war 1987 etwa jeder zweite dort wohnende Erwerbstätige Einpendler in die Mainmetropole. Dies trifft u.a. zu auf Bad Vilbel, Hattersheim, Mörfelden-Walldorf, Schwalbach, Kriftel und Liedebach[230]. Man kann diese und andere Orte regelrecht als Wohngemeinden für Frankfurter Erwerbstätige bezeichnen. Die hier wohnenden Erwerbstätigen sind in hohem Maße auf die Arbeitsplätze in der Stadt Frankfurt angewiesen.

Frankfurt wies im Vergleich mit anderen deutschen Städten eine eher geringe Auspendlerquote und den mit Abstand höchsten Einpendlerüberschuß auf. Dennoch waren die absoluten Zahlen der Berufsauspendler auch aus Frankfurt sehr beträchtlich. Immerhin verließen 1987 täglich fast 30000 Menschen die Stadt Frankfurt, um den außerhalb liegenden Arbeitsplatz zu erreichen. In den folgenden Städten bzw. Gemeinden waren die meisten in Frankfurt wohnenden Erwerbstätigen beschäftigt.

Tabelle 54

Die größten Zielgemeinden Frankfurter Berufsauspendler 1987

Darmstadt	1002
Offenbach	3015
Wiesbaden	1204
Bad Homburg	1489
Oberursel	1512
Eschborn	3363
Neu-Isenburg	1451

Quelle: Hessisches Statistisches Landesamt (Hrsg.), Berufsauspendler am 25. Mai 1987 nach Wohnsitzgemeinden und ausgewählten Zielgemeinden – Ergebnisse der Volkszählung 1987 –, H. 1: Regierungsbezirk Darmstadt, Wiesbaden 1990, S. 6ff.

---

230 Vgl. Hildebrand, Lutz-Alexander, Einpendler und Auspendler in Frankfurt a.M. 1987, in: frankfurter statistische berichte, N.F., 51. Jg., 1989, H. 4, S. 117–128, hier S. 126f.

Diese sieben Zielgemeinden mit jeweils über 1000 Einpendlern aus Frankfurt stellen zusammen 13036 Erwerbstätige.
Dies sind 45,5 Prozent aller Frankfurter Berufsauspendler.
Auffällig ist beim Vergleich der Pendlersalden Frankfurts,
daß aus den kleineren Städten und Gemeinden in der Nähe
Frankfurts absolut und vor allem relativ weit mehr Erwerbstätige nach Frankfurt pendelten als aus den größeren Städten
des Rhein-Main-Gebiets. Lediglich Offenbach, das allerdings
die mit Abstand meisten Einpendler nach Frankfurt stellte,
bildet in dieser Hinsicht eine Ausnahme. Alle Gemeinden des
Rhein-Main-Gebiets hatten mit Frankfurt einen stark negativen Pendlersaldo. Aus Offenbach, mit über 100000 Einwohnern immerhin die fünftgrößte Stadt Hessens, pendelte
mehr als jeder fünfte Erwerbstätige täglich nach Frankfurt.
Bei der Analyse des Pendlersaldos mit Frankfurt stellt
Eschborn, wo eine Vielzahl von Dienstleistungsunternehmen
konzentriert sind, eine gewisse Ausnahme dar, das zwar 4309
Pendler an Frankfurt abgab, aber immerhin 3363 Pendler aus
Frankfurt aufnahm.

Der relative und absolute Zuwachs der Auspendlerzahlen ist
in erster Linie auf die Mitte der siebziger Jahre einsetzende
verstärkte Ansiedlung von Unternehmen an den Stadträn-
dern und im Umland zurückzuführen. Die wichtigsten
Gründe für diese Umorientierung waren die hohen Grund-
stückspreise in der Innenstadt, die hohen Steuern in Frankfurt sowie die wachsenden Verkehrsprobleme und der große
Raummangel, der einer Erweiterung der Unternehmen ent-
gegenstand[231]. Dieser Trend zur verstärkten Standortnach-
frage an der Peripherie setzt sich gegenwärtig weiter fort[232].

Der Vergleich der Pendlerströme zwischen den Städten des
Rhein-Main-Gebiets mit mehr als 50000 Einwohnern zeigt,
daß auch diese einen deutlich negativen Pendlersaldo mit
Frankfurt aufweisen. Demgegenüber erscheint die wechselseitige Pendlerverflechtung zwischen den Städten dieser Größenklasse vergleichsweise gering. Offenkundig rekrutieren
die Großstädte ihre Arbeitskräfte in hohem Maße aus den

---

231 Heinz, Stadtentwicklung und Strukturwandel, S. 129ff.
232 Vgl. Umlandverband Frankfurt, Flächenbedarf von Arbeitsstätten. Entwicklungstendenzen in ausgewählten Wirtschaftsbranchen, Frankfurt a.M. 1989, S. 30f.

jeweils umliegenden Gemeinden und Kleinstädten. Bemerkenswert sind hier in erster Linie die Größenordnungen der Pendlerverflechtung zwischen Wiesbaden und Mainz.

Tabelle 55

Pendlerverflechtung zwischen den Städten des Rhein-Main-Gebiets mit mehr als 50000 Einwohnern am 25.5.1987

Berufseinpendler nach von	Frank- furt	Darm- stadt	Offen- bach	Wies- baden	Mainz	Rüssels- heim	Hanau
Frankfurt	–	1002	3015	1204	551	522	845
Darmstadt	3231	–	195	295	225	316	66
Offenbach	11168	194	–	118	70	62	345
Wiesbaden	5738	421	126	–	6715	1782	45
Mainz	2992	295	79	5759	–	1934	33
Rüsselsheim	3429	315	66	498	644	–	17
Hanau	5129	63	1400	70	17	62	–

Quelle: Hessisches Statistisches Landesamt (Hrsg.), Berufseinpendler am 25. Mai 1987, H. 1: Regierungsbezirk Darmstadt, passim; Hessisches Statistisches Landesamt (Hrsg.), Berufsauspendler am 25. Mai 1987, H. 1: Regierungsbezirk Darmstadt, passim.

Aber nicht nur im Rhein-Main-Gebiet wohnen zahlreiche Menschen, die in Frankfurt ihrer Arbeit nachgehen. Vielmehr verfügt die Stadt zudem über ein außerordentlich großes Einzugsgebiet, aus dem die Pendler in die Stadt strömen und das das Einzugsgebiet vieler anderer hessischer Städte überlagert[233]. Die Wohnstandorte der Beschäftigten des Frankfurter Flughafens deuten darauf hin, daß sich der Einzugsbereich der Einpendler in den letzten zwei Jahrzehnten beträchtlich ausgedehnt hat.

Oben wurde bereits erwähnt, daß fast 20000 Einpendler (über 7 Prozent) aus anderen Bundesländern nach Frankfurt einpendelten. In südlicher Richtung umfaßt das Frankfurter Einpendlergebiet noch Mannheim mit über 500 und Heidelberg mit noch fast 300 Berufspendlern; in nördlicher Richtung Marburg mit über 400, Kassel mit fast 150 und selbst Göttingen mit noch 30 und Osterode (Harz) mit 24; in nordöstlicher Richtung Fulda (Stadt) mit fast 500; in westlicher Richtung Worms mit über 200.

---

233 Vgl. Rompel, Heinz-Kurt, Haupteinzugsbereiche der Zielorte mit über 10 000 Berufseinpendlern. Ergebnisse der Volks- und Berufszählung 1987, in: Staat und Wirtschaft in Hessen, 45. Jg., 1990, H. 11, S. 369–374.

Tabelle 56
Einzugsgebiet der Flughafenbeschäftigten nach Entfernungszonen 1972
und 1990

Entfernungszone	Anteil an den Beschäftigten (in Prozent)	
	1972	1990
bis 10 km	50,6	40,5
11 bis 30 km	42,7	41,8
31−50 km	5,2	10,7
über 50 km	1,4	7,0

Quelle: Verkehrsbefragungen der Flughafen Frankfurt/Main AG

Bei diesen Pendlern liegt der Anteil derjenigen, die über 60
Minuten für den Hinweg zur Arbeitsstätte benötigen, insgesamt deutlich über dem Durchschnitt. Viele dieser Einpendler
aus anderen Bundesländern sind Fernpendler und großen
Belastungen ausgesetzt.

Auch innerhalb Hessens fahren viele Berufseinpendler aus
den schon weit entfernt gelegenen Regionen Nord- und Ost-
hessens, die als »strukturschwache Gebiete« einen recht
hohen Auspendlerüberschuß aufweisen und auf das Arbeitsplatzangebot Frankfurts angewiesen sind. Auch aus
Mittelhessen fährt eine sehr große Anzahl von Erwerbstätigen täglich nach Frankfurt.

Tabelle 57
Berufseinpendler aus ausgewählten Städten Mittel-, Ost- und Nordhes-
sens nach Frankfurt am 25.5.1987

Berufspendler von ... nach Frankfurt	
Limburg	1146
Gießen	963
Marburg	423
Fulda	470
Kassel	146

Quelle: Hessisches Statistisches Landesamt (Hrsg.), Berufsauspendler am 25. Mai 1987, H. 1:
Regierungsbezirk Darmstadt, passim.

Mehr als zwei von drei Berufseinpendlern erreichen Frankfurt mit dem Pkw. Dies ist kein signifikanter Unterschied
gegenüber anderen vergleichbaren Städten; Frankfurt lag
diesbezüglich sogar leicht unter dem Durchschnitt. Dennoch

143

war der berufsbedingte Pkw-Verkehr im Vergleich mit der letzten Volkszählung dramatisch angestiegen – sowohl relativ als auch vor allem absolut. Waren es 1970 schon 100 000 Berufseinpendler – damals gut jeder zweite der Berufseinpendler –, die mit dem Pkw fuhren, so stieg diese Zahl bis 1987 noch einmal um 75 Prozent. Demgegenüber war der Anteil der öffentlichen Verkehrsmittel von knapp 45 Prozent in 1970 auf gut 30 Prozent in 1987 zurückgegangen, oder mit

Tabelle 58

Berufseinpendler nach Frankfurt nach dem hauptsächlich benutzten Verkehrsmittel 1970 und 1987 sowie ihre Veränderung zwischen 1970 und 1987 (absolut und in Prozent aller Berufseinpendler)

	1987		1970		Veränderung 1970–1987	
	absolut	Prozent	absolut	Prozent	absolut	Prozent
Eisenbahn	33 197	12,8	54 639	29,1	− 21 442	− 39,2
U-, S- und Straßenbahn	37 749	14,6	7 663	4,1	+ 30 086	+ 392,6
Bus, sonstige öffentliche Verkehrsmittel	8 233	3,2	21 846	11,6	− 13 613	− 62,3
Öffentliche Verkehrsmittel insgesamt	79 179	30,6	84 148	44,8	− 4 969	− 5,9
Pkw	176 867	68,4	100 921	53,8	+ 75 946	+ 75,3
Motorrad, Moped, Mofa	1 050	0,4	835	0,4	+ 215	+ 25,7
Private motorisierte Verkehrsmittel insgesamt	177 917	68,8	101 756	54,2	+ 76 161	+ 74,8
Fahrrad	1 091	0,4	1 133[1]	0,6	− 42	− 3,7
zu Fuß	305	0,1	715	0,4	− 410	− 57,3
Summe	258 492	100	187 752	100	+ 70 740	+ 37,7

1 1970: Fahrrad und sonstige Verkehrsmittel

Quelle: Hessisches Statistisches Landesamt (Hrsg.), Volks- und Berufszählung 1970, H. 7: Pendler und Fernpendler (= Beiträge zur Statistik Hessens, Nr. 66 N.F.), Wiesbaden 1975, S. 20f.; Hessisches Statistisches Landesamt (Hrsg.), Berufseinpendler am 25. Mai 1987, H. 1: Regierungsbezirk Darmstadt, S. 26f.; eigene Berechnungen.

anderen Worten: trotz der erheblich gestiegenen Einpendlerzahlen stagnierten die absoluten Zahlen der Berufseinpendler, die mit öffentlichen Verkehrsmitteln nach Frankfurt hineinfuhren, bei etwa 80 000, ja waren selbst diese Zahlen sogar

144

noch leicht rückläufig. Bemerkenswert ist nicht nur die Verlagerung von den öffentlichen zu den privaten Verkehrsmitteln, sondern auch gegenläufige Entwicklungen innerhalb der Rubrik »Öffentliche Verkehrsmittel«. Bus und Eisenbahn transportierten einen weit geringeren Anteil von Pendlern als noch 1970, während S-, U- und Straßenbahn ihren Anteil beträchtlich ausbauen konnten. Hier scheint sich vor allem der Rückzug der Bahn aus der Fläche bzw. die von vornherein schlechte Verkehrsanbindung ländlicher oder weiter entfernt liegender Regionen, für deren Versorgung die Bahn das am besten geeignete Verkehrsmittel ist, auszuwirken. Die steigenden Berufspendlerzahlen bei U-, S- und Straßenbahn sind insbesondere auf den Ausbau des U-Bahn- und die Errichtung des S-Bahn-Netzes zurückzuführen.

Wie sehr die Benutzung der Eisenbahn von der jeweiligen regionalen Anbindung abhängig ist, zeigt der Vergleich in der Verkehrsmittelwahl zwischen den Berufseinpendlern aus dem Vogelsbergkreis und dem Landkreis bzw. der Stadt Fulda. Der Vogelsbergkreis verfügt über eine äußerst schlechte Eisenbahnanbindung nach Frankfurt und ins Rhein-Main-Gebiet, Fulda vor allem wegen des relativen kurzen IC-Taktes nach Frankfurt über eine recht gute. Hingegen ist die Straßenanbindung des Vogelsbergkreises an das Rhein-Main-Gebiet gut, im Unterschied zum Kreis Fulda

Die insgesamt 3700 Berufseinpendler nach Frankfurt verteilen sich folgendermaßen auf Stadt und Landkreis Fulda sowie auf den Vogelsbergkreis:

Tabelle 59
Die Berufseinpendler aus dem Landkreis Fulda und aus dem Vogelsbergkreis nach Frankfurt

Berufspendler aus:	nach Frankfurt (absolut)	Auspendler des Kreises/ der Stadt insgesamt (absolut)	(in Prozent)
Stadt Fulda	470	3139	15,0
Landkreis Fulda	2027	38645	5,2
Vogelsbergkreis	1197	19167	6,2

Quelle: Hessisches Statistisches Landesamt (Hrsg.), Berufseinpendler am 25. Mai 1987, H. 1: Regierungsbezirk Darmstadt, Wiesbaden 1990, S. 18f.; Hessisches Statistisches Landesamt (Hrsg.), Berufsauspendler am 25. Mai 1987 nach Wohnsitzgemeinden und ausgewählten Zielgemeinden – Ergebnisse der Volkszählung 1987 –, H. 3: Regierungsbezirk Kassel, Wiesbaden 1990; eigene Berechnungen.

Bei den hauptsächlich benutzten Verkehrsmitteln gab es zwischen den hier wohnenden Berufseinpendlern nach Frankfurt folgende Unterschiede:

Tabelle 60

Berufspendler von ... nach Frankfurt nach dem hauptsächlich benutzten Verkehrsmittel (in absoluten Zahlen und in Prozent aller Auspendler des Kreises bzw. der Stadt)

Berufspendler aus:	Pkw		Eisenbahn		Motorrad, Moped, Mofa	
	abso-lut	Pro-zent	abso-lut	Pro-zent	abso-lut	Pro-zent
Stadt Fulda	144	30,6	325	69,1	1	0,2
Landkreis Fulda	675	33,3	1347	66,5	5	0,2
Vogelsbergkreis	1013	84,6	178	14,9	6	0,5

Quelle: Hessisches Statistisches Landesamt (Hrsg.), Berufseinpendler am 25. Mai 1987, H. 1: Regierungsbezirk Darmstadt, S. 18f.; Hessisches Statistisches Landesamt (Hrsg.), Berufsauspendler am 25. Mai 1987, H. 3: Regierungsbezirk Kassel; eigene Berechnungen.

Vermutlich fuhren auch manche Pendler aus dem Landkreis Fulda in die Stadt (mit dem Pkw oder dem Bus), um von dort aus mit dem Zug nach Frankfurt zu gelangen. Dies wird auch bestätigt durch die Zahlen der Stadt Fulda – im Unterschied zum Landkreis Fulda –, bei der die Unterschiede gegenüber dem Vogelsbergkreis noch krasser ausfallen.

Hinsichtlich des Zeitaufwands für den Arbeitsweg nach Frankfurt existieren keine signifikanten Unterschiede zwischen den beiden Kreisen und der Stadt Fulda, obwohl der Zeitaufwand über die 60 Minuten hinaus nicht weiter ausdifferenziert ist. Sämtliche Auspendler aus dem Landkreis Fulda benötigten 60 Minuten und mehr für den einfachen Weg zur Arbeit, während im Vogelsbergkreis insgesamt 76 Auspendler unter 1 Stunde blieben und zwischen 45 und 60 Minuten unterwegs waren (13 aus Gemünden, 27 aus Mücke und 36 aus Schotten).

Der Zeitaufwand der Berufseinpendler für den Hinweg nach Frankfurt betrug 1987:

Tabelle 61

Zeitaufwand der Berufseinpendler nach Frankfurt 1987

Zeitaufwand	Prozent der Berufseinpendler
unter 15 Min.	2,4
15 bis unter 30 Min.	25,6
30 bis unter 45 Min.	32,7
45 bis unter 60 Min.	19,3
60 Min. und mehr	20,1

Quelle: Hessisches Statistisches Landesamt (Hrsg.), Berufseinpendler am 25. Mai 1987, H. 1: Regierungsbezirk Darmstadt, S. 26f.

Von den Berufseinpendlern nach Frankfurt waren 1987 nur gut zwei Prozent unter einer Viertelstunde unterwegs, aber fast 40 Prozent über eine Dreiviertelstunde und noch mehr als jeder fünfte Pendler, also etwa 50 000 Personen über eine Stunde. Nimmt man den Rückweg noch hinzu, so waren allein von den Berufseinpendlern nach Frankfurt täglich etwa 100 000 Personen mehr als eineinhalb Stunden von und zur Arbeit unterwegs. Der Anteil der Pendler mit dem niedrigsten Zeitaufwand (unter 15 Minuten) lag im Vergleich mit anderen deutschen Großstädten unter dem Durchschnitt, der mit dem höchsten Zeitaufwand (60 Minuten und mehr) deutlich überdurchschnittlich. Nur in München und Hamburg, also Städten, die weit größer sind und weit mehr Einwohner haben als Frankfurt, war der Anteil der Pendler, die eine Stunde oder länger unterwegs sind, noch höher als in Frankfurt. Der größere Anteil der Einpendler mit einem hohen Zeitaufwand in Frankfurt dürfte in erster Linie auf das obenerwähnte vergleichsweise sehr große Einzugsgebiet für auswärtige Arbeitskräfte zurückzuführen sein.

Aber selbst Einpendler nach Frankfurt, die in unmittelbarer Nähe der Mainmetropole im Rhein-Main-Gebiet wohnen, wiesen große Unterschiede in den für den Hinweg zur Arbeit benötigten Zeiten auf. Von den über 11 000 Einpendlern aus Offenbach, das in der direkten Nachbarschaft zu Frankfurt gelegen ist, benötigten 496 Personen nur bis zu 15 Minuten, aber 728 Personen über eine Stunde für den Hinweg[234]. Of-

234 Vgl. Hessisches Statistisches Landesamt (Hrsg.), Berufseinpendler am 25. Mai 1987, S. 10f.

147

fenkundig hängt hier, wie wohl generell in Ballungsräumen, der Zeitaufwand in hohem Maße davon ab, in welchem Stadtteil sich jeweils Wohn- und Arbeitsstätte befinden, weil gerade in Städten die Durchschnittsgeschwindigkeit der Verkehrsmittel stark sinkt.

5. Ursachen und Entwicklungsrichtungen der Pendelwanderungen im Überblick

In der Entwicklung der Pendelwanderung in der Bundesrepublik Deutschland spiegeln sich die großen ökonomischen und sozialen Strukturveränderungen sowie der tiefgreifende Wandel in der gesellschaftlichen Lebensweise wider. Grundlage dieser Entwicklung war der rasche Wiederaufbau und Modernisierungsprozeß der fünfziger Jahre sowie der ihn begleitende und besonders seit der Mitte der siebziger Jahre forcierte ökonomische Strukturwandel. Die Hauptentwicklungsrichtungen der Pendelwanderung seit der Gründung der Bundesrepublik lassen sich in folgenden Punkten zusammenfassen:

Der Gesamtumfang der Pendelwanderung nimmt während des gesamten Zeitraums mit einer ungeheuren Dynamik zu. Es ist eine Ausweitung, die geschichtlich ohne Beispiel dasteht und die gleichermaßen Voraussetzung wie Folge einer rasanten und beispiellosen ökonomischen Prosperität ist.

Der Anteil von Frauen an allen Pendlern und der Anteil der Pendlerinnen an allen weiblichen Erwerbstätigen, die Anteile des Dienstleistungssektors sowie der Angestellten unter den Pendlern wachsen besonders kräftig an. Die großen sozialstrukturellen Entwicklungen, der sozialökonomische Strukturwandel hin zum tertiären Sektor, der Rückgang des Arbeiteranteils an den Erwerbstätigen und die überproportionale Zunahme der Frauenerwerbstätigkeit drücken sich hierin aus.

Bei den Verkehrsmitteln, die hauptsächlich für den Weg zwischen Wohn- und Arbeitsort benutzt werden, tritt der motorisierte Individualverkehr, vor allem das Auto, eindeutig in den Vordergrund und verdrängt die privaten nichtmotorisierten sowie die öffentlichen Verkehrsmittel. Die in den fünfzi-

148

ger Jahren einsetzende Massenmotorisierung ist nicht nur eine wichtige Grundlage des ökonomischen Aufschwungs, sondern auch eine wesentliche Voraussetzung dafür, daß die fortschreitende Trennung von Wohn- und Arbeitsort ohne den gleichzeitigen adäquaten Ausbau des öffentlichen Nahverkehrs von den Beschäftigten überhaupt bewältigt werden kann. Die Individualisierung des Wohnens und sein Vordringen in die Fläche begünstigten oder erforderten die Individualmotorisierung, soll der mit der räumlichen Ausdifferenzierung der Lebensfunktionen[235], darunter die räumliche Separierung der Arbeit in Betrieben, Büros und Verwaltungen, einhergehende Erhöhung der Mobilitätsanforderungen Rechnung getragen werden.

Während die Massenmotorisierung und der Ausbau der auf sie ausgerichteten Verkehrsinfrastruktur bis zur zweiten Hälfte der siebziger Jahre maßgeblich zu einem Rückgang des Anteils der Pendler mit dem größeren Zeitaufwand beitragen, steigen seitdem, relativ und absolut gesehen, die extrem langen Wegezeiten geradezu sprunghaft an. Die Ursachen dafür liegen zum einen in den für einen Teil der Pendler wachsenden Entfernungen zwischen Wohn- und Arbeitsort. Es kommt zum anderen der Umstand hinzu, daß die Ausdehnung des Pkw-Verkehrs infrastrukturell nicht mehr adäquat bewältigt werden kann und zumindest in den großstädtischen Ballungsräumen zu einer Senkung der Durchschnittsgeschwindigkeit führt.

Der starken Zunahme der Pendelwanderung in den letzten vierzig Jahren liegen mehrere Faktoren zugrunde. Grundlegend ist sicherlich die Verallgemeinerung abhängiger Arbeit und der Rückgang des Anteils selbständiger Arbeit. Dieser Gesichtspunkt erklärt die fortschreitende Trennung von Wohnen und Arbeit und damit auch die Zunahme aller Pendelbewegungen, jedoch kann er nicht befriedigend die starke Zunahme der Pendelwanderungen über die Gemeindegrenze erklären. Dafür scheint vielmehr das Zusammenfallen von Veränderungen bei den Standorten von Arbeitsstätten mit einem Wandel bei der räumlichen Verteilung der Wohnstandorte von Bedeutung zu sein.

---

235 Vgl. Häußermann, Hartmut/Siebel, Walter, Soziologie des Wohnens – ein Grundriß, in: Häußermann/Ipsen/Krämer-Badoni u.a., Stadt und Raum, S. 69–116.

Bei der Veränderung der Wohnstandorte ist die in den sechziger Jahren einsetzende Großstadt-Umland-Wanderung von großer Bedeutung für die Pendelwanderung. Dabei verzeichnen die Großstädte, insbesondere jene mit mehr als 500 000 Einwohnern, nicht nur einen absoluten Wanderungsverlust; es vollzieht sich auch innerhalb der Städte eine Verlagerung der Wohnstandorte von den Kernen an die Peripherie. Dieser Prozeß ist ein Ergebnis der fortschreitenden Durchkapitalisierung der Innenstädte. Die wachsende Entfremdung der dortigen Lebensbedingungen, hervorgerufen durch die infrastrukturelle Ausrichtung der Kerngebiete an den Verwertungsinteressen von Finanz- und Dienstleistungsunternehmen, große Verkehrsprobleme, Grundstücksspekulation, Wohnraumzweckentfremdung, die Verwandlung von Wohn- in Büroraum und Mietsteigerungen haben Teile der Bevölkerung regelrecht aus den Innenstädten verdrängt. Gleichzeitig ließen sich gewachsene Ansprüche an die Wohn- und Lebensqualität häufig besser und finanziell günstiger an der Peripherie von Großstädten verwirklichen. Zudem haben der rasche Anstieg des Lebensstandards, die Verkürzung der durchschnittlichen täglichen Arbeitszeit, der angesichts der verbesserten Verkehrsmittel geringere Zeitaufwand für den Arbeitsweg und die damit verbundene Ausdehnung der arbeitsfreien Zeit mit dazu beigetragen, daß bei der Wahl der Wohnstätte die Nähe zum Arbeitsplatz als zentrales Entscheidungskriterium gegenüber der Wohn- und Freizeitqualität des Wohnortes in den Hintergrund getreten ist. Die Bevölkerung wurde zunehmend in der Peripherie oder im Umland der Städte angesiedelt, sei es in neuerrichteten Wohnhäusern in Trabantenstädten, sei es in weitläufigen Wohngebieten mit hohem Eigenheimanteil an den Rändern von Städten und Dörfern. Die massenhafte Verbreitung des Pkw hat diese Entwicklung erst ermöglicht. Die Wanderung an die Peripherie trug einerseits Zwangscharakter und war andererseits Ausdruck veränderter Wohnbedürfnisse; in jedem Fall aber reflektierte sie die fortschreitende Unwirtlichkeit der Lebensbedingungen im Kern der Agglomerationen. Ist in der sozialgeschichtlichen Entwicklung die Pendelwanderung vom Land in die Stadt häufig eine *Vorstufe* vor dem dauerhaften Umzug in die Stadt gewesen, so wird sie nun, zumindest hinsichtlich der Pendelwanderung in die Großstädte, immer mehr zu einer *Folge* des

Prozesses der »Durchkapitalisierung« der Innenstädte. War die Pendelwanderung früher Vorstufe einer dauerhaften Anziehung der Arbeitskräfte, so ist sie heute häufig Ergebnis ihrer dauerhaften Verdrängung aus den Städten.

Der starke Wanderungsverlust der Städte auf Kosten des Umlandes scheint erst in der zweiten Hälfte der achtziger Jahre zum Stillstand gekommen bzw. umgekehrt worden zu sein.[236] Die Entwicklung der letzten Jahre spricht eher für eine Wiederentdeckung des Wohnens in der Innenstadt.

Demgegenüber wurden die Innenstädte und Agglomerationen zu bevorzugten Standorten von Unternehmen des Dienstleistungssektors[237], die ihr Bild immer stärker bestimmen. Die Anziehungskraft (groß)städtischer Arbeitsplätze liegt zum einen in den hohen Einkommen, die sich insbesondere in den Kernen der großen Verdichtungsräume erzielen lassen, und zum anderen in den attraktiven Aufstiegschancen, die gerade die hier konzentrierten Dienstleistungstätigkeiten für viele Erwerbstätige bieten. Diese Möglichkeiten heben sich deutlich von den Verhältnissen zumal in ländlich geprägten Regionen ab. Die Pendelwanderung ist also wesentlich ein Indikator für das große regionale Gefälle in der Wirtschaftsentwicklung. Zugleich verweist die wachsende Pendelwanderung aus dem Umland und weiter entlegenen, peripheren Regionen gerade in den großen Verdichtungsräumen mit fortgeschrittenem Tertiärisierungsgrad und einem großen Anteil hochqualifizierter Arbeitskräfte auf eine zunehmende Polarisierung der Arbeitsmärkte in den dortigen Zentren. Denn der große Anteil von An- und Ungelernten an den dortigen Arbeitslosen droht dauerhaft marginalisiert zu werden, weil ihre Qualifikationen dem Anforderungsprofil an die angebotenen – meist hochqualifizierten – Arbeitsplätze nicht entsprechen. So ist in allen Agglomerations-

---

236 Vgl. Böltken, Ferdinand/Schön, Karl-Peter, Zur Entwicklung und Struktur von Städten in der Bundesrepublik Deutschland. Aktuelle Befunde aus der Innerstädtischen Raumbeobachtung, in: Informationen zur Raumentwicklung, 1989, H. 11/12, S. 823–843.
237 Vgl. Krätke, Stefan, Strukturwandel der Städte. Städtesystem und Grundstücksmarkt in der »post-fordistischen« Ära, Frankfurt a.M./New York 1991, bes. S. 27ff.

räumen, auch in solchen, die besonders stark prosperierten, die Anzahl der Sozialhilfeempfänger stark gestiegen.[238]

Der Prozeß der Suburbanisierung betraf nicht nur die Reduzierung der innerstädtischen Wohnbevölkerung. Auch die Standorte von Unternehmen verlagerten sich zum Teil auf das Umland oder die Peripherie der Städte. Eine dortige Ansiedlung entlastet die Unternehmen von den hohen Mieten und Grundstückspreisen in den Zentren, bietet ihnen genügend Raum für geplante Erweiterungen, befreit sie von den Verkehrsproblemen der Kernstädte und bietet in dieser Hinsicht sogar manche Vorteile gegenüber zentralen Standorten. Dabei konnten sich die Unternehmen häufig die Konkurrenz von Gemeinden zunutze machen, die bisher nicht im gewünschten Maße am wirtschaftlichen Wachstum partizipiert hatten. So entstanden besonders seit den siebziger Jahren großflächige Gewerbeparks, Bürostädte etc. im grünen Umland der Städte. Die Unternehmensansiedlung im Umland hatte freilich die infrastrukturelle Modernisierung, vor allem ihre verbesserte groß- und kleinräumige Verkehrsanbindung, dieser Gebiete zur Voraussetzung. In den Verdichtungsräumen gaben im Vergleich mit den beginnenden sechziger Jahren die Kernstädte Beschäftigte an das Umland ab.

Daher ist die höhere Verflechtungsintensität zwischen Großstadt und Umland innerhalb der großen Verdichtungsräume ein charakteristisches Merkmal bei der Veränderung der Pendelwanderung. Zwar haben sich die Einpendlerüberschüsse der Großstädte weiter beträchtlich erhöht, jedoch sind die Steigerungsraten bei den Berufsauspendlern aus den Großstädten in der Regel weit höher als die Zunahme der Berufseinpendlerzahlen.

In der nahen Zukunft ist ein weiterer Anstieg der Pendelwanderung sehr wahrscheinlich. Dafür spricht zum einen der Prozeß der Wiedervereinigung und seine ökonomischen Folgen, zum anderen die Herstellung des europäischen Binnen-

---

238 Vgl. Irmen, Eleonore, Zur Entwicklung der Agglomerationsräume in der Bundesrepublik Deutschland, in: Informationen zur Raumentwicklung, 1989, H. 11/12, S. 811–822, hier: S. 818; vgl. auch: Friedrichs, Jürgen, Ökonomischer Strukturwandel und Disparitäten von Qualifikationen der Arbeitskräfte, in: Ders. (Hrsg.), Die Städte in den 80er Jahren. Demographische, ökonomische und technologische Entwicklungen, Opladen 1985, S. 48–69.

markts. Vor allem aber muß von einer weiteren Konzentration gerade hochqualifizierter Arbeitsplätze in den großen
Verdichtungsräumen ausgegangen werden. Möglicherweise
entgegenwirkende Faktoren, wie die Hypothese einer raum-
überwindenden Qualität neuer Medientechnologien (Heim-
arbeit am Bildschirm, Tele-Konferenzen etc.)und einer daraus gefolgerten Substitution von Verkehrsbeziehungen[239],
sind bisher zumindest nicht wirksam in Erscheinung getreten
bzw. haben zumindest noch kein Ausmaß erreicht, das den
Faktoren, die zur Erhöhung der Pendelwanderung beitragen,
spürbar entgegenwirkt.

---

239 Vgl. Henckel, Dietrich/Nopper, Erwin, Einflüsse der Informationstechnologien
auf die Stadtentwicklung, in: Friedrichs (Hrsg.), Die Städte in den 80er Jahren,
S. 196–213, hier: S. 204ff.; S. 209ff.; Läpple, Dieter, Neue Technologien in räumlicher Perspektive, in: Informationen zur Raumentwicklung, 1989, H. 4, S. 213–
226.

III. Das Problem des Fernpendelns – Ursachen, Belastungsdimensionen und Veränderungsbemühungen[240]

1. Gesellschaftliche und wirtschaftliche Ursachen

Die Entwicklung der Pendlerzahlen in der Bundesrepublik hat in den verschiedenen Phasen ihrer Geschichte unterschiedliche dynamisierende Ursachen. Die Gesamttendenz der Steigerung von der Volkszählung 1950 bis zur Volkszählung 1987 von ca. 3 Millionen auf ca. 10 Millionen pendelnde Arbeitnehmer (das sind 1987 ca. 37 Prozent aller Erwerbstätigen) ist auch weiter ungebrochen.

Spielten in den fünfziger Jahren die Folgen des Krieges (Flüchtlinge, Vertriebene etc.) und die wirtschaftliche Konjunktur für die Steigerungsraten der Pendler eine wesentliche Rolle, so sind im Zeitraum 1961 bis 1970 die ökonomische Stabilität und Expansion mit hoher Beschäftigungsquote die tragenden Ursachen für die relativ geringere Zunahme in den Perioden der Geschichte der Bundesrepublik, für die aktuelle Daten vorliegen (nach den Volkszählungen sind dies: 1950–1961, 1961–1970, 1970–1987).

Der starke Anstieg der Pendlerzahlen von 1970 bis 1987 zeigt deutlich die Spuren der Krise seit Mitte der siebziger Jahre und die daraus resultierenden Arbeitsmarkt- und Beschäftigungsprobleme mit vermehrter Arbeitsplatzsuche im überregionalen Raum, die bis in die Gegenwart neben anderen Faktoren wie ökonomischer Konzentration, Zentralisierungsprozessen und Strukturwandel, Veränderungen der Einstellung

---

240 Hier sei noch einmal darauf hingewiesen, daß wir im Unterschied zur Definition des Statistischen Bundesamtes unter dem Begriff »Fernpendler« alle diejenigen Personen subsumieren, die – in Anlehnung an die Kategorie des Mikrozensus und der Volkszählung »60 Minuten und mehr für den Hinweg zur Arbeit« – täglich mehrere Stunden für den Arbeitsweg benötigen.

zu Arbeits- und Lebensbedingungen, berufliche Aufstiegschancen und Einkommenssteigerungen, höheren Mobilitäts-
erwartungen der Arbeitgeber etc. wesentliche Pendelursachen
sind.

Für die Zeit nach 1987/88[241] dürften weitere erhebliche Stei-
gerungen der Pendlerzahlen zu erwarten sein, für die insbesondere seit 1989/90 zusätzliche Faktoren ursächlich verantwortlich sind, wie: Öffnung und Wegfall der Grenze zur
DDR, Anschluß der neuen Bundesländer bei gleichzeitiger
hochgradiger wirtschaftlicher Instabilität mit hohen Ar-
beitsplatzverlusten, woraus sich auf diese Regionen bezogen
eine neue Ost-West-Pendelwanderung in der geschätzten
Größenordnung von 1991 ca. 300000 bis 400000 Erwerbstätigen ergeben hat[242]. Bei diesen Pendelwanderungen handelt es sich sowohl um Tagespendler, die primär in Regionen
in der Nähe der ehemaligen Grenze zur DDR pendeln, als
auch um die derzeit ebenfalls sehr große Zahl der Wochenpendler. Ferner ist dabei die Zuwanderung von Übersiedlern
aus den östlichen Ländern und ihre ersten Integrationsbemü-
hungen bezüglich Arbeiten, Wohnen und Wohnortwahl ein
nicht unerheblich verstärkendes Element.

Doch auch interne Faktoren in den alten Bundesländern –
die teilweise mit den genannten Problemen zusammenhängen
– bewirken rapide anwachsende Pendlerzahlen. Hier stehen
die Wohnungssituation, d.h. die Wohnraumknappheit und
explosionsartige Mietsteigerungen, vor allem in den Ballungsräumen und Großstädten, ursächlich ganz vorne, doch
ebenso ist die Zentralisierung und Konzentration von Dienstleistungen und Produktionsbetrieben – und damit auch entsprechender Arbeitsplätze – in Ballungsregionen weiter vorangeschritten.

---

241 Die letzten amtlichen Zahlen liegen für 1987 durch die Volkszählung und für 1988
   durch den Mikrozensus vor.
242 Vgl. dazu Kapitel II. Nach Informationen der Bundesanstalt für Arbeit ist die Zahl
   der Pendler aus den neuen Bundesländern von Dezember 1990 bis März 1991 auf
   300000 angestiegen, verbunden mit einer weiterhin enormen Umzugsquote von
   Ost nach West (Januar 1991 – April 1991 = 40000); vgl. Frankfurter Rundschau v.
   9.7.91. Die Bundesanstalt für Arbeit geht Ende September 1991 davon aus, daß
   400000 Erwerbstätige aus den neuen Bundesländern in die alten Bundesländer
   pendeln; vgl. Fuldaer Zeitung v. 1.10.91.

Die bevorstehende Verwirklichung des EG-Binnenmarktes wird eine weitere Dimension von Pendelwanderungen nach sich ziehen, deren Größenordnungen, mittelfristige Entwicklungen und Folgen heute kaum absehbar sind. Der Problemdruck hinsichtlich der Pendelwanderungen und der damit verbundenen Folgewirkungen für Mensch und Umwelt wird mit Sicherheit jedoch zunehmen.

2. Individuelle Gründe und Bewertungen

Neben diesen knapp skizzierten gesellschaftlichen und ökonomischen Ursachen für die Zunahme des Pendelns existieren vielfältige subjektive oder subjektiv beeinflußbare Gründe dafür, weshalb ein Erwerbstätiger pendelt, pendeln will oder muß.

Die Palette der subjektiven Gründe ist breit, differenziert und von sehr unterschiedlichen Motiven getragen. Zweifellos ist der vorherrschende Grund, einen adäquaten, den Vorstellungen des Betroffenen weitgehend entsprechenden Arbeitsplatz zu haben. Nicht selten besteht für den Arbeitnehmer in strukturschwächeren Regionen nur die Alternative: Pendeln oder Arbeitslosigkeit. Ferner existieren Pendlermotive bei Arbeitnehmern in aufstiegsorientierten Berufen. Dabei sind u.a. die persönliche berufliche Karriere zu nennen, die am Wohnort nicht realisierbar ist, höheres Einkommen in Ballungsregionen bzw. auch Arbeitsplatzwechsel, qualitativ höherwertige Arbeit außerhalb der Wohnregion.

Neben den Tagespendlern, die als Berufspendler in den obengenannten quantitativen Dimensionen statistisch erfaßt sind, gibt es eine große Gruppe von Wochenpendlern bzw. Wochenendpendlern, die als Fernpendler für die Arbeitstage eine zweite Wohnung am Arbeitsort unterhalten und zumeist erst zum Wochenende wieder in die Wohnregion zurückkehren. Genaue Zahlen zu dieser Gruppe liegen nicht vor. Aktuell haben diese Wochenpendler erheblich durch Arbeitnehmer mit Arbeitsplatz in den alten Bundesländern und Wohnung in den neuen Bundesländern zugenommen, also durch solche Pendler, die nach wie vor ihren Wohnsitz auf dem Gebiet der ehemaligen DDR beibehalten, bzw. nach entsprechender Ar-

156

beitserfahrung die Möglichkeit des Familienumzugs in die westlichen Bundesländer erwägen[243].

2.1 Arbeitsmarkt – Arbeitssituation – Arbeitspräferenzen

Im Rahmen der bereits erwähnten Regionaluntersuchung in Osthessen wurden Fernpendler nach ihren Motiven und Gründen für die Inkaufnahme der langen Wegezeiten gefragt[244].

Tabelle 62

Gründe für die Arbeit außerhalb der Wohnregion (d.h. im Rhein-Main-Gebiet)

Antworten	in Prozent
schlechte Arbeitsmarktlage in der Wohnregion	57,5
bessere berufliche Chancen	26,3
höheres Einkommen	20,8
interessantere Tätigkeit	14,9
gutes Arbeits- und Betriebsklima	12,3
Versetzung	12,0
Sonstige	4,9
(Mehrfachnennungen (max. 3) möglich)	

Quelle: Ott, Erich, Pendlerprobleme in der Region Fulda. Eine empirische Untersuchung zu arbeitsbedingtem Pendeln zwischen der Wohnregion Fulda/Osthessen und dem Arbeitsort im Rhein-Main-Gebiet, in: Ders. (Hrsg.), Arbeitsbedingtes Pendeln. Entwicklungen und Probleme einer besonders belasteten Arbeitnehmergruppe, Marburg 1990, S. 147–201, hier: S. 179.

Die hier zum Ausdruck kommenden dominanten Gründe werden im wesentlichen bestätigt durch die Antworten auf die Frage nach den Bedingungen, unter denen diese Pendler in der Region Osthessen/Fulda, also in ihrer Wohnregion, arbeiten würden.

---

243 So heißt es zum Beispiel in einer Pressenotiz (dpa) in der Fuldaer Zeitung vom 7.9.91 betreffend Freitag, den 6.9.91: »Einen 130 Kilometer langen Stau haben gestern auf der Autobahn Frankfurt-Kassel Wochenendpendler, vor allem aus den neuen Bundesländern, verursacht. Von Langen-Mörfelden bis zum Hattenbacher Dreieck kamen Fahrzeuge nur noch im Stop-and-Go-Tempo voran, berichtete die Polizei. Es handele sich um reinen Wochenend-Berufsverkehr, in dem »Neue-Länder-Pendler« verstärkt festzustellen seien.« Vgl. auch Frankfurter Rundschau vom 13.9.91, S. 21.

244 Die folgenden Tabellen sind der Pendlerstudie entnommen; vgl. Ott, Erich, Pendlerprobleme in der Region Fulda, in: Ders. (Hrsg.), Arbeitsbedingtes Pendeln, S. 147–201, hier: S. 179ff.

Tabelle 63

Bedingungen für die Arbeit in der Wohnregion

Antworten	in Prozent
entsprechender Arbeitsplatz	79,5
gleiches Einkommen	29,9
auch bei geringerem Einkommen	21,4
gleiche berufliche Möglichkeiten	20,8
höheres Einkommen	9,7
auch bei schlechteren beruflichen Möglichkeiten	4,5
Sonstige Gründe	2,3
gar nicht	1,9
Mehrfachnennungen (max. 2) möglich)	

Quelle: Ott, Erich, Pendlerprobleme in der Region Fulda, in: Ders. (Hrsg.), Arbeitsbedingtes Pendeln, S. 180.

Als herausragender Grund wird die schlechte Arbeitsmarktlage für die pendelnden Berufsgruppen[245] genannt, aber auch die berufliche Situation und das Einkommen spielen eine bedeutende Rolle. Der Wunsch nach einer Arbeit in der Wohnregion ist stark ausgeprägt, allerdings an bestimmte Bedingungen gebunden, bei gleichzeitig in nicht unerheblichem Ausmaß vorhandener Bereitschaft, auch in Grenzen Nachteile gegenüber der gegebenen Arbeitsplatzsituation zu akzeptieren. Von Interesse ist die relativ große Gruppe (über 20 Prozent), die auch Einkommenseinbußen hinzunehmen bereit ist, sowie der geringe Anteil (lediglich 1,9 Prozent), der keinen Arbeitsplatz in der Wohnregion anstrebt, bzw. für die dies nur bei höherem Einkommen von Interesse ist (9,7 Prozent).

2.2 Bindungen an die Wohnregion

Der in den Ergebnissen dieser Untersuchung insgesamt sehr stark zum Ausdruck kommende Wunsch der Pendler, möglichst in der Wohnregion zu arbeiten, dort jedoch in jedem Falle zu leben, wird durch die von ca. 90 Prozent eindeutig abgelehnte Umzugserwägung zum Arbeitsort unterstrichen,

---

245 Bei der hier untersuchten Pendlergruppe dominieren qualifizierte und hochqualifizierte Fachkräfte (technische und kaufmännische Berufe, Angestellte und Beamte, lediglich 11 Prozent sind Arbeiter), vgl. ebda., S. 160ff.

wobei u.a. massive Vorbehalte gegen die Wohnortqualität in den Rhein-Main-Städten geäußert werden. Auch die dort wesentlich höheren Miet- und Lebenshaltungskosten spielen eine wichtige und und in Zukunft sicherlich noch zunehmende Rolle[246].

Der eindeutige Wunsch nach dem Verbleib am Wohnort als vorherrschende Komponente in der Mobilitätsentscheidung hinsichtlich Wohnort und Arbeitsort wird in der Untersuchung der sozialen und regionalen Bindungen der Pendler deutlich[247].

Tabelle 64

Bindungen an die Wohnregion

Antworten	in Prozent
Familienbindung	68,2
Lebensqualität, Landschaft, Freizeit	56,8
Freunde, Bekannte	50,0
Eigenheim	36,7
Vereinsaktivitäten	23,4
günstige Lebenshaltungskosten	23,4
Nebenerwerb	2,6
(Mehrfachnennungen (max. 3) möglich)	

Quelle: Ott, Erich, Pendlerprobleme in der Region Fulda, in: Ders. (Hrsg.), Arbeitsbedingtes Pendeln, S. 176.

Die starke regionale Verwurzelung der Pendler ist eindeutig und wird sich auch langfristig kaum modifizieren, was die Grenzen der Mobilitätsbereitschaft zeigt. Allerdings ist in dieser Untersuchung die beachtliche Zahl derjenigen nicht erfaßt, die bereits aus arbeitsbedingten oder beruflichen Gründen die Region als Wohnort verlassen haben.

Betrachtet man die Regional- und Wohnortbindung nach Altersklassen, so vermittelt dies einen Einblick in die Differenziertheit und den Wandel von Wertigkeiten im Lebenszusammenhang der Pendler. Neben klassischen Elementen von altersbedingtem Sozialverhalten (hohe Bedeutung von

---

246 Vgl. ebda., S. 182f.
247 Vgl. ebda., S. 176ff.

Freunden und Bekannten bei 17- bis 20jährigen) kommt die hohe Wertschätzung von Lebensqualität in der vertrauten Umgebung darin zum Ausdruck, daß mit fortschreitendem Alter die Bedeutung des Eigenheims wächst (20- bis 25jährige = 16 Prozent, 50- bis 55jährige = 88 Prozent)[248].

2.3 Pendelkosten – Wohnungssituation und Lebenshaltung

Für den Verbleib am Wohnort wird ein nicht unerheblicher Kostenaufwand in Kauf genommen, der zwischen Fulda und Frankfurt unter Berücksichtigung von Zubringern etc. mit dem Hauptverkehrsmittel Deutsche Bundesbahn ca. 350 bis 400 DM monatlich beträgt[249], wobei nur ein geringer Anteil der Pendler eine ganze oder teilweise Erstattung der Fahrtauslagen vom Arbeitgeber erhält.

Stellt man dem die erhöhten Lebenshaltungskosten und Wohnungsmieten im Rhein-Main-Gebiet gegenüber, die auch bereits vor 1988/89 erheblich höher als in Osthessen waren und besonders 1990/91 gewaltig gestiegen sind, so relativieren sich die Fahrtkosten als Problembereich in der Pendlerthematik, insbesondere dann, wenn man die Möglichkeit der steuerlichen Vergünstigungen bezüglich der Fahrtkosten einbezieht.

Es muß heute davon ausgegangen werden, daß für einen erheblichen Teil der Berufspendler ein zusätzlicher Zwang zum Pendeln entstanden ist, der daraus resultiert, daß Pendler mit niedrigen oder mittleren Einkommen nicht mehr in der Lage sind, Wohnraum und Lebenshaltung in Ballungsräumen zu finanzieren. Zumindest wäre für sie mit einem Umzug in die Ballungsregion ein massiver Einbruch in Lebensstandard, Wohn- und Lebensqualität verbunden, im Vergleich zu den Lebensverhältnissen in peripheren Regionen bzw. in ländlich-kleinstädtischen Gebieten. Die genannte Gruppe von Einkommensbeziehern ist nach wie vor die größte Gruppe der Pendler, Umzugserwägungen in großstädtische Ballungsräume werden für sie weiter an Bedeutung

---

248 Vgl. ebda.
249 Vgl. ebda., S. 174f. Die Zahlen der Befragung enthalten allerdings nicht die letzten Fahrpreiserhöhungen bzw. Verteuerung der Benzinpreise seit etwa 1989.

verlieren und perspektivisch außerhalb ihrer realen Möglichkeiten liegen. Hinzu kommt der faktische Mangel an Wohnraum in der Größenordnung von mehreren Millionen Wohnungen in der Bundesrepublik, vor allem in den Ballungsräumen und Großstädten, der auch einem Umzugswunsch von Pendlern Grenzen setzt, die in absehbarer Zukunft eher noch enger werden, als sie es heute schon sind.

Allein aus diesem Ursachenfeld heraus läßt sich eine weitere Zunahme der Berufspendler prognostizieren, die aus der rückläufigen Wohnmobilität von ländlich-kleinstädtischen Regionen hin zu großstädtischen Ballungsräumen resultiert. Verbunden ist dies mit wachsender Umzugsbereitschaft (bzw. Erfordernissen und Zwängen aus finanziellen Gründen) aus den großstädtischen Ballungsräumen hinaus in ländlich-kleinstädtische Nachbarregionen mit günstigeren Mietpreisen und Lebenshaltungskosten. Die Umlandregionen um die Ballungsräume werden also zunehmend als Wohnregion angesehen, was weitere Pendlerströme erwarten läßt.

An diese reale Entwicklung und prognostizierbare Perspektive schließen sich viele Fragen an, die auf ein Problem der Zukunft verweisen, das mit Verkehrspolitik ebensowenig zu lösen ist, wie in absehbarer Zeit mit Wohnungspolitik nach heutigen Maßstäben eine Trendwende nicht erreichbar sein wird. Die mit dieser Perspektive des arbeitsbedingten Pendelns verbundenen neuen Belastungsdimensionen und deren Folgen für die Pendler und andere Betroffene und Beteiligte, für die Umwelt und den Verkehr, für die Sozial- und Regionalstrukturen, für die individuellen und familiären Lebensverhältnisse in der Bundesrepublik Deutschland sind eines der großen gesellschaftlichen Probleme der Zukunft. Sie werden für einen immer größer werdenden Teil der arbeitenden Menschen entscheidend ihre Einstellung und ihr Verhältnis zur Arbeit prägen. Unzufriedenheit, Motivationsverlust und Resignation werden sich weiter ausbreiten, worunter nicht zuletzt die Innovationsfähigkeit und das Engagement der Beschäftigten im betrieblichen und privaten Bereich leiden werden.

Ebenso bewirkt dies in der Tendenz weitere Einschränkungen im Hinblick auf gesellschaftliche Aktivitäten, die zwar auch von Pendlern gewünscht werden, aber in der Folge des reduzierten Zeitbudgets und der starken Beanspruchung durch lange Wegezeiten zur Arbeit weniger werden. Auch daraus resultieren langfristig gravierende negative Entwicklungen für die gesellschaftliche Kommunikation sowie für die politische und soziale Kultur demokratischer Partizipation.

3. Belastungsdimensionen des Fernpendelns

Die Pendelwanderungen zwischen dem Wohnort und dem Arbeitsort bzw. der Arbeitsstätte in industrialisierten Gesellschaften zeigen eine historische Kontinuität in Form besonderer Belastungen und Beanspruchungen[250] einer Arbeitnehmergruppe im Vergleich zu nicht pendelnden Beschäftigten. Pendler sind also seit jeher in ihrer Entfaltung im Arbeitsprozeß und in den persönlichen Lebensverhältnissen gegenüber anderen Arbeitnehmern beeinträchtigt, wobei der Zeitaufwand für die Bewältigung des Arbeitsweges als solcher stets eine spezifische Belastungsdimension darstellte, wenngleich sich die damit konkret verbundenen Arten, Formen und Folgen der Belastungen und die daraus resultierenden Beanspruchungen mit unterschiedlicher Akzeptanz der Betroffenen (zum Beispiel: Art und Tageszeit der Wegebewältigung, Verkehrsmittel, Unfallgefährdung, Dauer der Abwesenheit vom Wohnort etc.) gewandelt haben.

Die Zahlen und Entwicklungstrends, die im Kapitel II und III für die aktuelle Situation in der Bundesrepublik Deutsch-

---

250 Unter Belastungen werden hier die unter bestimmten Bedingungen auf den Menschen einwirkenden beschreibbaren und meßbaren Faktoren (insbesondere im Arbeitsprozeß) verstanden. Beanspruchungen hingegen sind die Auswirkungen sowie die Inanspruchnahme des/der Betroffenen durch die Einwirkung von physischen, psychischen, sozialen etc. Belastungsfaktoren. Der weitgehend objektiven Erfaßbarkeit von definierbaren Belastungen stehen die subjektiv differenzierten Auswirkungen als Beanspruchungen auf die mit unterschiedlicher Konstitution, Mentalität und anderen verarbeitenden Voraussetzungen ausgestatteten Menschen gegenüber. D.h., gleiche Belastungen können zu individuell sehr unterschiedlichen Beanspruchungen führen, was zur Konsequenz hat, daß eine Analyse von Beanspruchungen stets den Menschen als Individuum und in seiner Ganzheitlichkeit betrachten muß. Vgl. zu dem in der Arbeitswissenschaft entwickelten Belastungs- und Beanspruchungskonzept: Rohmert, Walter/Rutenfranz, Joseph, Arbeitswissenschaftliche Beurteilung der Belastung und Beanspruchung an unterschiedlichen industriellen Arbeitsplätzen, Bonn 1975; Oppolzer, Alfred, Handbuch Arbeitsgestaltung. Leitfaden für eine humane Arbeitsorganisation, Hamburg 1989; Ulich, Eberhard, Arbeitspsychologie, Zürich und Stuttgart 1991.

162

land dargestellt sind, zeigen eine quantitative Dimension arbeitsbedingten Pendelns mit neuer Qualität. Die Fakten verweisen zugleich darauf, daß die damit verbundenen Belastungsdimensionen, Folgen spezifischer Beanspruchungen und Auswirkungen auf die Lebensverhältnisse der Betroffenen, die Umwelt- und Verkehrssituation etc. zu einem gesellschaftlichen Problem ersten Ranges geworden sind[251].

Trendverlängerungen der gegenwärtigen Entwicklung des arbeitsbedingten Fernpendelns in die Zukunft lassen die Prognose zu, daß damit in einigen Ballungsräumen eine Unlösbarkeit von Verkehrs- und Umweltproblemen verbunden sein wird. Es findet eine fortschreitende erhebliche Zunahme der arbeitsgebundenen Zeit der Arbeitnehmer in einem Ausmaß statt, daß erreichte Arbeitszeitverkürzungen aufgesogen und für eine relevante und größer werdende Gruppe der Beschäftigten ›ein neuer 12-Stunden-Tag‹ Realität ist oder noch wird, innerhalb dessen die Wegezeit zunimmt und die Arbeitszeit abnimmt.

Es muß davon ausgegangen werden, daß in wachsendem Ausmaß die Lebensqualität, Gesundheit und das soziale Leben und Wohlbefinden der Betroffenen gravierend negativ und nachhaltig beeinflußt werden.

3.1 Humanisierung des Arbeitslebens

Mit den Diskussionen um »Humanisierung des Arbeitslebens/der Arbeitswelt/der Arbeit« seit Anfang der 70er Jahre, dem »HdA-Forschungsprogramm« der Bundesregierung, den daraus gewonnenen Erkenntnissen und deren teilweiser praktischer Umsetzung haben sich vielfältige Maßnahmen zur menschengerechteren Gestaltung der Arbeit realisieren lassen[252]. Mit zahlreichen Gesetzen und Verordnungen wur-

---

251 Vgl. Rinderspacher, Jürgen P., Gesellschaft ohne Zeit. Individuelle Zeitverwendung und soziale Organisation der Arbeit, Frankfurt a. M. 1985, S. 175ff., S. 217ff.
252 Vgl.: Projektträger Humanisierung des Arbeitslebens, Das Programm »Forschung zur Humanisierung des Arbeitslebens«, Ergebnisse und Erfahrungen arbeitsorientierter Forschung 1974–1980, Frankfurt 1981; BMFT (Hrsg.), Ein Programm und seine Wirkungen, Analysen von Zielen und Aspekten zur Forschung »Humanisierung des Arbeitslebens«, Frankfurt 1982; Ott, Erich/Boldt, Alfred, Handbuch zur Humanisierung der Arbeit, 2 Bände, Bremerhaven 1985; Zimmermann, Lothar (Hrsg.), Humane Arbeit, Leitfaden für Arbeitnehmer, 5 Bände, Reinbek bei Hamburg 1982.

den Vorschriften, Normierungen, Standards und Regelwerk festgeschrieben, die auf Veränderungen der betrieblichen Arbeitsverhältnisse und -bedingungen zielten und zu deutlichen Verbesserungen in bestimmten Bereichen beigetragen haben.

Ohne die Bedeutung der HdA-Aktivitäten in diesem Zusammenhang schmälern zu wollen, muß dennoch festgestellt werden, daß zwar ein Anspruch auf »Humanisierung des Arbeitslebens« erhoben wurde[253], d.h., ein Ansatz formuliert worden ist, der Arbeits- und Lebensverhältnisse gleichermaßen im Blickfeld haben sollte, daß jedoch bestenfalls ein Bündel von Einzelmaßnahmen eingelöst wurde, die ausschließlich in innerbetrieblichen Bereichen bzw. Belastungsschwerpunkten mit zudem erheblichen Unterschieden in den verschiedenen Branchen und Wirtschaftszweigen zur Geltung kamen.

Dies entspricht letztlich auch den konzeptionellen und politischen Grundlagen des Arbeitsschutzes, der Arbeitssicherheit, insbesondere dem Arbeitsschutzrecht, aber auch dem Betriebsverfassungsgesetz und der Tarifvertragspolitik, wie auch dem vorherrschenden Verständnis in der Arbeitswissenschaft[254]. Die »Arbeitsstätte« und der »Arbeitsplatz« sind die Regelungsbereiche und Bezugspunkte des Arbeitsschutzes, der Belastungsdiskussion, der Humanisierung bzw. menschengerechteren Gestaltung der Arbeit, der Arbeitszeitgestaltung und des arbeitsbezogenen Gesundheitsschutzes. Darüber herrscht ein weitgehender Konsens im politischen Raum, aber auch zwischen den Tarifparteien[255].

Als ein Ausnahmebeispiel kann in diesem Zusammenhang die Einbeziehung der Wegeunfälle (Unfälle auf dem Weg von und zur Arbeit) in den Zuständigkeits- und Aufgabenbereich der jeweils betrieblich zuständigen Unfallversicherungsträger

---

253 Vgl. Projektträger HdA, Ein Programm und seine Wirkungen, S. 23f.; Matthöfer, Hans, Humanisierung der Arbeit und Produktivität in der Industriegesellschaft, Köln 1980, S. 22ff. und S. 86ff.

254 Vgl. Ott, Erich, Belastungsdimensionen arbeitsbedingten Pendelns, in: Zeitschrift für Arbeitswissenschaft, 44. (16. NF) Jg., 1990, H. 4, S. 234–239, hier: S. 234f.

255 In Tarifverträgen wird fast durchgängig von einem engen Begriff von Arbeitsplatz und Arbeitsstätte ausgegangen, ebenso wie die Arbeitszeit diesbezüglich eng gefaßt wird. Eine häufige Definition in Tarifverträgen hierzu lautet: »Die Arbeitszeit beginnt und endet an dem vorgeschriebenen Arbeitsplatz.« Hingegen benennt das »Tarifvertragsgesetz« seinen inhaltlichen Zuständigkeitsbereich u.a. mit »Arbeitsverhältnissen« (§ 1), was einer weiteren Definition entspricht.

(Berufsgenossenschaften u.a.) gelten, womit zugleich aber auch der legitime Ansatzpunkt für eine stärkere arbeitsgebundene Betrachtung der Wegezeiten verdeutlicht wird[256].

Vereinzelte Auseinandersetzungen um Arbeitszeitfragen bezüglich Beginn und Ende der täglichen Arbeitszeit – mit oder ohne Einbeziehung der für den Angang zum Arbeitsplatz in der Arbeitsstätte erforderlichen Zeit in großflächigen Betrieben – haben das Problem arbeitsbedingten Zeitaufwands im Vorfeld und zugleich als Bedingung zur Wahrnehmung der realen Arbeitszeit am Arbeitsplatz thematisiert und künftigen Handlungs- und Regelungsbedarf signalisiert[257].

Es bestehen ferner vielfältige tarifvertragliche und betriebliche Vereinbarungen, die einen Zeitausgleich für besondere betriebliche Belastungen oder erschwerende Arbeitszeiten regeln, die zu einem erheblichen Teil gerade in der Folge der HdA-Forschung zur Nacht- und Schichtarbeit realisiert wurden.

In bezug auf die gesamte Problematik der arbeitsbedingten Wegezeiten, der damit verbundenen Belastungen und Folgen sowohl für die betriebliche Arbeitssituation als auch hinsichtlich der Auswirkungen auf die persönlichen Lebensverhältnisse der Betroffenen hat es keine relevanten Zielsetzungen, Anstrengungen oder gar konkrete Maßnahmen in der HdA-Forschung und deren praktischer Umsetzung gegeben.

3.2 Arbeitszeiten – Arbeitszeitverkürzung

Pendelzeiten als arbeitsbedingte Wegezeiten können nicht losgelöst gesehen werden von der Entwicklung der Arbeitszeiten.

---

256 Vgl. dazu: Bundesanstalt für Arbeitsschutz (Hrsg.), Arbeitsschutzsystem – Untersuchungen in der Bundesrepublik Deutschland, Bd. 1–5, Dortmund 1980; Scheefer, Peter/Hautzinger, Heinz, Analyse berufsbedingter Straßenverkehrsunfälle, Dortmund 1989.

257 Als Beispiel ist hier die Auseinandersetzung im öffentlichen Dienst zu nennen, die sich insbesondere auf den Krankenhausbereich und die dortigen häufigen langen Wege vom Eintritt in die Arbeitsstätte bis zum Arbeitsplatz bezieht und in der Tarifgruppe 1988 eine Rolle spielte. Vgl. dazu: Kittner, Michael (Hrsg.), Gewerkschaftsjahrbuch 1989. Daten – Fakten – Analysen, Köln 1989, S. 90.

Sie stehen hinsichtlich ihrer belastenden Wirkungen dazu in einer Relation, die z.T. auch einen Bezug zu dem aus einer bestimmten Arbeitszeit resultierenden Einkommen aufweist.

Ebenso wie die Belastungen in der Folge intensivierter Arbeit während der Dauer der betrieblichen Arbeitszeit in wesentlichen Bereichen zugenommen haben, muß festgestellt werden, daß die Belastungsintensität der Pendelzeit mit verdichteten und streßintensiveren Verkehrsverhältnissen stark angestiegen ist und entsprechende Folgen zeigt[258].

So besteht ein signifikanter Unterschied zwischen dem Wegezeitenaufwand von beispielsweise vier Stunden täglich für eine Vollzeitbeschäftigung mit dem Einkommen aus einer vollen Berufstätigkeit und dem gleichen Aufwand an Pendelzeit für eine Teilzeitbeschäftigung mit dem Entgelt für eine Halbtagsbeschäftigung. Arbeitszeit und Wegezeit stehen hier etwa im Verhältnis 1 : 2 bzw. 1 : 1, ohne daß dabei ein Anspruch auf ausgleichende Maßnahmen besteht, selbst Erstattungen oder Teilerstattungen von Fahrgeld sind in solchen Fällen eher die Ausnahme[259].

Die tarifvertraglich vereinbarten Arbeitszeitverkürzungen der vergangenen Jahre mit dem Ziel der 35-Stunden-Woche wurden in den Betrieben unterschiedlich umgesetzt. Vorherrschend sind Verkürzungen der wöchentlichen Arbeitszeit in der Form, daß die gesamte Arbeitzeitverkürzung pro Woche zum Beispiel auf die Freitagsschicht angerechnet wird. Aber auch die Verkürzung der täglichen Arbeitszeit von 8 Stunden auf 7 Stunden wird praktiziert. Eine Vielzahl von modifizierten Modellen wird in Betrieben angewendet, wo Wechselschicht, diskontinuierliche und kontinuierliche Schichtarbeitssysteme die Arbeitsweise bestimmen[260].

---

258 Dafür sprechen die Ergebnisse einiger vorliegender Untersuchungen. Vgl. Europäische Stiftung zur Verbesserung der Arbeits- und Lebensbedingungen (Hrsg.), Die Fahrt zwischen Wohnort und Arbeitsplatz – Die Auswirkungen des Pendelverkehrs auf die Gesundheit und Sicherheit der Pendler, Zusammenfassender Bericht, Dublin 1984; Dies. (Hrsg.), Pendelverkehr – Partizipationserfahrungen, Konsolidierter Bericht, Dublin 1986 sowie: Ott, Erich, Pendlerprobleme in der Region Fulda, in: Ott (Hrsg.), Arbeitsbedingtes Pendeln, S. 170ff.

259 Vgl. ebda., S. 175.

260 Vgl. Rutenfranz, Joseph/Knauth, Peter, Schichtarbeit und Nachtarbeit, Probleme – Formen – Empfehlungen, München 1987; Nachreiner, Friedhelm/Streich, Waldemar/Wettberg, Wieland, Schicht- und Nachtarbeit, in: Ott/Boldt (Hrsg.), Handbuch zur Humanisierung der Arbeit, Bd. 2, S. 905–928.

Für die Fernpendler kommen die darin realisierten Verkürzungen der Arbeitszeit kaum oder gar nicht zur Wirkung.
Einerseits ist die Relation der Verkürzung des Arbeitstages
oder der Arbeitswoche im Vergleich zu nicht pendelnden Arbeitnehmern sehr unterschiedlich. Bei einem täglichen arbeitsgebundenen Zeitaufwand[261] eines Fernpendlers von zum
Beispiel 12 Stunden oder wöchentlich 60 Stunden hat die
Arbeitszeitverkürzung eine relativ geringere Bedeutung als
zum Beispiel bei 8 Stunden bzw. 40 Stunden Zeitaufwand
eines Arbeitnehmers.

Die zweite Ebene der Relativierung der Bedeutung von Arbeitszeitverkürzungen für Pendler liegt darin, daß in der
Regel eine tägliche Arbeitszeitverkürzung den gesamten täglichen Zeitaufwand für die Arbeit nicht per se verkürzt, da
zum Beispiel die öffentlichen Verkehrssysteme in ihrer Takt-
und Fahrplanbindung eine entsprechende Flexibilität nicht
enthalten. Dies gilt insbesondere für den großräumigen bzw.
überregionalen Verkehr beispielsweise der Bundesbahn,
deren Möglichkeiten derzeit enge Grenzen gesetzt sind[262]. Bei
einer wöchentlichen Verkürzung der Arbeitszeit beispielsweise am Freitag, in der Größenordnung mehrerer Stunden,
kommt die Arbeitszeitverkürzung auch für Fernpendler stärker zur Geltung.

Insgesamt gesehen kann festgestellt werden, daß die entla-
stende Wirkung der Arbeitszeitverkürzung den Fernpendlern
in geringerem Ausmaß zuteil wird als denjenigen, deren
Wohnort sich in der Nähe der Arbeitsstätte befindet. Die
Möglichkeiten der günstigeren Arbeitszeitgestaltung, um sie
zum Beispiel für Pendler in dieser Hinsicht zu optimieren,
sind jedoch bisher nicht ausgeschöpft. Konkrete Überlegungen und Modelle dazu werden in Kapitel V erörtert.

---

261 Vgl. dazu die Zahlen in Kapitel II, wobei eine nicht unerhebliche Differenz bei den
   Fernpendlerzahlen zwischen der Volkszählung 1987 und dem Mikrozensus 1988
   besteht. Beide erfassen jedoch nur bis »60 Minuten und mehr für den Hinweg zur
   Arbeit« (Mikrozensus auch »50 km und mehr«). Die Volkszählung nennt 1987 =
   934000 Pendler, die mehr als 60 Minuten (also täglich über 2 Stunden) für den
   Hinweg zur Arbeit benötigen.
262 Siehe hierzu das untersuchte Regionalbeispiel Osthessen, vgl.: Rauh, Herbert-
   Friedrich, Möglichkeiten zur Verbesserung der Situation der Berufspendler in Osthessen im Bereich des öffentlichen Verkehrssystems Deutsche Bundesbahn, in: Ott
   (Hrsg.), Arbeitsbedingtes Pendeln, S. 99–125.

3.3 Belastungen und Beanspruchungen durch »lange Wegezeiten«[263]

Die Länge und Dauer der arbeitsbedingten Wegezeiten sind die grundlegenden Belastungsfaktoren der Fernpendler und ihrer besonderen Arbeitnehmersituation. Daraus leiten sich weitere spezifische Belastungen ab.

Wenn nach der Volkszählung 1987 insgesamt 15,8 Prozent der Pendler, das sind mehr als 1,5 Millionen Erwerbstätige, täglich über 90 Minuten für den Arbeitsweg aufwenden müssen, so verdeutlicht das den quantitativen Umfang dieses Belastungsfaktors sowie der daraus resultierenden weiteren Belastungen und der Vielzahl von Beanspruchungen der Betroffenen.

Diese quantitative Dimension läßt sich mit dem konkret untersuchten Regionalbeispiel Osthessen – Rhein-Main-Gebiet illustrieren[264].

Tabelle 65

Tägliche Wegezeiten von und zur Arbeit von Pendlern aus der Region Fulda ins Rhein-Main-Gebiet

Wegezeit	Anteil der Pendler (in Prozent)
bis 3 Stunden	8,5
3 bis 4 Stunden	39,3
4 bis 5 Stunden	41,5
5 und mehr Stunden	10,7

Quelle: Ott, Erich, Pendlerprobleme in der Region Fulda, in: Ders. (Hrsg.), Arbeitsbedingtes Pendeln, S. 167ff..

Über 90 Prozent dieser Pendler haben mehr als 3 Stunden und über 50 Prozent mehr als 4 Stunden Wegezeiten pro Tag zu bewältigen, was eine tägliche arbeitsgebundene Zeit von ca. 12 Stunden und teilweise mehr bedeutet.

Bezieht man diese Wegezeiten weiter auf die Dauer des Pendelns (in Jahren), so ergibt sich, daß mehr als 40 Prozent seit

---

263 Vgl. die Übersicht zu den Pendlerwegezeiten in Kapitel II, worauf hier Bezug genommen wird.
264 Vgl. Ott, Pendlerprobleme, S. 158f. und S. 164ff. Die folgenden Zahlen sind dieser Untersuchung entnommen.

5 Jahren und länger sowie über 20 Prozent bereits seit mehr als 10 Jahren pendeln, womit in dieser Regionaluntersuchung bestätigt wird, daß Pendeln nicht nur (aber auch) ein kurzfristiges Phänomen in einer Berufsbiographie darstellt, was durch den Vergleich der Altersdifferenzierung mit der Pendeldauer unterstrichen wird[265].

Im Belastungsempfinden dieser Pendlergruppe spiegelt sich z. T. das Spektrum von Pendelursachen aus beruflich-existentiellen Gründen bis hin zur Inkaufnahme für den Berufseinstieg und die eigene Karriere – also vom Zwang bis zur Freiwilligkeit des Pendelns – wider[266].

Tabelle 66

Belastungsempfinden von Pendlern aus der Region Fulda ins Rhein-Main-Gebiet

Belastung	Anteil der Pendler (in Prozent)
keine/geringe	7,7
zumutbare	29,3
starke/unzumutbare	63,0

Quelle: Ott, Erich, Pendlerprobleme in der Region Fulda, in: Ders. (Hrsg.), Arbeitsbedingtes Pendeln, S. 170.

Die belastenden Wirkungen der langen Wegezeiten auf die Pendler, auf ihre Angehörigen, auf ihre Gesundheit, ihr Befinden im sozialen und familiären Lebensbereich sind durch folgende Faktoren geprägt:

Belastungsfaktor »vermindertes Zeitbudget«

Das »verminderte Zeitbudget, also die subjektiv disponierbare Zeitquantität, stellt einen Belastungsfaktor dar, aus dem sich weitere ableiten lassen.

Die insgesamt zur Verfügung stehende Zeit ist erheblich reduziert, was u.a. weniger Zeit für Regenerierung, Erholung, Freizeit etc. bedeutet.

---

265 Vgl. ebda., S. 168ff., S. 173.
266 Vgl. ebda., S. 170ff.

Belastungsfaktor »besondere Arbeitszeiten«

Die belastenden Wirkungen durch die langen Wegezeiten werden verstärkt, wenn Pendler zusätzlich von Schicht- und Nachtarbeit, von Samstags- und Sonntagsarbeit oder von anderen von der Normalarbeitszeit abweichenden Arbeitszeiten betroffen sind[267].

Belastungsfaktor »verminderte soziale und familiäre Präsenz«

Die Lage und die Dauer der arbeitsgebundenen Zeit (Arbeitszeit plus Wegezeit bei Normalarbeitszeit) beeinträchtigen die Zeiten, in denen primär soziale und familiäre Kommunikation stattfindet. Die familiäre Präsenz ist deutlich reduziert, was beispielsweise bei jungen Familien Probleme der Beteiligung an der Kindererziehung und des gemeinsamen Erlebens (zu einschlägigen Tageszeiten) zur Folge hat.

Es besteht eine erhebliche Beschränkung hinsichtlich der Möglichkeiten einer Teilhabe am gesellschaftlichen Leben, der Ausübung bestimmter Freizeitinteressen und zum organisierten Engagement, z.T. vergleichbar den Einschränkungen, denen Nacht- und Schichtarbeiter unterworfen sind.

Belastungsfaktor »Verkehrsstreß und erhöhte Unfallrisiken«

Streßfaktoren und zusätzliche gesundheitliche Risiken aus der Bewältigung langer täglicher Wegezeiten ergeben sich aus der Dauer, Lage, Häufigkeit und Intensität der Reisezeit, die mit Verkehrsteilnahme zu hochfrequentierten Tageszeiten verbunden ist. Dabei werden häufig mit Schwierigkeiten aufeinander abzustimmende verschiedene Verkehrsmittel als Zubringer und Hauptverkehrsmittel benutzt. Zustand, Ausstat-

---

267 Zur Belastungssituation von Nacht- und Schichtarbeiter vgl. Hahn, Hans, Nacht- und Schichtarbeit I: Gesundheitliche Auswirkungen, soziale Auswirkungen, Berufsverlauf, Dortmund 1987; derselbe, Nacht- und Schichtarbeit II: Belastung durch Wechselschicht, ökonomische Probleme der Schichtarbeit, wichtige Rechtsvorschriften für die Nacht- und Schichtarbeit, Dortmund 1987. Zur Bedeutung des arbeitsfreien Wochenendes: Rinderspacher, Jürgen P., Am Ende der Woche – Die soziale und kulturelle Bedeutung des Wochenendes, Bonn 1982.

tung und Überfüllung öffentlicher Verkehrsmittel zu Pendelzeiten (zum Beispiel »Pendlerzüge«) wirken häufig als Unan-
nehmlichkeiten und Ärgernisse und führen zu zusätzlichem
Streß, ebenso wie diese Gruppe von Arbeitnehmern jahres-
zeitlich bedingten Witterungsverhältnissen in besonderer
Weise ausgesetzt ist, mit der Folge erhöhter Anfälligkeit für
Erkältungskrankheiten.

Belastungsfaktor »besondere Verkehrsunfallgefährdung«

Die Verkehrsunfallgefährdung im Zusammenhang der von
Pendlern benutzten Verkehrsmittel wird größer, was schon
bedingt ist durch die starke Beteiligung am Verkehrsgesche-
hen zu besonders kritischen Zeiten und die weitere Zunahme
der Pkw-Benutzung durch Pendler zu Lasten der öffentlichen
Verkehrsmittel[268]. Die Teilnahme am Straßenverkehr, hauptsächlich mit dem Pkw sowie Fahrrad, Motorrad und als Fußgänger stehen bei den Wegeunfällen im Vordergrund. Besondere Bedingungen der Verkehrsteilnahme wirken für Pendler
risikoverstärkend, wie: Übermüdung, Hektik, Zeitdruck,
Verkehrsdichte, besondere Witterungsverhältnisse, Straßen-
glätte im Winter, Hitzebelastung im Sommer etc.

Neben der Sicherheitsgefährdung muß von einem volkswirt-
schaftlich gesehen hohen Kostenaufwand für die Verkehrsteilnahme, die Unfallbewältigung und -entschädigung sowie
daraus resultierender Folgekosten ausgegangen werden. Die
Unfallstatistik gibt nur z. T. Aufschluß über Art, Zahl, Kosten und Folgen der Wegeunfälle von Pendlern bzw. Fernpendlern, da exakt nur die den Unfallversicherungsträgern
gemeldeten oder von ihnen entschädigten Unfälle erfaßt sind.
Auch eine den statistischen Pendlerkategorien entsprechende
Wegezeitendifferenzierung bzw. -analyse nach Entfernungen
zwischen Arbeitsort und Wohnort liegt in der Unfallanalyse
nicht vor. Die vielen Sach- und geringfügigen Personenschä-
den bei Wegeunfällen ohne Inanspruchnahme und Meldung
der Berufsgenossenschaften (die ja z. T. nicht einmal polizei-

---

268 Vgl. dazu die Zahlen in Kapitel II.

lich erfaßt sind) dürften die amtlichen Zahlen um ein Vielfaches überschreiten[269].

Belastungsfaktor »zusätzliche Mehrfachbelastungen«

Zu den Belastungen im Arbeitsprozeß kommen solche, die mit dem Arbeitsweg verbunden sind (Streß, Hektik, Ärger, Umgebungseinflüsse im Zusammenhang mit den benutzten Verkehrssystemen etc.), und es kommt zu Belastungskombinationen (Mehrfachbelastungen) mit dadurch bedingten, sich verstärkenden negativen Auswirkungen (Beanspruchungen) psychischer und physischer Art, bis hin zur größeren Anfälligkeit für arbeitsbedingte Erkrankungen[270].

Sowohl aus der Spezifik der Belastungsdauer, -arten und -kombinationen ergibt sich – vergleichbar der Problematik bei Nacht- und Schichtarbeitern – ein erhöhter Bedarf an Erholungszeit als Ausgleich und zur Wiederherstellung der Leistungsfähigkeit der Arbeitskraft im Vergleich zu nicht pendelnden Beschäftigten.

Belastungsfaktor »besondere Erkrankungsrisiken«

Der verkürzte Nachtschlaf, verbunden mit sich gegenseitig verstärkenden Wirkungen der verschiedenen Belastungsfaktoren, führt zu häufigeren Beschwerden und vermehrten Erkrankungsrisiken insgesamt sowie zu einer erhöhten Absentismusquote am Arbeitsplatz im Vergleich zu nicht pendelnden Erwerbstätigen[271].

---

269 Vgl. zu arbeits-/berufsbedingten Wegeunfällen: Scheefer/Hautzinger, Analyse berufsbedingter Straßenverkehrsunfälle; Kamps, Hans-Hermann, Arbeitsbelastungen und berufsbedingte Straßenverkehrsunfälle, T. 1, Wege-, Dienstwege- und Arbeitsunfälle im Straßenverkehr, in: Amtliche Mitteilungen der Bundesanstalt für Arbeitsschutz, H. 3, Oktober 1984.

270 Vgl. dazu: Volkholz, Volker, Belastungsschwerpunkte und Praxis der Arbeitssicherheit, Bonn 1977; Müller, Rainer u.a., Arbeitsmedizin in sozialer Verantwortung, Bremen 1985; ders., Arbeitsbedingte Erkrankungen, in: Ott/Boldt (Hrsg.), Handbuch zur Humanisierung der Arbeit, Bd. 1, S. 53–74.

271 Siehe dazu die dies bestätigende Studie des Instituts für Industriemedizin der Universität Verona zu dieser Thematik, in der u.a. vergleichend italienische und holländische Pendler und Nichtpendler untersucht werden. Costa, G., Die Fahrt zwischen Wohnort und Arbeitsplatz: Die Auswirkungen des Pendelverkehrs auf die Gesundheit und Sicherheit der Pendler, Verona 1984, S. 19 ff., veröffentlicht in: Europäische Stiftung (Hrsg.), Die Fahrt.

Belastungsfaktor »erhöhte Arbeitsunfallgefährdung«

Schlafprobleme, Müdigkeit, Nervosität und Konzentrationsprobleme in der Folge der besonderen Belastungssituation treten vermehrt und signifikant bei Pendlern auf[272], bewirken übermäßige psychische Beanspruchungen und psychosomatische Beschwerden, die vermutlich auch zu feststellbaren Beeinträchtigungen der Leistungsfähigkeit und Leistungsbereitschaft am Arbeitsplatz sowie zu einer erhöhten Gefährdung durch Arbeitsunfälle[273] führen.

Belastungsfaktor »sinkende Arbeitsmotivation«

Die Arbeitsmotivation und Arbeitszufriedenheit von Arbeitnehmern werden u.a. auch durch Rahmenbedingungen zur Ausübung der konkreten beruflichen Tätigkeit beeinflußt[274]. Die obengenannten Faktoren, die Folgen langer Wegezeiten, kurzen Nachtschlafs, der Benutzung von bestimmten Verkehrsmitteln etc. sind, tragen sowohl aus der dadurch beeinträchtigten allgemeinen Wohlbefindlichkeit als auch aus dem insgesamt erforderlichen hohen Zeitaufwand für die Arbeit zu einer tendenziell sinkenden Arbeitsmotivation und -zufriedenheit bei, die selbst durch positiv verstärkende Elemente eines Arbeitsverhältnisses dauerhaft kaum ausgleichbar sein dürften. Es kann davon ausgegangen werden, daß gerade langjähriges Pendeln hier eine besonders nachhaltige negative Wirkung zeigt, insbesondere dann, wenn Bemühungen um einen Arbeitsplatz in der Wohnregion gescheitert oder aussichtslos sind, also Frustrationserscheinungen auftreten.

---

272 Vgl. ebda.
273 Vgl. Werner, E. u.a., Arbeitszeit und Unfallgeschehen, Dortmund 1979, S. 26ff. Hinsichtlich des Zusammenhangs von Länge der Arbeitszeit (hier zum Beispiel Überstunden) und Unfallgefährdung, der mit Einschränkungen Analogieaspekte zu längerem arbeitsgebundenem Zeitaufwand durch Wegezeiten enthält. Bemerkenswert ist, daß in solchen Untersuchungen zum Unfallgeschehen die Wegezeit- und Pendlerproblematik nicht entsprechend bearbeitet wird.
274 Vgl.: Neuberger, Otto, Theorien der Arbeitszufriedenheit, Stuttgart 1974; Liepmann, Detlef, Arbeitspsychologie, in: Ott/Boldt (Hrsg.), Handbuch zur Humanisierung der Arbeit, Bd. 1, S. 179–199; Ulich, Arbeitspsychologie, S. 315ff.

3.4 Verkehrsbelästigungen und Umweltschädigungen

Die gewaltige quantitative Zunahme der Berufspendler und deren skizzierte Perspektiven verweisen unmittelbar auf die damit einhergehenden Verkehrsprobleme, die mit der täglichen Bewältigung der Arbeitswege mit verschiedenen Verkehrsmitteln bzw. -systemen verbunden sind.

Aus dem anteiligen Vergleich der von Pendlern benutzten Verkehrsmittel von 1950 bis 1970 und bis 1987 wird deutlich, daß der private Pkw zum absolut vorherrschenden und bevorzugten Verkehrsmittel der Berufspendler geworden ist und die Benutzung öffentlicher Verkehrsmittel, wie die Eisenbahn, stark rückläufig ist.

Aus der dargestellten Entwicklung wird erkennbar, daß die Belastung des Straßenverkehrs durch Pendler eine Größenordnung erreicht hat, die die Grenzen dieses Verkehrssystems deutlich werden läßt.

Benutzte Straßen der Berufspendler sind Autobahnen, Bundes- und Landstraßen sowie innerstädtische bzw. innerörtliche Straßen. Für die Anwohner an solchen Straßen, an typischen Pendlerstrecken, Knoten- und Stauschwerpunkten etc. sind eine Belästigung und Beeinträchtigung durch Verkehrslärm, Abgase, Blockierung von Wegen und Straßen gegeben, die vielerorts Dimensionen der Unerträglichkeit bis hin zu gesundheitlichen Schädigungen erreichen und zu massiven Bürgerprotesten und -aktionen geführt haben.

Neben dieser Belastung für die Anwohner an typischen Pendlerstraßen entsteht eine Schädigung der Umwelt durch den motorisierten Individualverkehr, der als gesellschaftlich-ökologisches Problem nicht mehr tragbar ist. Zwar ist dies nicht nur ein Problem der Pendler als Straßenbenutzer, sondern des Autoverkehrs insgesamt. Dennoch sind gerade die von den Hauptzeiten des Berufsverkehrs ausgehenden Belastungen von Menschen (als Beteiligte und Betroffene) und Umwelt besonders gravierend. Die täglich zu bestimmten Zeitphasen wiederkehrenden Ärgernisse haben solch schwerwiegende Folgen, daß über Anstrengungen zur Entspannung und Minderung ernsthafter als bisher nachzudenken ist und ggf. auch wirksamere und unpopuläre Maßnahmen in Erwägung gezogen werden müssen.

Lösungen durch gezielte und effektivere verkehrspolitische Entscheidungen (zum Beispiel zur attraktiveren Ausgestaltung der öffentlichen Verkehrsmittel) können kurz- und mittelfristig zu Veränderungen beitragen, werden aber die Probleme nicht grundsätzlich lösen können, die derzeit und zukünftig mit der Bewältigung langer Arbeitswege für immer mehr Menschen verbunden sind.

4. Gewerkschaftliche Bemühungen zur Verminderung der Pendlerproblematik – eine Bestandsaufnahme

Die abhängig Beschäftigten und die Gewerkschaften als ihre Interessenvertretungsorganisationen sind unter zwei Gesichtspunkten mit der Problematik des Pendelns zwischen Wohn- und Arbeitsstätte konfrontiert:

Zum einen ist das Pendeln für die Beschäftigten unter sozialen, zeitökonomischen, finanziellen und gesundheitlichen Gesichtspunkten oftmals eine erhebliche Belastung. Dies gilt insbesondere für jene Gruppen, die große Entfernungen auf dem Weg zum Arbeitsplatz zurücklegen müssen. Größere Entfernungen für den Weg zwischen Wohn- und Arbeitsort bedeuten steigende Fahrtkosten, die gerade bei Fernpendlern einen beachtlichen Teil des monatlichen Einkommens ausmachen können; längere Wegezeiten erhöhen infolge des Stresses bei der Anfahrt zum Arbeitsplatz die Gefahr von Arbeitsunfällen; mit längeren Wegezeiten geht schließlich ein Verlust von Lebensqualität einher, weil sie auf Kosten der verfügbaren Freizeit gehen: daß viele Beschäftigte einen Teil der erkämpften Arbeitszeitverkürzungen mittlerweile auf dem Weg von der und zur Arbeit im Stau verbringen, ist ein Bild von hohem Realitätsgehalt. Gerade der Zugewinn an Lebensqualität in einem umfassenden Sinne, den Gewerkschaften stärker als bisher zum Gegenstand ihres betrieblichen und gesellschaftlichen Engagements machen wollen, wird durch den zunehmenden Aufwand der Beschäftigten an Zeit, Geld und Energie für den Weg zwischen Wohn- und Arbeitsort beeinträchtigt.

Zum anderen ist mit der zunehmenden Pendelwanderung eine umwelt- und verkehrspolitische Dimension verknüpft, die in jüngerer Zeit in das Blickfeld der Öffentlichkeit gerückt ist. Die hiermit verbundene Kritik entzündet sich in erster Linie an dem zentralen Stellenwert des Pkws als dem Hauptverkehrsmittel der Berufstätigen. Sie speist sich einerseits aus den von vielen Stadtbewohnern und Anwohnern firmeneigener Großparkplätze unmittelbar erfahrenen Auswirkungen des beruflichen Autoverkehrs, die die Lebensbedingungen nachhaltig beeinträchtigen. Zudem ist andererseits angesichts der globalen Klimaveränderungen, an denen das Auto mit seinen hohen CO_2-Emissionen maßgeblich beteiligt ist, die Einsicht gewachsen, daß die Reduzierung des Pkw-Verkehrs eine Aufgabe von erstrangiger ökologischer Bedeutung ist[275]. Staus und Parkplatznot haben darüber hinaus deutlich gemacht, daß der private Pkw-Verkehr an eine Grenze gerät, die durch die beschränkten Möglichkeiten zum Ausbau der autoorientierten Verkehrsinfrastruktur selbst gesetzt wird. In vielen Bereichen ist die Effizienz des Autos bereits im Sinken begriffen.

Die Gewerkschaften haben sich lange Zeit mit den Problemen des arbeitsbedingten Pendelns nicht oder allenfalls vereinzelt befaßt. Die Vernachlässigung dieses Themas ist darauf zurückzuführen, daß traditionell jene Probleme im Mittelpunkt gewerkschaftlicher Politik stehen, die sich unmittelbar aus der betrieblichen Erfahrung der Interessenvertretung am Arbeitsplatz selbst oder die sich aus der Verteilung des unternehmerischen Produktivitäts- und Gewinnzuwachses ergeben. Angesichts dieser Konzentration auf soziale Verteilungs- und betriebliche Interessenkonflikte sind die der Arbeit räumlich und zeitlich vor- und nachgelagerten Problemfelder nicht entsprechend ihrer Bedeutung Gegenstand gewerkschaftlicher Politik gewesen. Dazu gehören auch die Fragen, wie die Beschäftigten zur Arbeitsstelle gelangen, wieviel Zeit sie dafür benötigen, wer die Wegekosten trägt, welche gesundheitlichen Folgen das Pendeln für die Beschäftigten hat und wie diese gegebenenfalls zu entlasten sind.

---

275 Vgl. dazu u.a. Muster, Manfred/Richter, Udo (Hrsg.), Mit Vollgas in den Stau. Automobilproduktion, Unternehmensstrategien und die Perspektiven eines ökologischen Verkehrssystems, Hamburg 1990; Seifried, Dieter, Gute Argumente: Verkehr, München 1990; Wolf, Winfried, Eisenbahn und Autowahn. Personen- und Gütertransport auf Schiene und Straße. Geschichte, Bilanz, Perspektiven, Hamburg, Zürich 1987.

Allerdings bahnen sich diesbezüglich seit geraumer Zeit nachhaltige Veränderungen an. Im Zuge der sich in den letzten Jahren abzeichnenden Öffnung der Gewerkschaften für eine umfassendere Interessenvertretungspolitik, die auf eine stärkere Integration von qualitativen Elementen und gesellschaftspolitisch bedeutender Fragen in die betriebliche Interessenvertretung hinausläuft, erscheint es als durchaus möglich, daß die Gewerkschaften sich zukünftig auch der Pendelwanderung als einem Problem zuwenden, das sich gleichsam an der Schnittstelle von sozialen, gesundheitlichen und freizeitorientierten Interessen der Beschäftigten und den ökologischen und strukturpolitischen Herausforderungen der Gesellschaft bewegt. Wenn es auch an einer Umsetzung in die Praxis mangelt, so ist doch festzuhalten, daß in der gewerkschaftlichen Diskussion das Thema der Pendler zumindest in ihrer umwelt- und verkehrspolitischen Dimension in jüngerer Zeit einige Beachtung gefunden hat[276] und eine ernsthafte Zuwendung zu diesem Problem zu beginnen scheint. Wichtige Signale dafür sind zum Beispiel die gemeinsam von IG Metall und Deutschem Naturschutzring (DNR) durchgeführte Konferenz »Auto, Umwelt, Verkehr« vom November 1990 und die verkehrspolitische Konferenz des DGB Hessen im Februar/März 1991.

Darüber hinaus existieren seit langem durchaus detaillierte gewerkschaftliche Forderungen zur Verkehrspolitik, sowohl beim DGB, bei vielen Einzelgewerkschaften als auch bis zu den gewerkschaftlichen Kreisorganisationen. Hauptinhalte solcher Programme sind die Forderungen nach einem Ausbau und dem Vorrang des öffentlichen Personennahverkehrs bei günstigen Verkehrstarifen, eine bessere Integration und Abstimmung der einzelnen Verkehrsträger, die Reduzierung des motorisierten Individualverkehrs und der Ausbau von Radwegenetzen. Noch einen Schritt weiter ist die IG Metall mit ihrem Diskussionspapier »Auto, Umwelt, Verkehr« gegangen, das auch eine Ökologisierung der Autoproduktion zum Ziel hat.

---

276 Vgl. zum Beispiel Gesterkamp, Thomas, Stoisch im Stau?, in: Die Mitbestimmung, 1991, H. 8/9, S. 552–555.

4.1 Die tarifvertragliche Handlungsebene

Zur kurz-, mittel- und langfristigen Verminderung der Belastungen und Beanspruchungen von Fernpendlern sowie der gesellschaftlichen und ökologischen Folgen des arbeitsbedingten Pendelns bestehen konkrete Handlungsmöglichkeiten auf der Ebene der Tarifparteien und der betrieblichen Vereinbarungen zwischen Arbeitgebern einerseits und Betriebsräten bzw. Personalräten andererseits.

Belastungen und Beanspruchungen im Arbeitsprozeß sind ein originärer Regelungsbereich von Mantel- und Rahmentarifverträgen, ebenso wie für solche Arbeitnehmergruppen, die in besonderer Weise belastet sind, spezifische Vereinbarungen zwischen den Tarifparteien, aber auch auf betrieblicher Ebene getroffen werden[277].

Regelungen in Tarifverträgen bzw. Betriebsvereinbarungen, die auf eine Belastungsminderung der Pendler zielen, sind bisher nur vereinzelt getroffen worden oder haben lediglich den Bereich von Fahrtkostenerstattung zum Gegenstand. Dies bedeutet, daß die Problematik des arbeitsbedingten Pendelns bisher außerhalb der Interessenvertretung der Gewerkschaften und Betriebsräte/Personalräte liegt, soweit sie auf die unmittelbare Belastungsreduzierung in der Folge des Pendelns zielt[278].

So ist es denn auch kein Zufall, daß die wenigen existierenden tarifvertraglichen Vereinbarungen, die die Trennung von Wohn- und Arbeitsstätte betreffen, sich ausschließlich auf die Erstattung von Fahrtkosten beziehen. Im Saarbergbau wurde im Rahmen eines Manteltarifvertrages eine differenzierte Fahrgeldregelung nach Entfernungen vom Arbeitsplatz und benutzten Verkehrsmitteln vereinbart. Daß nur dort solche Regelungen getroffen worden sind, hängt freilich auch mit der Tatsache zusammen, daß dieser Tarifbezirk relativ klein und die Unternehmerseite nur durch einen einzigen Betrieb vertreten ist. Diese überschaubaren äußeren

---

277 Dies gilt zum Beispiel für die große Gruppe der Nacht- und Schichtarbeiter.

278 Als Ausnahme können zum Beispiel die Bemühungen von Betriebs- und Personalräten zu Standorterhaltungen von Betrieben oder Betriebsteilen, Rückversetzungsbemühungen von Pendlern etc. angesehen werden. Vgl. dazu beispielhaft: Wolf, Hanns, Die Deutsche Bundespost in Fulda – Problemlösungen, in: Ott (Hrsg.), Arbeitsbedingtes Pendeln, S. 67–72, S. 127ff.

Rahmenbedingungen gestatten solche detaillierten tarifvertraglichen Regelungen für Pendler.

Der Tarifvertrag sieht folgende Regelungen bezüglich der
Fahrtkostenerstattung für die Arbeiter des Saarbergbaus
vor:

»1) Arbeiter, die mindestens vier Kilometer von ihrer Arbeitsstätte entfernt wohnen, erhalten Erstattung der Fahrtkosten für ein öffentliches Verkehrsmittel oder Wegegeld. Die
Entfernung wird nach dem kürzesten zumutbaren Anmarsch-
weg zwischen der Wohnung des Arbeiters und dem Eingang
des Betriebes, bei welchem sich die zur Feststellung der Anwesenheit der Arbeiter dienende Einrichtung befindet, ermittelt.

2) Stehen zur Erreichung der Arbeitsstätte mehrere öffentliche Verkehrsmittel zur Verfügung, so bestimmt die Werks-
leitung, für welches Fahrtkosten erstattet werden. Der sich so
ergebende Fahrtkostenbetrag steht dem Arbeiter auch dann
zur Verfügung, wenn er zur Erreichung der Arbeitsstätte das
öffentliche Verkehrsmittel nicht benutzt.

3) Die Arbeiter sind verpflichtet, die Fahrtkosten durch Aus-
nutzung aller tariflichen Vergünstigungen möglichst niedrig
zu halten. Lassen sie diese Verpflichtung außer acht, so werden ihnen nur die Fahrtkosten erstattet, die sich bei Ausnut-
zung aller tariflichen Vergünstigungen ergeben würden.

4) Die Benutzung eines weiteren öffentlichen Verkehrsmittels
(Zubringer) zwischen Wohnung und dem von der Werkslei-
tung bestimmten öffentlichen Verkehrsmittel (Hauptverkehrsmittel) berechtigt auf Antrag zur Fahrtkostenerstattung, wenn die Entfernung von der Wohnung des Arbeiters
bis zum nächstgelegenen Halteplatz des Hauptverkehrsmittels mindestens 1,5 Kilometer beträgt. Das gleiche gilt für die
Entfernung vom nächstgelegenen Ziel-Halteplatz des Hauptverkehrsmittels bis zur Arbeitsstätte (Absatz 1), wenn sie
mindestens 1,5 Kilometer beträgt.

5) Verkehrt auf dem üblichen Weg zur Arbeitsstätte kein
öffentliches oder vom Unternehmen eingesetztes Verkehrsmittel, so erhalten die Arbeiter, sofern die Entfernung nach
Absatz 1 mindestens vier Kilometer beträgt, ein Wegegeld in
Höhe des jeweiligen Bundesbahntarifs (Wochenkarte der 2.

Wagenklasse). Zur Berechnung des Wegegeldes wird die nach Absatz 1 ermittelte Entfernung zugrunde gelegt.

6) Auf Antrag erhält Wegegeld nach Absatz 5 ein Arbeiter auch für den Weg, den er von seiner Wohnung zum nächstgelegenen Halteplatz des öffentlichen oder vom Unternehmen eingesetzten Verkehrsmittels zurücklegen muß, wenn dieser mindestens 1,5 Kilometer lang ist. Das gilt auch für den Weg vom nächstgelegenen Ziel-Halteplatz des Hauptverkehrsmittels bis zur Arbeitsstätte (Absatz 1), wenn die Entfernung mindestens 1,5 Kilometer beträgt.

7) Berufskranke mit mehr als 30 Prozent Erwerbsminderung sowie Körperbehinderte, die aufgrund ihres Leidens Verkehrsmittel benutzen müssen, haben neben dem sich aus Absatz 1–6 ergebenden Ansprüchen auf Antrag Anspruch auf Erstattung ihrer innerhalb der Vier-Kilometer-Zone (Absatz 1) für einem öffentliches Verkehrsmittel tatsächlich aufgebrachten Fahrtauslagen. Absatz 3 findet entsprechend Anwendung.

. . .

9) Wird ein vom Unternehmen für die Beförderung zur Arbeitsstätte eingesetztes Verkehrsmittel von einem Arbeiter nicht benutzt, so hat er keinen Anspruch auf Fahrgelderstattung oder Wegegeld.«[279]

Des weiteren existiert im Saarbergbau auch eine Vereinbarung über eine Vergütung auf Stundenlohnbasis für den über die Arbeitszeit hinausgehenden Zeitraum des Verbleibs bei Betriebsversammlungen[280].

Die in diesen Tarifvereinbarungen enthaltene Bezugnahme auf das Pendlerproblem ist ganz offensichtlich von der Konzentration auf ihre sozialen bzw. finanziellen Aspekte geprägt. Die qualitativen Gesichtspunkte der Trennung von Wohn- und Arbeitsstätte, also etwa ein möglicher arbeitszeitlicher Ausgleich für die entstandenen individuellen Wegezeiten oder das Ziel des Umstiegs der Pendler von motorisierten

---

279 IG Bergbau und Energie, Tarifvertrag für die Arbeiter des Saarbergbaus (Arbeitermanteltarifvertrag – ArbMTV) vom 2. Juli 1959, zuletzt geändert durch den Tarifvertrag vom 2. Juni 1981, § 36.

280 Vgl. IG Bergbau und Energie, Tarifvertrag über die Vergütungen bei Betriebsversammlungen außerhalb der Arbeitszeit für Arbeitnehmer des Saarbergbaus vom 11. Dezember 1972, zuletzt geändert durch den Tarifvertrag vom 16. Mai 1977.

Individualverkehrsmitteln auf öffentliche Verkehrsmittel, spielen hier keine Rolle. Vielmehr geht es hier ausschließlich um die Entschädigung für die den Beschäftigten entstandenen Fahrtkosten auf dem Weg zum Arbeitsplatz.

Das Fehlen von Regelungen zur Belastungsminderung von Pendlern entsprechen dem weitgehend übereinstimmenden Prinzip und Konsens zwischen den Tarifparteien, Tarifverträge und Betriebsvereinbarungen auf die Arbeit, den Arbeitsplatz und die Arbeitsstätte als solche im engeren Sinne und auf die unmittelbaren betrieblichen Verhältnisse zu begrenzen.

So nehmen denn auch die meisten Tarifverträge eine strikte Trennung vor zwischen Arbeitsplatz und Arbeitszeit einerseits sowie Anfahrtszeit andererseits und enthalten fast austauschbare definitorische Bestimmungen über Arbeitszeit und Arbeitsplatz, wie zum Beispiel:

»Die Arbeitszeit beginnt und endet an dem vorgeschriebenen Arbeitsplatz, bei wechselnden Arbeitsplätzen an dem jeweils vorgeschriebenen Arbeits- oder Sammelplatz.«[281]

Diese scharfe Trennung von Arbeitszeit und Anfahrtszeit, die nicht zuletzt deshalb fragwürdig ist, weil sich die Anfahrt zum Arbeitsplatz und und ihre Bedingungen unmittelbar auf die Arbeitssituation auswirken, ist allerdings in jüngster Zeit in Einzelfällen aufgeweicht worden. In den Tarifverträgen finden sich Anknüpfungspunkte, ähnlich gelagerte Probleme und vergleichbare Regelungsbereiche, die geeignet sind, die Einführung der Pendlerproblematik in die Tarifpolitik zu konkretisieren. Sie beziehen sich in erster Linie auf den Ausgleich von Zeitaufwand, der im Zusammenhang mit besonderen Bedingungen der Arbeitsausübung, wechselnder Arbeitsstätten etc. entsteht und auszugleichen ist. Zeitausgleich bzw. Zeitvergünstigungen, bezogen auf die Arbeitszeit, stellen auch die Hauptansatzpunkte für Belastungsminderungen beim arbeitsbedingten Pendeln dar. Solche Vereinbarungen existieren beispielsweise hinsichtlich der Montagearbeit (zum Beispiel in der Metallindustrie), auswärtiger Beschäftigung und Dienstreisen in verschiedenen Formen (zum Beispiel im

---

281 Manteltarifvertrag für Arbeiter gemeindlicher Verwaltungen und Betriebe (BMT – G II) vom 31. Januar 1962, § 15 Abs. 1.

Baugewerbe) sowie der Ausübung von Teilarbeitszeiten an unterschiedlichen Orten (zum Beispiel bei der Post)[282]. Die hier geregelten Bereiche unterscheiden sich in ihrem Charakter nicht nur geringfügig von denen der Pendlerproblematik; der Unterschied besteht vielmehr in dem bloßen Umstand, daß hier zur Arbeit bzw. zum Arbeitsverhältnis gehört, was dort Ausdruck der Trennung von Wohn- und Arbeitsstätte ist.

Für eine angemessene tarifvertragliche Regelung von Pendelzeiten könnte der Lohn- und Gehaltsrahmentarifvertrag I für die Metallindustrie des Tarifbezirks Nordwürttemberg/Nordbaden vom 11. Februar 1988 einige Bedeutung erlangen, weil dort Vereinbarungen festgeschrieben sind, die über die bisherigen Regelungen hinausgehen und einen geeigneten Anknüpfungspunkt für weitergehende Vereinbarungen darstellen können.

In diesem genannten Tarifvertrag heißt es im § 3 über die Qualifizierung der Beschäftigten:

»3.6.1 Soweit die Qualifizierungsmaßnahme außerhalb der vereinbarten täglichen oder wöchentlichen regelmäßigen Arbeitszeit stattfindet, wird die aufzuwendende Zeit ohne Mehrarbeitszuschlag vergütet oder auf Wunsch des Beschäftigten ganz oder teilweise durch bezahlte Freizeit ausgeglichen. Dabei sind die betrieblichen Belange zu berücksichtigen.

3.6.2 Reisezeit, soweit sie auf Samstage, Sonn- oder Feiertage fällt, wird zuschlagsfrei wie Arbeitszeit vergütet. Bestehende betriebliche Regelungen bleiben unberührt.«[283]

Gerade diese Vereinbarung beinhaltet eine faktische Anerkennung von Wegezeiten als zu entlohnende Arbeitszeit oder als auf die Arbeitszeit anrechenbarer Faktor. Der Zeitaufwand für die Pendelzeiten wird so tarifierbar. Der Tarifver-

---

282 Vgl. dazu u.a. Bundesrahmentarifvertrag für das Baugewerbe vom 3. Februar 1981; Tarifvertrag für die Angestellten der Deutschen Bundespost (TV Ang) vom 21. März 1961, zuletzt geändert durch TV Nr. 388 (Stand: Juni 1988); Bundestarifvertrag für die besonderen Arbeitsbedingungen der Montagearbeiter in der Eisen-, Metall- und Elektroindustrie einschließlich des Fahrleitungs-, Freileitungs- Ortsnetz- und Kabelbaues (BMTV) mit Anmerkungen vom 30. April 1980/25. Juni 1986; Bundesangestelltentarifvertrag vom 23. Februar 1961.

283 Lohn- und Gehaltsrahmentarifvertrag I für die Arbeiter und Angestellten der Metallindustrie des Tarifbezirks Nordwürttemberg/Nordbaden vom 11. Februar 1988, § 3 Abs. 6.

trag legt fest, daß hier Reisezeit wie Arbeitszeit behandelt wird, und weist damit über die anderen bekannten Regelungen hinaus. Reise- oder Anfahrtszeiten bedeuten Abwesenheit von Heim und Familie, Streß und Zeitaufwand; es sind arbeitsgebundene Zeiten, und daher ist es legitim, sie wie Arbeitszeit zu behandeln. Somit wird hier eine Möglichkeit sichtbar, wie die gesundheitlichen, zeitökonomischen und sozialen Nachteile des Pendelns in Zukunft im Interesse der Arbeitnehmer zumindest teilweise aufgefangen oder kompensiert werden können. Zugleich muß aber auch darauf hingewiesen werden, daß diese Bestimmung nur einen begrenzten Wirkungskreis hat: Sie gilt nur für die Qualifizierung von Beschäftigten, findet Anwendung nur an Samstagen, Sonn- und Feiertagen und betrifft somit nicht direkt die Gruppe der Tagespendler.

Die Anerkennung der Wegezeiten als Arbeitszeit wurde jüngst zwischen Unternehmensleitung und Belegschaft einer osthessischen Molkerei vereinbart. Anläßlich einer Standortverlagerung in einen fünfzig Kilometer entfernten thüringischen Ort wurde den Beschäftigten zugesichert, daß ihre künftige Anfahrtszeit ihnen als Arbeitszeit angerechnet wird[284].

Auch im öffentlichen Dienst signalisiert das Beispiel der Auseinandersetzung um die Anrechenbarkeit von Arbeitswegen bzw. Angangswegen innerhalb von Kliniken zum Arbeitsplatz, daß die starre Definition des Arbeitszeitbegriffs im Zusammenhang des Arbeitsplatzes in Fluß geraten ist[285]. In Großkrankenhäusern zum Beispiel kann es einen Unterschied von täglich 15 Minuten ausmachen, ob die Arbeitszeit mit dem Erreichen des Geländes bzw. der Hauptpforte beginnt oder erst mit dem Erreichen der Abteilung des jeweiligen Beschäftigten.

Solche Beispiele zeigen, daß die Eingrenzung tarifvertraglicher Regelungen auf Arbeitszeitvereinbarungen im engeren Sinne real bereits durchbrochen ist und eine Neubewertung von Arbeitszeit und Wegezeiten in diesem Kontext möglich und notwendig ist.

---

284 Vgl. Fuldaer Zeitung v. 26.3.92.
285 Vgl. Kittner (Hrsg.), Gewerkschaftsjahrbuch 1989, S. 90.

Die wachsende Bedeutung der Wegezeiten im Gesamtzu-
sammenhang und in Relation von Arbeitszeit und arbeitsbe-
dingter Zeit[286] hat dennoch bisher weder grundsätzlich noch
in Verbindung mit der Diskussion um Arbeitszeitverkürzung
und 35-Stunden-Woche dazu geführt, diesen Problembereich
angemessen zu thematisieren. Ursachen dafür liegen sicherlich in der Schwierigkeit, nach bisherigem tarifpolitischem
Verständnis einheitliche und generalisierbare Formeln zu finden, die der Differenziertheit, Vielfalt und Kompliziertheit
des Problems, der Heterogenität dieser Arbeitnehmergruppe
und den möglicherweise befürchteten ambivalenten Wirkungen von Vergünstigungen für die Berufspendler gerecht werden.

Pendler lassen sich nicht eindeutig einer bestimmten Gruppe
von Beschäftigten zuweisen. Sie ziehen sich quer durch alle
Branchen und Sektoren, durch alle Einkommens- und Quali-
fikationsgruppen. Die Gründe für das Pendeln und die Bedingungen der Pendelwanderung, wie der Zeitaufwand und
die benutzten Verkehrsmittel, können individuell und betrieblich höchst unterschiedlich ausgeprägt sein. Es lassen
sich auch keine wissenschaftlich gesicherten objektiven oder
zwangsläufigen Größenordnungen von Wegezeiten exakt
festlegen, die eindeutige bzw. zumutbare Belastungsgrenzen
überschreiten. Vielmehr sind diese von einem komplizierten
Gefüge von Bedingungen und Voraussetzungen abhängig,
das teilweise sehr spezifisch für einzelne Beschäftigte, Gruppen oder Tätigkeitsbereiche zu definieren wäre. Des weiteren
könnte die Befürchtung bestehen, daß Vorteile aus tariflichen
oder betrieblichen Vereinbarungen in erheblichem Ausmaß
zur Begünstigung von Pendlern führen und damit Arbeitszeit, Entlohnung etc. für bisher noch recht homogene Beschäftigtengruppen in Zukunft stark ausdifferenziert – und
dies nach Kriterien, die sich nicht aus der betrieblichen Situation ergeben. Solche Beschäftigte, die aus sehr subjektiv er-
wogenen Vorteilen ihre Motivation und Bereitschaft zum
Pendeln gefunden haben, könnten zum Beispiel gegenüber
ortsansässigen Teilen der Belegschaft hinsichtlich der Arbeitszeit begünstigt werden. Es ist also für die gewerkschaftliche und betriebliche Interessenvertretung eine schwierige

---

286 Vgl. dazu Kapitel V, Abschnitt 3.

Aufgabe, wirksam auf die Pendlerproblematik einzugehen und es dabei zu verhindern, sogleich wieder eine zusätzliche Spaltungslinie in die bereits vielfältig segmentierten Belegschaften einzuziehen. Letztlich sind auch bei der Regelung von Pendlerproblemen die Gewerkschaften mit der Schwierigkeit konfrontiert, den je individuellen Arbeits- und Lebensbedingungen der Beschäftigten gerecht zu werden, ohne die kollektive Interessenvertretung zu unterlaufen.

Ferner ist offensichtlich, daß in Tarifverträgen nur Rahmenvereinbarungen zur Belastungsminderung der Pendler festgeschrieben werden könnten, die mit betrieblich orientierten Öffnungsklauseln ein breites Feld unterschiedlicher und abweichender Vereinbarungen eröffnen würden. Dies könnte je nach betrieblichen Voraussetzungen zu sehr unterschiedlichen Regelungen führen.

Seitens der Arbeitgeber scheint hinsichtlich tarifvertraglich zu vereinbarender Verbesserungen für pendelnde Arbeitnehmer kein Interesse zu bestehen, einer individualvertraglichen Vereinbarung bzw. einem individuellen Engagement der Unternehmen würde wohl der Vorzug gegeben[287]. Dennoch wäre auch von dieser Seite zu prüfen, inwiefern eine höhere Leistungsfähigkeit am Arbeitsplatz durch Milderung der Pendlerbelastung einen ökonomischen Vorteil erbringt, der auch im Zusammenhang mit Arbeitsmotivation und Arbeitszufriedenheit, verminderter Erkrankungsquote etc. interessante Aspekte für die Arbeitgeber enthält.

Die kritische Auseinandersetzung mit möglichen Einwänden gegen tarifvertragliche Pendlerregelungen weist diese Einwände letztlich als wenig stichhaltig aus. Schon die Zahl der Betroffenen, die Qualität der Betroffenheit und deren Folgen lassen es nicht zu, die hier thematisierten möglichen Aktivitäts- und Regelungsbereiche auf Dauer zu ignorieren.

---

287 So eine Stellungnahme der Bundesvereinigung der Deutschen Arbeitgeberverbände vom 4. Juli 1991 an d. Verf.

4.2 Die Handlungsebene der Betriebsvereinbarungen

Auf betrieblicher Ebene vereinbarte Fahrtkostenzuschüsse für jene Beschäftigten, die weiter entfernt vom Arbeitsort wohnten, existierten bereits in den 20er Jahren. Jedoch scheinen solche Regelungen nur vereinzelt getroffen worden zu sein. In den zwanziger und dreißiger Jahren wurden zudem in manchen Betrieben erstmals Werksbusse eingesetzt, um die Arbeiter zwischen Wohnung und Firma hin- und herzutransportieren. In größerem Umfang hat es zu jener Zeit aber bereits Vereinbarungen über Fahrtkostenzuschüsse, erhöhten Sonderurlaub etc. für jene Beschäftigten gegeben, die firmenintern an einen anderen Standort versetzt worden sind und nun entweder einen weiteren Weg zur Wohnung zurücklegen mußten oder diesen Weg sogar nur am Wochenende oder noch seltener zurücklegen konnten[288].

Gegen Ende der 50er und in den 60er Jahren erreichte der Fahrtkostenzuschuß offenbar eine weitere Verbreitung. Diese Entwicklung hängt unmittelbar mit der veränderten Situation am Arbeitsmarkt zusammen. Zu dieser Zeit war die Arbeitslosigkeit fast beseitigt, ja es gab sogar einen Mangel an Arbeitskräften, vor allem an qualifizierten. Somit wurde der Konkurrenzdruck gleichsam umgedreht und auf die Unternehmerseite abgewälzt. Eine Folge dieser neuen Situation war eine außerordentlich starke zwischenbetriebliche Fluktuation der Beschäftigten, die für eine beträchtliche Zahl von Unternehmen in jener Zeit ein großes und vielbeklagtes Problem darstellte. Denn sie waren nun gezwungen, Löhne, Sozialleistungen und sonstige betriebliche Leistungen zu erhöhen, um Arbeitskräfte einstellen und sie auch für längere Zeit an sich binden zu können. Die Erleichterung der Anfahrt zum Arbeitsplatz oder die Erstattung der für den Arbeitsweg entstehenden Kosten war eine wichtige Komponente bei den so motivierten Bemühungen um eine Verbesserung der betrieblichen Arbeitsbedingungen und Sozialleistungen. So hieß es 1959 in den »Leitgedanken für betriebspolitische Maßnahmen« des entsprechenden Ausschusses der »Bundesvereinigung der Deutschen Arbeitgeberverbände«: Darüber

---

288 Vgl. dazu Hoechst-Archiv, Akte 22 93 (Fahrt- und Wegegelderstattung von Arbeitern und Angestellten), passim.

hinaus empfiehlt der Ausschuß der Bundesvereinigung den Betrieben Vereinbarungen mit öffentlichen und privaten Verkehrsträgern über günstige An- und Abfahrtmöglichkeiten, den Bau oder Ausbau von Unterkünften für ledige oder auswärtige Arbeitnehmer ...«.[289]

In einem Brief der Vereinigung der Hessischen Arbeitgeberverbände an die Firma Neckermann Versand KG in Frankfurt wird deutlich, wie der Fahrtkostenzuschuß bzw. der kostenlose Transport zwischen Wohn- und Arbeitsort für die Firmen zu einem Mittel wurde, um Arbeitskräfte mit besonderen betrieblichen Leistungen anzuwerben: »Ihre kürzlich in verschiedenen Tageszeitungen des hiesigen und südhessischen Raumes erschienene Anzeige, durch die Sie eine Reihe weiblicher Arbeitskräfte suchen und ihnen damit gleichzeitig neue Pkws für die Fahrt zum Arbeitsplatz nach Frankfurt/M. zur Verfügung stellen wie ihnen ferner, soweit es sich um Bewerberinnen mit Führerschein Kl. III handelt, die Möglichkeit zu »Privatfahrten am Wochenende« einräumen, hat über den Bereich des Einzelhandels hinaus bei der hessischen Wirtschaft große Verwunderung und Verärgerung ausgelöst.«[290]

Die enge Koppelung des Fahrtkostenzuschusses an den Konjunkturzyklus und die Arbeitsmarktsituation veranschaulichen ebenfalls die Betriebsvereinbarungen – und ihr Auslaufen – bei der Firma Hoechst. Dort wurde der Fahrtkostenzuschuß 1966 allen »Tarifangestellten und gewerblichen Arbeitnehmern« gewährt, gleichgültig ob sie mit dem Pkw oder mit öffentlichen Verkehrsmitteln den Arbeitsplatz erreichten. Die Beschäftigten mußten einen Eigenanteil in Höhe von 30,– DM monatlich übernehmen, die Firma Hoechst übernahm die darüber hinausgehenden Kosten bis zu einem Zuschuß von 70,– DM[291]. Die 1972 verlängerte Vereinbarung wurde 1979 von der Unternehmensleitung mit folgender Begründung aufgehoben: »Seit 1966 zahlt die Firma den tariflich geführten Mitarbeitern einen Zuschuß für die

---

289 Der Arbeitgeber, 11. Jg. 1959, H. 17, S. 523.
290 Hoechst-Archiv, Akte 12/13 16 (Arbeitseinsatz/Fluktuation 1958–61), Schreiben der Vereinigung der hessischen Arbeitgeberverbände an die Firma Neckermann Versand KG, Frankfurt/M. v. 10.5.1961.
291 Vgl. Bekanntmachung der Hoechst AG v. 22. Juni 1966.

täglichen Fahrten zwischen Wohn- und Beschäftigungsort. Der Zuschußregelung sind die Tarife der Bundesbahn mit Stand v. 14. 01. 1972 zugrundegelegt. In den Rundschreiben, in denen wir die Regelung bekanntgegeben hatten, war darauf hingewiesen worden, daß der Fahrtkostenzuschuß – der ausdrücklich nicht als »Sozialleistung«, *sondern mit Rücksicht auf die damalige Arbeitsmarktsituation eingeführt worden ist* (Hervorhebung v. d. Verf.) – eine jederzeit widerrufliche Leistung der Firma darstellt. In letzter Zeit haben wir eingehend geprüft, ob die Weitergewährung des Fahrtkostenzuschusses noch angebracht ist. Wir sind zu der Auffassung gelangt, daß der bisherige Fahrtkostenzuschuß nicht mehr den heutigen Gegebenheiten entspricht.«[292]

Auch diese Betriebsvereinbarungen gehen nicht über die finanzielle Kompensation für die den Pendlern entstehenden Unkosten hinaus. Auch hier ist der bloße Fahrtkostenersatz der einzige Bezugspunkt gewerkschaftlichen Engagements hinsichtlich der Pendlerbelastungen.

Allerdings haben in den letzten Jahren neue Aktivitäten zur Lösung von Pendlerproblemen auf betrieblicher Ebene an Bedeutung gewonnen[293]. Diese Bemühungen sind im Kern umwelt- und verkehrspolitischer Art. Sie stehen unter dem Vorzeichen, angesichts des ökologisch verantwortungslosen Zuwachses des motorisierten Individualverkehrs das Auto zugunsten öffentlicher Verkehrsmittel zurückzudrängen und den Belegschaften die Anfahrt mit öffentlichen Verkehrsmitteln zu erleichtern. Insofern greifen sie über die bisher vorrangig betriebene Politik des Fahrtkostenzuschusses hinaus.

Diese Aktivitäten gehen von gewerkschaftlicher Seite aus zurück auf die – zumindest in einigen Einzelgewerkschaften intensiver geführte – Diskussion um die stärkere Integration qualitativer Momente in die eigene Politik, die sich auch aus der Erfahrung speist, daß Lebens- und Arbeitsbedingungen der Beschäftigten nur dann adäquat vertreten werden können, wenn Gewerkschaften sich in einem umfassenden Sinne

---

292 Rundschreiben v. 19. März 1979.
293 Vgl. zu solchen Betriebsvereinbarungen Gemeinschaftsaktion »Umweltverbund im Nahverkehr« (Hrsg.), Verantwortung übernehmen – Umsteigen fördern. Hinweise und Beispielsammlungen, Bonn 1990; Pickshaus, Klaus/Priester, Klaus (Hrsg.), Ökologie und Gesundheit im Büro, Frankfurt a.M. 1991, S. 126f.

auf deren Interessen beziehen und wenn sie sich nicht nur auf die betriebliche Ebene beschränken. Die für die Pendler relevanten Erfahrungen haben vor allem einen umwelt- und verkehrspolitischen Hintergrund. Denn die Beschäftigten selbst machen im täglichen Berufsverkehr die Erfahrung verstopfter Innenstädte und wachsender Staus. Auch das Auto ist in diesem Zusammenhang stärker in das Blickfeld der Kritik geraten[294].

Im folgenden sei der Inhalt einiger ausgewählter Betriebsvereinbarungen kurz dargestellt:

Hessischer Rundfunk in Frankfurt

Der Hessische Rundfunk (HR) hat mit dem Frankfurter Verkehrsverbund (FVV) einen Vertrag geschlossen, der den Umstieg auf den öffentlichen Nahverkehr zum Ziel hat. Dieser Vertrag – wie auch weitere in der Zwischenzeit unterzeichnete Verträge – geht auf eine Initiative des FVV zurück. »Das Angebot von FVV-Job-Tickets soll dazu dienen, Mitarbeitern mit Arbeitsplatz im Verbundraum für die Fahrt von und zum Arbeitsplatz eine attraktive Alternative zum Pkw zu bieten. Damit soll ein Beitrag zur Entlastung der überfüllten Straßen durch Berufspendler erreicht werden.«[295] Freilich erhofft sich der FVV davon legitimerweise auch eine Erhöhung der Fahrgastzahlen für den öffentlichen Nahverkehr. Der Vertrag beinhaltet folgende Komponenten:

- der HR kauft pauschal für seine gesamte Belegschaft ein »Job-Ticket« zum Sonderpreis beim FVV und gibt es kostenlos an die 2100 Beschäftigten weiter, so daß nun alle HR-Beschäftigten umsonst zwischen Wohn- und Arbeitsstätte pendeln können;
- der Fahrausweis ist personengebunden und nicht übertragbar, gilt allerdings auch samstags und sonntags;
- die Kosten belaufen sich auf über 30,– DM im Monat je Beschäftigten; der Personalrat des HR hat sich in einer Betriebsvereinbarung verpflichtet, im Gegenzug auf 0,25

---

294 Vgl. IG Metall, Auto, Umwelt und Verkehr. Umsteuern, bevor es zu spät ist! Frankfurt/M. o.J. (Schriftenreihe der IG Metall 122); Steinkühler, Franz, Umsteuern, bevor es zu spät ist, in: Der Gewerkschafter, 1990, H. 12, S. 40–44.
295 Presseerklärung des FVV v. 21. Februar 1991.

Prozentpunkte der Gehaltserhöhung bei der nächsten Tarifrunde zu verzichten; somit ist die Belegschaft etwa zur Hälfte an den Kosten für das Job-Ticket beteiligt.

Der Vertrag enthält zudem noch insofern eine soziale Komponente, als auf der Basis des Verzichts auf 0,25 Prozentpunkte bei der Gehaltserhöhung die besser Verdienenden mit einem höheren DM-Betrag am Job-Ticket beteiligt sind.

Diese Vereinbarung zwischen FVV und HR hat bundesweit Pioniercharakter und wird gemeinhin als vorbildlich angesehen. Jedoch stellt diese Art der Vereinbarung für viele Beschäftigte auch ein Problem dar. So ist für manche die Benutzung öffentlicher Verkehrsmittel wegen der schlechten Anbindung des Wohnortes an das Verkehrsnetz unzumutbar, und doch müssen sie für das Job-Ticket mitbezahlen. Dies gilt ebenso für diejenigen, die zu Fuß oder mit dem Fahrrad den Arbeitsplatz erreichen können.

Der FVV hat inzwischen auch eine ähnliche Vereinbarung mit der Stadtverwaltung Frankfurt getroffen und verhandelt derzeit mit anderen Frankfurter Großbetrieben. Auch in anderen Großstädten und Ballungsräumen haben die betreffenden Verkehrsgesellschaften in jüngster eine zahlreiche Verträge ähnlichen Inhalts mit ortsansässigen Großbetrieben abgeschlossen.

Betriebsvereinbarung bei Schwäbisch Hall

Der Vorstand der Bausparkasse Schwäbisch Hall und der Betriebsrat der Hauptverwaltung dieser Sparkasse haben eine Betriebsvereinbarung abgeschlossen, mit der gezielt der Umstieg vom Pkw auf öffentliche Verkehrsmittel gefördert werden sollte[296]. Die zuvor eingesetzte Fahrgelderstattung hatte sich als ein unzureichendes Instrument erwiesen, weil die Fahrt mit dem Bus für viele Beschäftigte ein mehrmaliges Umsteigen erforderte und damit entsprechend umständlich und zeitaufreibend war. In einer Betriebsbefragung wurden die erforderlichen Verbindungen zwischen den Wohnorten und der Arbeitsstätte ermittelt, um den Busunternehmen die entsprechenden Informationen zukommen zu lassen. Nach

---

296 Vgl. Informationen der Bausparkasse Schwäbisch Hall.

einer dreimonatigen Testphase schließlich wurde der Vertrag zwischen der Bausparkasse und den Busunternehmen unterzeichnet und eine Betriebsvereinbarung zwischen der Unternehmensleitung und dem Betriebsrat ausgehandelt. In der Betriebsvereinbarung ist die Priorität der Förderung des öffentlichen Personennahverkehrs vor dem Individualverkehr festgehalten. Danach können die Beschäftigten die öffentlichen Verkehrsmittel zum Nulltarif benutzen. Der Firmenausweis gilt gleichzeitig bei allen vier beteiligten Busunternehmen als Fahrausweis. Diejenigen Beschäftigten, die außerhalb Schwäbisch Halls wohnen und öffentliche Verkehrsmittel benutzen, erhalten, sofern sie nicht umsonst mit öffentlichen Verkehrsmitteln fahren können, auf Antrag die Fahrtkosten zu 100 Prozent, maximal jedoch 130,– DM, erstattet. Demgegenüber wird Autofahrern nur noch dann ein Zuschuß gewährt, wenn besondere Voraussetzungen vorliegen. Dies betrifft Schichtdienstleistende, Schwerbehinderte und diejenigen Beschäftigten, die nachweislich über eine schlechte Anbindung an den öffentlichen Verkehr verfügen.

Den Busunternehmen zahlt die Bausparkasse einen pauschalen Betrag für jeden Beschäftigten, der den Betriebsausweis benutzt, und die Busunternehmen ihrerseits zählen die Fahrgäste im Stichprobenverfahren.

Das »Lörracher Modell«

Dem »Lörracher Modell«, das im dortigen Landratsamt entwickelt wurde und umgesetzt wird, liegt die Überlegung zugrunde, daß solche Beschäftigte persönlich belohnt werden müssen, die mit Bus, Bahn oder Fahrrad zur Arbeit fahren[297]. Danach zahlt jeder Mitarbeiter, der einen Platz in der Tiefgarage belegt, monatlich zehn DM in einen Fonds, der zweimal jährlich an jene ausgezahlt wird, die mit dem öffentlichen Personennahverkehr oder mit dem Fahrrad zur Arbeit kommen. Dies waren im Jahre 1989 immerhin 20000 DM. Dabei erhalten Radfahrer pauschal 20,– DM monatlich; dies waren etwa 7500 DM. Die restlichen 12.600 DM reichten aus, um

---

297 Vgl. Pickshaus/Priester (Hrsg.), Ökologie und Gesundheit im Büro, ebda., S. 123f.

die Monatskarten der Bus- und Bahnfahrer zu 40 Prozent zu subventionieren. Etwa ein Drittel der Beschäftigten des Landratsamtes machen kontinuierlich von diesem Angebot Gebrauch.

Umweltjahreskarte des Landkreises Tuttlingen

Der Landkreis Tuttlingen bietet – nach langen Verhandlungen mit der Bundesbahn – für alle Bürger des Kreises eine sogenannte »Umweltjahreskarte« für den Preis von acht Monaten an, also eine Verbilligung von einem Drittel. Darüber hinaus ist der Landkreis auf die ansässigen Firmen mit der Bitte zugegangen, zusätzlich zu den bereits gewährten Zuschüssen für die eigenen Beschäftigten die Umweltjahreskarte mit weiteren zwei Zwölfteln zu subventionieren, so daß sich die Kosten für die Beschäftigten auf die Hälfte des ursprünglichen Preises reduzieren. Auf dieser Grundlage konnte mit der Stadtverwaltung, der Kreissparkasse und der Firma Aesculap eine Übereinkunft erzielt werden.

4.3 Motive und Probleme der Durchsetzung von Betriebsvereinbarungen zu Pendlerproblemen

Bei den erwähnten jüngeren betrieblichen Vereinbarungen über Fahrtkostenzuschüsse geht es anders als beim traditionellen Modell des Fahrtkostenzuschusses also nicht einfach nur um die Erstattung entstandener finanzieller Aufwendungen für den Weg zur Arbeit. Vielmehr wird mit ihnen das umwelt- und verkehrspolitisch motivierte Ziel verfolgt, den Pendlern einen finanziellen Anreiz für das Umsteigen vom Pkw auf die öffentlichen Verkehrsmittel und das Fahrrad zu liefern. Dabei wird auch die finanzielle »Bestrafung« der Autofahrer in Kauf genommen. Jedoch werden auch die bisherigen Grenzen des Engagements von Gewerkschaften und Betriebsräten deutlich. Die fortschreitende Trennung von Wohnung und Arbeit, das Ziel der Reduzierung der wachsenden Entfernung und des wachsenden Zeitaufwandes ist ein weder in den Betriebsvereinbarungen – sie allein wären ja auch mit der Regelung dieses Problems überfordert – noch in den gewerkschaftlichen Diskussionen adäquat behandelter Gegenstand. Die struktur-, umwelt-, verkehrs- und gesundheitspolitisch gebotene Reduzierung der räumlichen Trennung von Wohnen und Arbeit und damit die Verringerung der vielfältigen Belastungen für die Pendler selbst spielt in den Diskussionen und Aktivitäten noch eine zu geringe Rolle.

Diese Entwicklung sollte aber nicht darüber hinwegtäuschen, daß eine Vielzahl der in jüngerer Zeit auf betrieblicher Ebene getroffenen Vereinbarungen auf die Initiativen von Kommunen, Landkreisen sowie kommunalen oder regionalen Verkehrsgesellschaften zurückgehen. Treibende Motive für dieses Engagement sind die drängenden Probleme des wachsenden Verkehrsnotstandes, der in den Augen vieler Verantwortlicher nicht nur von ökologischer Bedeutung ist, sondern die innerstädtische Lebensqualität gerade in den Ballungsräumen nachhaltig beeinträchtigt, ja vielerorts bereits unzumutbar geworden ist. Zusätzlich existiert das Interesse an einer Erhöhung der Fahrgastzahlen, um die notwendigen Zuschüsse zum chronisch defizitären Nahverkehr zumindest begrenzen zu können. Schließlich ist auch eine wachsende Bereitschaft von Unternehmen zu beobachten, den Umstieg ihrer Beschäftigten vom motorisierten Individualverkehr auf öffentliche Verkehrsmittel zu fördern. Ob daraus ohne weiteres auf eine gestiegene ökologische Handlungsbereitschaft von Privatunternehmen geschlossen werden kann, muß allerdings fraglich bleiben. Denn viele der an solchen Betriebsvereinbarungen beteiligten Unternehmen entschieden sich erst dann dafür, die Benutzung öffentlicher Verkehrsmittel zu subventionieren, als die vorhandenen Großparkplätze die wachsende Zahl der Pkws nicht mehr aufnehmen konnten und die finanziellen Aufwendungen für den Umstieg auf Bus und Bahn gegenüber den hohen Kosten für den Bau und den Unterhalt von Parkhäusern, Tiefgaragen und freien Stellflächen als die kostengünstigere Variante erschien. Oftmals spielen auch die Klagen von Anwohnern über das hohe Berufsverkehraufkommen eine wichtige Rolle, und nicht zuletzt gehören Maßnahmen zum Umweltschutz angesichts des gestiegenen Umweltbewußtseins mittlerweile zur positiven Imagepflege eines Unternehmens.

Aus der Sicht von Betriebsräten und Gewerkschaften erschwert die – vermeintlich oder tatsächlich – fehlende Bereitschaft der Beschäftigten, ihre Lebensgewohnheiten zu verändern und bei der Fahrt zum Arbeitsplatz auf den Pkw zu verzichten, die Durchsetzungsmöglichkeiten eines Umstiegs auf öffentliche Verkehrsmittel. In der Tat sind es nicht selten die Belegschaften, die besonders stark am Pkw festhalten möchten. Jedoch zeigen die bisherigen Erfahrungen mit entsprechenden Betriebsvereinbarungen, daß die Akzeptanz von Job-Tickets und ähnlichen Instrumenten außerordentlich groß ist. So hat sich beim Rhein-Ruhr Flughafen Düsseldorf die Zahl der Beschäftigten, die ausschließlich mit öffentlichen Verkehrsmitteln zur Arbeit fuhren, innerhalb eines knappen halben Jahres mehr als verdreifacht (von 11,9 auf 36,7 Prozent); bei Schwäbisch Hall hat sich die Zahl der Busfahrer zwischen Juni 1990 und Dezember 1991 von 620 auf 1400 Personen erhöht. Ähnliche Steigerungsraten bei den Fahrgastzahlen öffentlicher Verkehrsmittel verzeichnen auch andere Unternehmen. Von entscheidender Bedeutung für die Resonanz, die solche Betriebsvereinbarungen bei den Beschäftigten finden, ist offenkundig die Qualität der öffentlichen Verkehrsverbindungen: Wenn ein häufiges Umsteigen vermieden werden kann, der Takt der Fahrtzeiten an die Arbeitszeiten angepaßt ist und das Ziel schnell erreicht werden kann, so werden Bus und Bahn auch von vielen gern benutzt. Gerade in den Ballungsräumen stoßen die wachsenden Berufspendlerzahlen in den Spitzenzeiten mittlerweile schon an die Kapazitätsgrenzen der öffentlichen Verkehrsmittel.

Des weiteren stoßen die Bemühungen um die Mitbestimmung und Mitgestaltung bei der Reduzierung von Pendlerbelastungen oder bei der Lösung von Pendlerproblemen auf das Problem, daß die Zurückdrängung des Pkw-Verkehrs eine nachhaltige Verbesserung des öffentlichen Personennahverkehrs erfordert. Vor allem müssen die Taktzeiten verkürzt und die verschiedenen Verkehrsnetze und Verkehrsträger enger aufeinander abgestimmt werden, um das Verkehrsangebot so attraktiv wie möglich zu machen, d.h. die Wartezeiten und Fahrzeiten möglichst kurz zu halten. Für die Entwicklung eines solchen attraktiven Konzepts bedarf es detaillierter Kenntnisse und langwieriger Vorarbeiten. Darüber hinaus sind in verkehrspolitische Entscheidungen eine Vielzahl von Entscheidungsträgern und Interessen einbezogen

(Kommunen, Landkreise, Bund, Land, Verkehrsgesellschaften, Bundesbahn, private Busunternehmen etc.). Dabei sind die gewerkschaftlichen Einflußmöglichkeiten wie im allgemeinen die Einflußmöglichkeiten vor Ort häufig nicht sehr groß, weil viele Entscheidungen nicht vor Ort fallen und zudem Gewerkschaften, betroffene Kunden und Bürger in den vielfach abgehobenen Entscheidungsgremien (Bahn, Verkehrsgesellschaften, Busunternehmen) kaum über Mitsprachemöglichkeiten verfügen und die Interessen von Kunden schwer zu organisieren sind.

Dem ständigen Zuwachs der Pendelwanderung hinsichtlich der Anzahl der Pendler, dem Zeitaufwand für die Pendelbewegungen und der zu bewältigenden Wegstrecke sowie dem Zuwachs der Pkw-Benutzung durch Pendler liegt die Wechselwirkung unterschiedlicher Faktoren zugrunde:

- die Standortentscheidungen von Produktions- sowie privaten und öffentlichen Dienstleistungsunternehmen, die zu einer immer stärkeren Konzentration in Ballungsräumen beitragen und den Abstand zwischen den Ballungsräumen und strukturschwachen Regionen eher vergrößern als abbauen;
- die Verdrängung der Wohnbevölkerung aus den Innenstädten über hohe Mieten und ihre Ansiedlung außerhalb oder am Rande der städtischen Zentren;
- die Konzentration der Wohnbevölkerung in Trabantenstädten einerseits und die weiträumige Zersiedelung durch Einfamilienhäuser andererseits;
- die Verkehrspolitik, die die Benutzung des Autos einseitig fördert und maßgeblich dafür verantwortlich ist, daß der öffentliche Nahverkehr immer stärker ins Hintertreffen geraten ist;
- die Erhebung des Autos zum Kultobjekt und gesellschaftlichen Statussymbol, mit der die Benutzung des Pkw verherrlicht wird.

Angesichts der komplexen Zusammenhänge kann sich eine Politik, die die Reduzierung von Pendlerbelastungen zum Ziel hat, nicht auf die betriebliche Ebene beschränken. Sie erfordert zugleich ein Eingreifen in gesamtgesellschaftliche Entwicklungen und dabei ein Politikkonzept, in dem struk-

tur-, wohnungs-, umwelt-, verkehrs- und gesundheitspolitische Komponenten aufeinander abgestimmt sein müssen.

Eine Reduzierung von Belastungen durch lange Wegezeiten
für die Beschäftigten und eine gleichzeitige Reduzierung ökologischer Belastungen ist am besten dadurch zu erreichen,
daß große Entfernungen, lange Wegezeiten und damit auch
Verkehr vermieden werden.

IV. Perspektiven, Alternativen und Modelle zur Verminderung der Pendlerproblematik

Die aufgezeigten Belastungsdimensionen arbeitsbedingten Pendelns in der Bundesrepublik vermitteln eine beängstigende Perspektive, besonders dann, wenn man die quantitativen Entwicklungstrends betrachtet, die sich bisher vollzogen haben und die künftig zu erwarten sind.

Die Notwendigkeit zum Handeln in diesem Problemfeld ist offensichtlich und wird auch nicht bestritten. Sie steht jedoch in keinem akzeptablen Verhältnis zu den bisher bewirkten und zukünftig beabsichtigten Veränderungen. Wirklich einschneidende Maßnahmen zur Trendwende liegen derzeit ohnehin außerhalb der Überlegungen zuständiger Stellen.

Diskussionen mit dem Ziel einer Milderung der Pendlerproblematik werden – sofern sie überhaupt stattfinden – fast ausschließlich unter verkehrspolitischen Vorzeichen geführt, um dort Lösungen oder Hilfen zu suchen. Wenig spielen strukturpolitische Überlegungen eine Rolle, die Verlagerung von Dienstleistungs- und Produktionsstandorten liegt zur Zeit noch weit außerhalb der Problemsicht der beteiligten Akteure. Beteuerungen, Absichtserklärungen, aber zugleich die Ohnmacht im Hinblick auf wirksame Strukturpolitik kennzeichnen häufig das Spektrum beteiligter Institutionen, Organisationen, Unternehmen etc., wobei stets die Optimierung des Verkehrssystems als vorrangiges Handlungsfeld im Blick ist[298]. Doch auch bei der verkehrspolitischen Seite des Pendlerproblems sind die Grenzen schnell aufgezeigt, obwohl zum Beispiel bei der Koordination der beteiligten Verkehrssy-

---

298 Vgl. dazu exemplarisch die Referate, Diskussionen und die Ergebnisse des »Pendlersymposiums«, das im Oktober 1989 an der FH Fulda stattfand: Ott (Hrsg.), Arbeitsbedingtes Pendeln, S. 11ff., S. 127ff.

steme und der dafür Zuständigen längst nicht alle Möglichkeiten der optimalen Gestaltung ausgeschöpft sind[299].

Der Handlungsbedarf in der Pendlerproblematik ist jedoch weit umfassender, grundsätzlicher und ganzheitlicher zu sehen, wenn man die Analyse der Entwicklung und Perspektiven in ihren vielfältigen Auswirkungen ernst nimmt. Mit herkömmlicher Verkehrspolitik sind weder die Verkehrsprobleme der Zukunft noch die Mobilitäts- und Belastungsfolgen des Berufspendelns zu lösen.

Erforderlich ist eine gesellschaftliche Betrachtungsweise, die wirksame Maßnahmen zum Ziel hat, die an den Ursachen ansetzen. Dies bedeutet eine umfassende und ganzheitliche Einbeziehung aller Ursachen und Gründe des arbeitsbedingten Pendelns, um daraus ein Bündel unterschiedlicher Aktivitäten kurz-, mittel- und langfristiger Wirkungsweise abzuleiten und mit deren Umsetzung zu beginnen.

Eine spürbare Milderung der Pendlerproblematik kann sich bei vorausgesetztem Durchsetzungswillen der Beteiligten aus einer konzeptionellen und praktischen Zusammenführung von Maßnahmen und Entscheidungen in folgenden Bereichen realisieren lassen:

1. Struktur- und regionalpolitische Entwicklungen und Standortentscheidungen privater und öffentlicher Unternehmen haben Maßstäbe einer erweiterten gesamtwirtschaftlichen und gesamtgesellschaftlichen Rentabilitätsrechnung zu berücksichtigen.

2. Verkehrspolitische Anstrengungen sind der Zielsetzung einer Optimierung und der Koordinierung insbesondere der öffentlichen Verkehrssysteme und Verkehrsmittel sowie ihrer Träger mit einem Schwergewicht auf Kooperation und Abstimmung vor allem im ländlichen Zubringerbereich zum Streckennetz der Bundesbahn, bei gleichzeitiger Berücksichtigung komplexer, sozialer und ökologischer Erfordernisse der Zukunft, nach dem Grundprinzip »Vorrang für die Bahn in mittleren und größeren Entfernungsbereichen« zu verpflichten.

3. Tarifvertragliche bzw. betriebliche Vereinbarungen und Regelungsanstrengungen zwischen Arbeitnehmern und Ar-

---

299 Vgl. ebda.

beitgebern oder ihren Interessenvertretern werden für Übereinkünfte zur Verminderung der Belastungen und Beanspruchungen der pendelnden Arbeitnehmer (Fernpendler) geöffnet.

4. Arbeitswissenschaftlich, soziologisch und medizinisch unbedingt zu erforschende Anforderungen der Gesundheitssicherung, Wohlbefindlichkeit und sozial angemessenen Lebensführung sowie deren wirksame praktische Umsetzung sind zu fördern.

In einem solchen Maßnahmenpaket sind kurz-, mittel- und längerfristig machbare Aspekte enthalten, was sowohl in der Tragweite, der Planbarkeit als auch in der praktischen Realisierbarkeit von Entscheidungen und der Veränderbarkeit gegebener Verhältnisse begründet ist und zugleich eine Abgrenzung zu vordergründigem Aktivismus darstellt, der zwangsläufig nur Scheinlösungen oder neue Probleme zur Folge haben würde.

Wirksame Konzepte müssen mittel- und längerfristig dem Grundprinzip verpflichtet sein: Die Arbeitsplätze müssen zu den Menschen und nicht umgekehrt. Dies sollte für das Verhältnis von Arbeits- und Wohnregionen gelten, also für den typischen Bereich des Fernpendelns, ohne daß dabei eine neue Pendelwanderung größeren Ausmaßes aus den Ballungsräumen hinaus in die Umlandregionen entsteht.

Keineswegs bedeutet dies eine Tabuisierung oder ein negatives Verhältnis im Hinblick auf berufliche Mobilität, die für sich genommen eine große Bedeutung für Innovation, Qualifikation, beruflichen Aufstieg, Arbeitszufriedenheit und ökonomische Dynamik auch bestimmter Regionen hat sowie zugleich Provinzialität und Unflexibilität vermeiden hilft. Diese Mobilität muß jedoch eine freiwillige und ggf. wählbare sein, für die zugleich angemessene Bedingungen zum Beispiel hinsichtlich verfügbaren und bezahlbaren Wohnraums, auch angemessener Verkehrsmittel etc. existieren müssen. Eine solche positiv verstandene Mobilität hat jedoch nur sehr partiell einen Bezug zu den ausschlaggebenden Ursachen und Gründen des arbeitsbedingten Fernpendelns heute, sowohl hinsichtlich der zahlenmäßigen Entwicklung als auch bezogen auf die konkrete Arbeit, den ausgeübten Beruf und die Freiwilligkeit der Entscheidung.

1. Strukturpolitik und Standortentscheidungen

Das Verhältnis von staatlicher Strukturpolitik und Standortwahl von Wirtschaftsunternehmen auf allen Ebenen der Gesellschaft, in Bund, Ländern, Regionen bis hin zu der Kreis-
und der Kommunalebene ist wesentlich geprägt durch eine
z.T. konkurrierende Wirtschaftsförderungspolitik und er-
schöpft sich zumeist darin. Primär mit ökonomischen Vergünstigungen, Anreizen, aber auch mit der Schaffung infra-
struktureller Voraussetzungen wird versucht, Standortentscheidungen zu beeinflussen oder zu präjudizieren. Dennoch
bleibt die unternehmerische Entscheidung autonom, die
Maßstäbe setzt jedes Wirtschaftsunternehmen in eigenem Interesse oder nach eigenen Wünschen und Prioritäten selbständig, abgesehen von erforderlichen besonderen Grund-
voraussetzungen für bestimmte Unternehmensarten, die für
diese unverzichtbar zu ihrer Zweckerfüllung sind sowie in
Abhängigkeit von der Erfüllung genehmigungspflichtiger
Anforderungen.

Staatliche wirtschaftsstrukturpolitische Maßnahmen bleiben
entsprechend den Prinzipien des Wirtschaftssystems stets
marginal und dem Marktmechanismus unterworfen. Neben
Anreizen mit wirtschaftlichen Vergünstigungen erschöpfen
sie sich in der Regel im Ausbau der materiellen Infrastruktur,
zum Beispiel von Verkehrssystemen (Straßen, Bahn, Flughä-
fen, See- und Schiffahrtswege), Kommunikationssystemen,
Energiepotentialen und ggf. Bildungs-, Freizeit- und Kultur-
einrichtungen[300] und – je nach Unternehmensart und -gegen-
stand – in bestimmten baulichen und sicherheitstechnischen
Auflagen.

In der Vielfalt abzuwägender Faktoren zur Standortentscheidung von Wirtschaftsunternehmen ergeben sich je nach Bedingungen und Voraussetzungen Verschiebungen in deren
konkreter Bedeutung; Einzelkriterien der Standortentscheidung variieren also vor veränderten Verhältnissen und Zielsetzungen.

So hat seit Mitte der siebziger Jahre das Kriterium »vorhandene Arbeitskräfte« an Bedeutung für die Standortentschei-

---

300 In neuen Dimensionen können hier Entwicklungen – aber auch neuartige Probleme – in der Folge des EG-Binnenmarktes erwartet werden.

dung verloren. Mit der Krise und einer dauerhaften Arbeitslosigkeit trat eine Gewichtsverschiebung gegenüber der vorhergegangenen »Vollbeschäftigung« ein, die es seinerzeit erforderlich machte, sich um Arbeitskräfte zu bemühen und durch entsprechende Unternehmensentscheidungen Anreize zu schaffen. Wenngleich der Standortfaktor »Arbeitskräfte« auch heute, gerade unter dem Aspekt der jeweils benötigten Qualifikationen, weiterhin gewichtig ist, so hat sich dennoch der Zwang, aus arbeitsmarktbedingten Ursachen zu pendeln, in diesem Feld von Standortscheidungsfaktoren insgesamt wesentlich zuungunsten der Arbeitnehmer verschoben.

Folgen dieser nur angedeuteten Tendenzen hinsichtlich der Strukturentwicklung und Standortproblematik sind eine weiter fortschreitende Konzentration und Zentralisierung von Unternehmen – und z. T. in deren Folge – auch ein entsprechender Trend bei Institutionen, Organisationen, öffentlichen Einrichtungen etc. in Ballungsräumen und Ballungsregionen, in denen die Zahl der dort vorhandenen Arbeitsplätze häufig die Zahl der ansässigen Erwerbstätigen erheblich übersteigt[301]. Die Konsequenz ist eine Zunahme der Einpendler aus umliegenden Regionen in unterschiedlichem Ausmaß[302].

Die Tendenz zur Konzentration und Zentralisierung in den Ballungsräumen betrifft nicht nur die Wirtschaftsunternehmen, sondern auch öffentliche Unternehmen, Institutionen und Behörden, also solche, die direkt staatlicher Entscheidung oder Aufsicht unterliegen. Für viele Behörden und sonstige öffentliche Institutionen ist eine Ansiedlung in Ballungsräumen nicht zwangsläufig erforderlich. Der Spielraum für Entscheidungen zur Dezentralisierung wird nicht hinreichend genutzt, häufig trotz gegenteiliger öffentlicher Bekundungen der Verantwortlichen[303].

---

301 Vgl. dazu Kapitel II.
302 Für Frankfurt/Main stellt sich dies zum Beispiel so dar, daß die Berufseinpendler ca. 50 Prozent der Erwerbstätigen am Arbeitsort ausmachen. Vgl. dazu Kapitel II.
303 Die immer wieder vorgetragenen Möglichkeiten zur ortsunabhängigen dezentralen Kooperation, die durch die neuen Informations- und Kommunikationstechniken geschaffen wurden, sind offensichtlich bisher in dieser Hinsicht nicht hinreichend aufgegriffen worden. Dies gilt für privatwirtschaftliche und öffentliche Unternehmen und Einrichtungen gleichermaßen.

Daraus kann die Schlußfolgerung gezogen werden, daß verstärkte öffentliche Anstrengungen zur Dezentralisierung zwar möglich und notwendig sind, aber dennoch aus vielfältigen Gründen nicht wirksam werden, nicht zuletzt deshalb, weil die politische und wirtschaftliche Ballungsraumlobby größeren Einfluß zugunsten einer weiteren Aufblähung ihrer Städte ausübt, als es Vertreter peripherer Regionen für diese können. Staatliche Entscheidungsprioritäten lassen sich sachlich vertretbar – ja sogar im Gemeinwohlinteresse zwingend – verändern und mittelfristig in Form von gezielten und sozial abgefederten Dezentralisierungsmaßnahmen durchsetzen.

An zahlreichen Beispielen ließe sich verdeutlichen, daß eine Präsenz von Unternehmen, Behörden, Institutionen und Organisationen an ihren jetzigen Standorten in den Ballungsräumen nicht oder nur in wesentlich verkleinertem Umfang sachlich erforderlich ist. Dies gilt beispielsweise sowohl für eine Reihe öffentlicher Institutionen, wie die Oberpostdirektionen und die Oberfinanzdirektionen oder andere Landes- und Bundesbehörden, aber auch für zahlreiche Hauptverwaltungen von Banken und Versicherungen zum Beispiel in Frankfurt/Main, die den größten Teil ihrer Aufgaben in gleicher Weise und ohne Verlust ihrer Handlungsfähigkeit auch in Umlandregionen ausüben oder zumindest Teile ihrer Administration dorthin auslagern könnten. Prestigeansprüche und Dominanzdenken zum Beispiel bezüglich sichtbarer baulicher Repräsentanz überlagern oft rationale und vernünftige Entscheidungskriterien im Sinne der Menschen und der Umwelt, da die Folgen von solchen Einzelentscheidungen und dem Einzelverhalten letztlich doch der Gesellschaft, also der Stadt, der Region, den betroffenen Menschen, aufgebürdet werden können. Alternativen zu den bisher vorherrschenden Arbeitsplatzstrukturen in Ballungsräumen werden wenig praktiziert, die Bereitschaft dazu ist gering, Konzepte dazu fehlen weitgehend, sieht man von Einzelbeispielen ab[304].

Einwirkungsmöglichkeiten auf ein neues Standortdenken und entsprechendes Handeln liegen aber nicht nur in staatlicher Zuständigkeit und Verantwortung. Die Unternehmen und ihre Verbände sind gut beraten, in dieser Richtung eigene

---

304 Vgl. zum Beispiel: Ulich, Eberhard, Überlegungen zur Aufhebung der Ortsgebundenheit von Arbeit, in: psychosozial, 11. Jg., 1988, H. 33, S. 83–91.

Untersuchungen, Überlegungen und Aktivitäten zu diskutieren, um den Erfordernissen der Zukunft und der grundgesetzlich geregelten »Sozialpflichtigkeit des Eigentums« gerecht zu werden.

Auch im Beziehungs- und Regelungsfeld zwischen Arbeitgebern und Gewerkschaften/Betriebs- und Personalräten sind Möglichkeiten und aus gesellschaftlichen Erfordernissen heraus auch konkrete Aufgaben ableitbar, die die Standortthematik, die Pendlerbelastungen und deren Folgen stärker als bisher zu ihren Aktivitätsbereichen werden lassen müssen und von ihren potentiellen Einwirkungsmöglichkeiten mehr Gebrauch machen sollten. Das weite Feld der Tarifpolitik sollte diese Thematik als Regelungsbereich künftig fest einbeziehen[305].

Der Widerspruch zwischen dem unternehmerischen bzw. institutionellen Einzelentscheidungsrecht und der gesellschaftlichen Bewältigung – oder Nichtbewältigung – der Folgen von Standortentscheidungen stellt eines der zentralen Grundprobleme dar, ohne dessen Relativierung oder durch Kriterien definierte Einschränkung die Problematik des arbeitsbedingten Fernpendelns langfristig und wirksam nicht lösbar ist.

Die Definition von Maßstäben und Kriterien einer im umfassenden Sinne verstandenen »Regionalverträglichkeit« des Präsenzbestandes von privaten und öffentlichen Unternehmen, Institutionen, Verwaltungen etc. an ihrem jetzigen Standort in Ballungsregionen wird ebenso erforderlich sein, um das Kollabieren solcher Großstädte und Ballungsregionen zu verhindern, wie die Überprüfung und Transparenz von Voraussetzungen und Anforderungen, die Grundlage für die Erteilung von Genehmigungen zur Neuansiedlung sein müssen.

Die Bestandsreduzierung bzw. -verlagerung von Teilen der Unternehmen, Behörden etc. läßt sich dabei zum Beispiel an den zur Zweckerfüllung vor Ort erforderlichen Umfang der Präsenz binden. Eine Ablösung der bisherigen Mechanismen der Konzentration und Zentralisierung und deren Ersetzung

---

305 Vgl. dazu den Abschnitt »Tarifvertragliche und betriebliche Handlungsmöglichkeiten« in diesem Kapitel.

durch wirksame neue ist zur langfristigen Bewältigung der Ballungsraumentwicklung, des Fernpendlerproblems und anderer damit verbundener Folgen unverzichtbar.

Ohne die rationale Verpflichtung, jenseits einzelwirtschaftlicher Standortinteressen auf dieses Entscheidungsgefüge einzuwirken, wird es eine wirksame Dezentralisierung nicht geben. Dazu bedarf es auch neuer Kooperationsstrukturen zwischen den verschiedenen regional beteiligten und verantwortlichen Institutionen und Personen untereinander sowie mit den beteiligten und betroffenen Unternehmen und Beschäftigten, um neben der »Regional- und Umweltverträglichkeit« auch die »Sozialverträglichkeit« in ausgewogenem Maße zu sichern[306].

2. Verkehrspolitische Konzepte und Maßnahmen

In kurz- und mittelfristiger Perspektive gehört die Optimierung der Verkehrssysteme zu den vorrangigen Punkten in der Behandlung der Pendlerproblematik, insbesondere um die spezifischen mit der Wegezeit und der Verkehrsbeteiligung verbundenen Belastungen und Beanspruchungen zu mildern.

Wenngleich bei der obendargestellten bisherigen und für die Zukunft prognostizierten Fernpendlerentwicklung, die ja nur ein Verkehrs- und Transportfaktor neben vielen anderen ist, eine Lösung des Problems auch längerfristig allein verkehrspolitisch nicht möglich erscheint, so kommt einschneidenden Maßnahmen in diesem Feld dennoch große Bedeutung zu, da unmittelbare Entlastungen und Erleichterungen so realisierbar sind.

Sichere, umweltverträgliche, schnelle, zuverlässige und angenehme Verkehrssysteme und -mittel sind für die Gesellschaft insgesamt und für alle Verkehrsteilnehmer ein zwingendes Erfordernis der Zukunft, für die Pendler als tägliche Verkehrsteilnehmer im besonderen.

Die starke Hinwendung der Berufspendler zur individuellen Pkw-Benutzung für den Arbeitsweg signalisiert, daß trotz

---

306 Vgl. dazu die beispielhafte Erörterung dieses Themas auf dem »Pendlersymposium«, Ott, Arbeitsbedingtes Pendeln.

riesiger Probleme im Straßenverkehr bei individueller Abwägung vieler Faktoren der Pkw das günstigere Verkehrsmittel gegenüber zum Beispiel der Bundesbahn zu sein scheint, sieht man es aus der Sicht des einzelnen.

Die historisch ursächlichen Bedingungen für diese eindeutige Entwicklungstendenz der von Pendlern bevorzugten Verkehrsmittel sind vielfältig, wobei allerdings die Tatsache von erheblicher Bedeutung ist, daß der Ausbau des Straßensystems und des individuellen Straßenverkehrs (Pkw) eine unvergleichlich umfassendere staatliche Förderung und gewollte Durchsetzung erfahren hat als der quantitative und qualitative Ausbau des Schienensystems und der Schienenfahrzeuge im Bereich der Deutschen Bundesbahn[307].

Im Personenfernverkehr sind seitens der Bundesbahn umfangreiche Anstrengungen unternommen worden, um die Verhältnisse zu verbessern, zu einem erheblichen Teil auf Kosten des Engagements im Personennahverkehr. Dies betrifft sowohl quantitative als auch qualitative Anstrengungen. Dabei kann der Eindruck entstehen, daß sich die Bahn mit den Pendlern als Stammkundschaft weniger Mühe für einen angenehmen Reiseverlauf gibt, als sie Aktivitäten und Serviceangebote im luxuriöseren Bereich von ICE-Kundschaft einbringt, um neue Benutzergruppen für dieses Verkehrsmittel zu gewinnen.

Zur verkehrsmäßigen Bewältigung der Pendlerströme im mittleren und größeren Entfernungsbereich kann die Straße nicht der Weg der Zukunft sein. Attraktive schienengebundene Systeme in guter Ausstattung, angemessene Taktbindung, Zuverlässigkeit und Schnelligkeit sind in diesem Bereich adäquate Verkehrsmittel der Zukunft, deren Ausbau dringend erforderlich ist. Die Bundesbahn und ggf. andere Träger müssen also in die Lage versetzt werden, den gesellschaftlichen Auftrag der Sicherung und Entwicklung des schienengebundenen öffentlichen Personennahverkehrs zu gewährleisten. Auf der Grundlage der Gemeinwohlverpflichtung müssen die Bahn als staatliches Verkehrsunternehmen oder entsprechende regionale Verkehrsverbünde in die Lage

---

307 Vgl. dazu beispielhaft: Rauh, Herbert, Möglichkeiten zur Verbesserung der Situation der Berufspendler in Osthessen, in: Ott Hrsg., Arbeitsbedingtes Pendeln, S. 99–125.

versetzt werden, diesen Auftrag angemessen wahrnehmen zu können. Die dafür erforderlichen Ressourcen sind wesentlich von der Gesellschaft, von den Nutzern bzw. aus dem Staatsetat zu erbringen, unter Einbeziehung der Einnahmen der Bundesbahn. Bei Abwägung ökologischer und anderer gesellschaftlicher Belastungsfaktoren müssen für den Schienenverkehr zumindest vergleichbare Ausgangsbedingungen geschaffen werden wie für die individuellen, motorisierten Verkehrsmittel und den Straßenbau. Weitreichende politische Entscheidungen sind dafür notwendig, zum Beipiel hinsichtlich des Auftrages der Bundesbahn und ihrer ökonomischen Rechnungslegung, vor allem in bezug auf den Ausbau und die Instandhaltung der Streckennetze und der finanziellen Basis dafür.

Von Pendlern – gerade von solchen, die die Bahn als Hauptverkehrsmittel benutzen – werden viele Wünsche und Kritikpunkte bezüglich der Bahn forumuliert, die die gegenwärtig mangelnden Attraktivität dieses Verkehrsmittels sehr deutlich zum Ausdruck bringen. Die wachsende Differenzierung von Service und Komfort in den verschiedenen Zugarten (zum Beispiel: ICE/IC im Vergleich zum Nahverkehrszug) ist ein häufig geäußertes Ärgernis, das oft von den Berufspendlern als Diskriminierung empfunden wird. Solche Kritikpunkte sind neben den hohen Fahrpreisen beispielsweise: unpassende Fahrplanzeiten und die zu geringe Zahl der zu den Pendelzeiten eingesetzten Züge, IC/ICE-Fahrzeiten bzw. deren Nichteinsatz zu einschlägigen Pendlerfahrzeiten, Verspätungen der Züge, nicht abgestimmte Anschlüsse im Bahn- und Zubringerbereich, überfüllte Züge, lange Fahrzeiten und nicht bedarfs- und arbeitszeitgerechte Abfahrts- und Ankunftszeiten, schlechte Ausstattung bzw. Qualität der Wagen und fehlender Service[308]. Auch hier sind einschneidende Maßnahmen zwingend, um die Akzeptanz der Bahn wesentlich zu erhöhen.

Dem System Bahn gebührt für den Pendelverkehr der Zukunft in mittleren und größeren Entfernungen der Vorrang vor dem System Straße, was zugleich eine Ausstrahlung auf

---

308 Vgl. ebda., S. 99 ff., S. 183.

Überlegungen bezüglich des Problems Güterverkehr der Zukunft mit sich bringen könnte.

Eine zweite hochgradig defizitäre Ebene der Verkehrspolitik stellt der regionale und kommunale – zumeist nicht schienengebundene – öffentliche Personennahverkehr(ÖPNV) dar. Neben rückläufiger Bedeutung der Eisenbahn ist in diesem Verkehrssektor eine unüberschaubare und regional sehr stark differenzierte Zahl von öffentlichen, z.T. aber auch privaten Verkehrsbetrieben, -gesellschaften, -systemen am Werk. Trotz fortschreitender Bemühungen von Städten, Kreisen und Gemeinden, mehr oder weniger im Verbund mit anderen Trägern von Nahverkehrssystemen (Bahnbus, Postbus, Privatbus etc.) ihre Nahverkehrsmittel und -organisation benutzerfreundlicher zu gestalten, bleibt festzustellen, daß dieser Verkehrssektor von den Berufspendlern besonders beanstandet und nur eingeschränkt benutzt wird[309].

Aus mangelnder regionaler Koordination und sicherlich auch aus objektiven Grenzen einer optimalen Koordinierbarkeit des Nahverkehrs zwischen den verschiedenen Systemen und Betrieben, aus unzureichender Abstimmung mit dem Fernverkehrssystem Bahn, unpassenden Taktbindungen oder Fahrplanzeiten, zu langen Fahrzeiten etc. resultiert eine rückläufige Akzeptanz beispielsweise des Busses gerade im ländlichen Zubringerbereich für Pendler.

Neue Anstrengungen mit dem Ergebnis deutlich verbesserter Qualität sind seitens der Verantwortlichen unumgänglich, wenn der Personennahverkehr über den innerstädtischen Bereich hinaus ein relevanter regionaler Faktor bleiben soll. Es ist zu befürchten, daß beabsichtigte Privatisierungen von regionalen Busgesellschaften der Deutschen Bundesbahn dabei eher als kontraproduktiver Faktor wirken.

Kompensiert werden diese Defizite gegenwärtig in ländlichkleinstädtischen Einzugsbereichen von Fernpendlern durch zwei Haupttendenzen: Erstens steigt die Pkw-Benutzerrate der Pendler für den gesamten Weg von der Wohnung zum Arbeitsort bzw. der Arbeitsstätte und zurück. Zweitens steigt der Anteil der Pendler, die den Pkw als Zubringer zum Bahnhof benutzen, um von dort mit der Bahn den Hauptverkehrs-

---

309 Vgl. ebda., S. 109ff., S. 166.

weg zum Arbeitsort zu bewältigen. Diese zweite Variante setzt jedoch gute Bahnverbindungen im mittleren und größeren Entfernungsbereich voraus, die tatsächlich mit den Bedingungen des Straßenverkehrs hin zur Arbeitsregion konkurrieren können. Dabei erweist erweist sich das Problem, im Bereich der Innenstädte in der Nähe der Bahnhöfe große Parkflächen bereitzustellen, als ein nur schwer zu lösendes Problem.

Solche Varianten müssen dennoch als sinnvolle Möglichkeit angesehen werden, zu denen der öffentliche Personennahverkehr im Zubringerbereich ländlicher Regionen für die Pendler keine Alternative zu sein vermag. Es liegt sogar in dessen phantasievoller Ausgestaltung eine Chance, den Pkw-Pendlerverkehr teilweise für die Hauptstrecke des Pendelweges auf das öffentliche Schienenverkehrssystem umzuleiten. Dies wäre schon ein wesentlicher verkehrspolitischer Beitrag im Sinne der Umwelt und der Belastungsminderung für die Pendler.

3. Tarifpolitische Modelle

Die Eingriffsmöglichkeiten besonders hinsichtlich strukturpolitischer Entscheidungen und der Standortwahl von Unternehmen, aber auch hinsichtlich verkehrspolitischer Veränderungen zielen auf eine generelle Umkehr der fortschreitenden Trennung von Wohnen und Arbeiten bzw. auf einen grundlegenden Wandel in den Formen räumlicher Mobilität. Daraus gewinnen sie ihre besondere Bedeutung, gerade daraus resultieren aber auch die Schwierigkeiten bei der Durchsetzung von Veränderungen. Die positiven Effekte z. B. bei der Einflußnahme auf Standortentscheidungen sind erst in mittel- oder langfristiger Perspektive zu erwarten. Nicht zuletzt deshalb haben tarifvertragliche Regelungen einen großen Stellenwert. Sie können zu einer Belastungsreduzierung der Fernpendler beitragen und müßten in erster Linie auf eine Verminderung der Dauer der Arbeitszeit oder auf eine belastungsmindernde Optimierung der Lage oder Gestaltung der Arbeitszeit zielen.

3.1 Zeitausgleich

Vorstellbar sind Modelle, die für den Wegezeitaufwand ab einer bestimmten Größenordnung (zum Beispiel ab ca. 2 Stunden täglich) einen Ausgleich durch freie Tage, in einer bestimmten Relation zum Umfang des Wegezeitaufwands gestaffelt, vorsehen, die jährlich oder besser monatlich in Anspruch genommen werden müßten. Dies würde die normale tägliche oder wöchentliche Arbeitszeit als solche nicht tangieren, die Auswirkungen im Betrieb wären der Inanspruchnahme von einzelnen Tagen des Jahresurlaubs vergleichbar und könnten betrieblich relativ problemlos umgesetzt werden. Die belastungsmindernde Wirkung bestünde in zusätzlicher Erholungszeit bzw. Freizeit in Form von Tagen, an denen neben der Arbeitszeit auch die Wegezeiten entfallen.

Eine andere Variante im Bereich Zeitausgleich könnte darin bestehen, daß eine Teilanrechnung der täglichen Wegezeiten auf die Arbeitszeit erfolgt. Dies würde bedeuten, daß sich die tägliche Arbeitszeit verkürzt, die Wegezeiten pro Tag konstant blieben, insgesamt der arbeitsbedingte tägliche Zeitaufwand jedoch vermindert würde. Für die betriebliche Arbeitszeitgestaltung ist dieses Modell etwas schwieriger umzusetzen, da vom Arbeitskräfteeinsatz her mit verschiedenen Arbeitszeiten/Präsenzzeiten zu planen ist. Wirkungen und Probleme dieser Variante sind entscheidend abhängig von der Quantität der angerechneten Wegezeiten auf die Arbeitszeit. Dazu steht auch der belastungsmindernde Effekt in einer direkten Abhängigkeit, der vergleichbar nicht sehr hoch einzuschätzen ist, wenn sich dies in Bereichen unterhalb von 60 Minuten pro Tag bewegt und Fahrplanlücken möglicherweise schon einen Teil dieser freien Zeit durch Wartezeiten absorbieren.

3.2 Arbeitszeitgestaltung: 4-Tage-Woche

Das wirksamste Modell zur tarifpolitisch realisierbaren Belastungsminderung der Fernpendler wird darin gesehen, daß durch eine entsprechend modifizierte Arbeitszeitgestaltung, ggf. in Verbindung mit besonderen Arbeitszeitverkürzungen, Möglichkeiten eröffnet werden, die die wöchentlichen Pendelzeiten minimieren.

Dem Modell einer *4-Tage-Woche* statt einer 5-Tage-Woche bei entsprechender Ausgestaltung wäre deutlich der Vorzug vor anderen Modellen zu geben. Dies würde bedeuten, daß Arbeitnehmer mit Wegezeiten ab einer bestimmten zu definierenden Größenordnung auf Wunsch ihre wöchentliche Arbeitszeit an vier Tagen statt an fünf Tagen ableisten, wodurch sich die tägliche Arbeitszeit gegenüber nichtpendelnden Arbeitnehmern verlängern würde, allerdings nur relativ geringfügig. Die Arbeitsstunden des fünften Tages müßten auf die vier Arbeitstage verteilt und an diesen zusätzlich zur normalen Arbeitszeit abgeleistet werden. Denkbar wäre hier eine Ergänzung durch eine spezifische Arbeitszeitverkürzung für Pendler, die den negativen Nebeneffekt der Verlängerung der täglichen Arbeitszeit mildern könnte.

Der hohe Wirkungsgrad dieses Modells besteht darin, daß 20 Prozent der wöchentlichen Wegezeiten entfallen und zugleich ein ganzer zusätzlicher Tag als Erholungs- und Freizeit, ggf. im Zusammenhang mit dem arbeitsfreien Wochenende, entsteht. Davon kann eine spürbare Verbesserung der Pendlersituation in vielfacher Hinsicht erwartet werden.

Am Beispiel des Freitags als Arbeitstag mit einer wöchentlichen Restarbeitszeit von ca. vier Stunden und ca. vier Stunden Wegezeit von und zur Arbeit, wie an allen anderen Wochentagen, läßt sich der Effekt zumindest quantitativ demonstrieren. Die Arbeitszeit an den verbleibenden vier Arbeitstagen würde sich zwar über acht Stunden tägliche Arbeitszeit hinaus verlängern, wenn keine gleichzeitige Arbeitszeitverkürzung erfolgt. Die Belastungen würden entsprechend zunehmen, und auch die gesamte Zeit der täglichen arbeitsbedingten Abwesenheit vom Wohnort an den vier Arbeitstagen wäre geringfügig größer. Dennoch dürfte dies insgesamt gesehen weniger belastend wirken, setzt man dem den Erholungswert des gänzlich arbeitszeit- und wegezeitfreien fünften Tages der Woche entgegen[310]. Eine solchermaßen be-

---

310 Das generelle Problem der Verlängerung täglicher Arbeitszeiten über 8 Stunden hinaus soll hier gerade unter gesundheitlichen Gesichtspunkten sowie in Anbetracht der Arbeitssicherheitsproblematik nicht bagatellisiert werden. Allerdings muß auch die Wegezeit besonders unter dem Aspekt der dort auftretenden Belastungen und Gefährdungen dazu in Relation gesetzt werden.

schränkte Ausdehnung der täglichen Arbeitszeit im Rahmen einer 4-Tage-Woche könnte geeignet sein, dem ökologischen Ziel einer Reduzierung des Berufsverkehrs näher zu kommen und dabei den aus arbeitswissenschaftlicher Sicht noch vertretbaren Belastungen Rechnung zu tragen.

Hinsichtlich der betrieblichen Arbeitsgestaltung und Arbeitszeitorganisation erfordert dieses Modell nur relativ geringfügige Veränderungen, die von der konkreten Betriebssituation abhängig sind. Mit einem Rotationsmodus der freien Tage pro Woche und der flexiblen Ausschöpfung von arbeitsorganisatorischen Gestaltungsvarianten würde eine Realisierung mit wenig Aufwand leistbar sein. Die wichtige Frage, wie dabei verhindert werden kann, daß unternehmerische Flexibilisierungsziele gegen die Interessen der Beschäftigten durchgesetzt werden und daß das differenzierte Eingehen auf die jeweils individuelle Situation der Beschäftigten nicht zu einer Schwächung ihrer Position führt, kann hier nicht erörtert werden.

Das Modell wäre hinsichtlich der Arbeitszeit, wenn keine Verkürzung für Fernpendler dabei realisiert würde, kostenneutral. Darüber hinaus hätte es eine merkliche Verkehrsentlastung auf den Pendlerstrecken sowohl im Straßen- als auch im Bahnverkehr zur Folge (20 Prozent Pendler-/Berufsverkehr weniger pro Woche) und diesen Wirkungsgrad auch auf die Entlastung der Umwelt.

Die praktische Umsetzung des Modells könnte so aussehen, daß in Tarifverträgen eine allgemeine Vereinbarung zur Eröffnung dieser Möglichkeit der Arbeitsorganisation für durch lange Wegezeiten besonders belastete Arbeitnehmer festgeschrieben würde, die wöchentliche Arbeitszeit an vier Tagen statt an fünf Tagen erbringen zu können. Auch damit im Zusammenhang stehende spezielle Arbeitszeitverkürzungen für Pendler könnten auf dieser Ebene vereinbart werden, so daß sich perspektivisch die tägliche Arbeitszeit an vier Tagen der heutigen an fünf bzw. viereinhalb Tagen annähern würde.

Weitere Konkretisierungen und die Ausgestaltung für die jeweils spezifischen betrieblichen Verhältnisse sollten einer Betriebsvereinbarung zwischen dem Arbeitgeber und dem Betriebs-/Personalrat vorbehalten bleiben.

Vereinbarungen zur Belastungsminderung für Fernpendler, die zugleich Vergünstigungen gegenüber der normalen Arbeitssituation im Betrieb enthalten, rechtfertigen sich einerseits aus den übermäßig langen Wegezeiten und deren Folgen. Der gesamtgesellschaftliche Trend der Zunahme der Fernpendler ist zugleich Ausdruck einer Zentralisierungs- und Konzentrationsstruktur, die wiederum in engem Bezug zur Arbeitsmarktsituation steht. Von den Arbeitskräften wird die unternehmerisch gewünschte Mobilität also erwartet bzw. auch erzwungen.

Um dieser einseitigen Strukturentwicklung entgegenzuwirken und dem Prinzip »Arbeit zu den Menschen« stärker Geltung zu verschaffen, bieten tarifvertragliche Vergünstigungen für Fernpendler eine – wenn auch bescheidene – Einstiegsmöglichkeit in die struktur- und standortpolitische Mitbestimmung der Arbeitnehmer und ihrer gewerkschaftlichen Interessenvertretung. Die »Verteuerung« der fernpendelnden Arbeitskraft – durch entsprechende Verkürzungen der Arbeitszeit oder sonstige Maßnahmen – könnte zu einer ökonomischen Rechengröße werden, die hinsichtlich der Standortentscheidung mittel- und längerfristig wirksam wird, wenn sie bestimmte Dimensionen erreicht. Hierbei kann allerdings auch nicht die Gefahr einer Benachteiligung der Fernpendler ignoriert werden: Sie könnten zum Beispiel unter solchen Voraussetzungen ggf. als erste von einer Kündigung betroffen sein, wenn es zu Entlassungen kommen sollte.

Dies macht es erforderlich, daß in der gewerkschaftlichen Diskussion um Arbeitszeit und Arbeitszeitverkürzung neue Aspekte mit einbezogen werden, die für diesen Ansatzpunkt in der tariflichen und betrieblichen Erörterung eine Erweiterung der Begrifflichkeit erfordern. Der Begriff der Arbeitszeit, wie er in der heutigen Terminologie im engeren Sinne gebraucht wird, muß umfassender definiert und in Bezug gebracht werden zu der »arbeitsbedingten Zeit«, also zu dem Gesamtaufwand an Zeit, den Arbeitnehmer für die Erbringung ihrer Arbeitsleistung aufwenden müssen. Dies ist u.a. auch deshalb erforderlich, damit Arbeitszeitverkürzungen im Hinblick auf die Ausdehnung der Freizeit zukünftig überhaupt noch wirksam werden. Die Tendenz, daß die zunehmenden Wegezeiten die Arbeitszeitverkürzungen aufsaugen, ist unverkennbar.

Ohne die Probleme zu übersehen, die aus dieser definitorischen Verbindung dadurch entstehen, daß es sich einerseits um eine tarifvertraglich festgeschriebene einheitliche Größe »Arbeitszeit« und eine individuell unterschiedliche Größe »arbeitsbedingte Zeit« (Arbeitszeit plus sonstiger Zeitaufwand, wie Wegezeiten etc.) handelt, kann dies als eine zukunftsgerechtere Betrachtung angesehen werden. Dies nicht zuletzt deshalb, weil daraus auch eine neue Einwirkungs- oder gar Mitbestimmungsmöglichkeit im Hinblick auf Verkehrs- und Umweltbelastung entstehen kann.

Der Einstieg in die tarifpolitische Interessenvertretung für die fernpendelnden Arbeitnehmer, der natürlich die Klärung vieler hier nicht erörterter Detailfragen voraussetzt, eröffnet neue Perspektiven und einen neuen qualitativen Bereich von Einwirkungs- und Mitbestimmungsmöglichkeiten ganzheitlicher gesellschaftlicher Prägung. Neben dem zentralen Punkt der Belastungsminderung für die Betroffenen ist es eine interessengebundene Verpflichtung und Erfüllung gesellschaftspolitischer Ansprüche, wenn Gewerkschaften auf Struktur- und Standortpolitik, auf Verkehrsentwicklung und Umweltbelastung etc. einwirken, auch mit dem Mittel der tariflichen oder betrieblichen Vereinbarung.

Zweifellos entstehen auf einem solchen Weg noch viele nicht präzise abwägbare Probleme, wie zum Beispiel der Gesichtspunkt, daß die Belegschaften sich in der Regel aus Pendlern und Nichtpendlern zusammensetzen, wobei die Fernpendler in der Regel nur die Minderheit darstellen, die zudem in der Regel eher nicht zu den gewerkschaftlichen Kerngruppen im Betrieb zählen. Auch ist nicht von der Hand zu weisen, daß unter den Voraussetzungen spürbarer Vergünstigungen für Pendler, sich auch für die anderen Arbeitnehmer die Wahl des Wohnortes neu stellen kann, d.h., daß Pendeln sogar attraktiver werden könnte und eine Zunahme des Pendelns begünstigt würde. Bei einer exakt konzipierten, ausgewogenen und schrittweise realisierten Tarifpolitik in diesem Bereich lassen sich allerdings auch die gewünschten ausgewogenen Zielsetzungen erreichen und nicht gewollte Effekte vermeiden oder doch zumindest begrenzen.

Wesentlich ist dabei die enge Verzahnung mit anderen tangierten tarifpolitischen Schwerpunkten und mit gesellschaftspolitischen Anstrengungen in der Struktur-, Arbeitsmarkt- und Arbeitszeitpolitik, der Gesundheits-, Freizeit- und Sozialpolitik, der Wohnungs-, Umwelt- und Verkehrspolitik etc., denn nur in diesem ganzheitlichen Kontext sind die gesamten Problemdimensionen der Pendlerfrage sichtbar.

4. Arbeitswissenschaftlicher und gesundheitspolitischer Forschungs- und Handlungsbedarf

Aus dem bereits beschriebenen definitorischen Grundverständnis von Arbeit, Arbeitszeit und Arbeitsstätte in der Bundesrepublik resultiert auch die Tatsache, daß sich die wissenschaftlichen Fachgebiete, die sich mit Belastungen und Beanspruchungen, mit menschengerechterer Arbeitsgestaltung und Gesundheitsvorsorge in der Arbeitswelt befassen, faktisch nicht mit den analogen Problemen betreffend Wegezeiten beschäftigen[311], sieht man von Teilbereichen der Unfallforschung bezogen auf Arbeitsunfälle und Wegeunfälle ab[312].

Die bei allen Beteiligten unstrittige Behandlung der arbeitsbedingten Wegeunfälle und Arbeitsunfälle in der Zuständigkeit der Berufsgenossenschaften bzw. anderer Unfallversicherungsträger liefert den praktischen und zugleich prinzipiellen Hinweis dafür, daß eine Trennung von Belastungen und Beanspruchungen innerhalb der Arbeitsstätte bzw. am Arbeitsplatz von denjenigen des Arbeitsweges nicht zu rechtfertigen ist. D.h., auch hier ist eine begrifflich definitorische Erweiterung notwendig, um die »arbeitsgebundene Zeit«, zusammengesetzt aus fixierter Arbeitszeit und individuell variablem zusätzlichem Zeitaufwand, zum Ausgangspunkt der Belastungs- und Beanspruchungsforschung zu machen[313].

---

311 Vgl. zum Verhältnis Arbeitswissenschaft und Pendlerbelastungen: Ott, Belastungsdimensionen, S. 234 ff.

312 Hier sind insbesondere die Dokumentationsarbeit und die Unfallanalysen der Berufsgenossenschaften und der Bundesanstalt für Arbeitsschutz zu nennen.

313 Dies bedeutet zum Beispiel für die Arbeitswissenschaft eine Präzisierung von Gegenstandsbereichen, die dies in der von ihr formulierten Globalität auch durchaus zulassen. Vgl. Industriegewerkschaft Metall, Lohn- und Gehaltsrahmentarifver-

Die Methoden und Instrumentarien der verschiedenen arbeitswissenschaftlichen Disziplinen, wie zum Beispiel der Arbeitssoziologie und -psychologie sowie der Arbeits- und Sozialmedizin sind relativ problemlos auf die Belastungs- und Beanspruchungsproblematik des Fernpendelns anwendbar. Defizite im Bereich statistischer Grundlagen und vor allem hinsichtlich empirischer Befunde, Langzeit- und Vergleichsstudien bestehen auf dem skizzierten Hintergrund zwangsläufig[314].

Es eröffnet sich ein großes und neues Aufgabenfeld, dessen psychosoziale und medizinische Wirkungs- und Folgedimensionen heute nur erahnt werden können, ganz abgesehen von der volkswirtschaftlichen Bedeutung der mit den Folgen der Pendlerbelastungen und -beanspruchungen verbundenen Kosten und sonstigen Aufwendungen.

Zu den kurzfristigen Möglichkeiten und Erfordernissen in der Gesundheitsvorsorge gehören zum Beispiel die Einbeziehung von Pendlern als besonders belastete Arbeitnehmergruppe in regelmäßige Vorsorgeuntersuchungen, die entsprechend einem konkreten Belastungskataster der Betroffenen umfassend sowohl medizinische als auch psychosoziale Diagnosen beinhalten. Es sollte zugleich gesichert werden, daß im Rahmen von Evaluationsprojekten Vergleiche von Fernpendlern und Nichtpendlern durchgeführt werden, um zu neuen gesicherten Erkenntnissen und Schlußfolgerungen zu gelangen.

Es bleibt also hier zu konstatieren, daß ein erheblicher Bedarf und z.T. Nachholbedarf in der Erforschung dieser Thematik besteht, dem Rechnung zu tragen ist. Dazu sind politische, insbesondere gesundheitspolitische Entscheidungen von großer Tragweite erforderlich.

---

trag I, Nordwürttemberg / Nordbaden, Industrie: Arbeiter und Angestellte – Metallindustrie – vom 11.2.1988. Luczak, Holger/Volpert, Walter, Arbeitswissenschaft, Kerndefinition – Gegenstandskatalog – Forschungsgebiete, o.O. 1987, S. 59 ff.

314 Einige wenige Untersuchungen zu Gesundheit, Sicherheit, Befindlichkeit etc. von Pendlern liegen aus anderen EG-Ländern vor. So zum Beispiel die von der Europäischen Stiftung zur Erforschung der Arbeits- und Lebensbedingungen in Dublin koordinierten Untersuchungen aus den Jahren 1984 und 1986: Europäische Stiftung (Hrsg.), Die Fahrt zwischen Wohnort und Arbeitsplatz; dies. (Hrsg.), Pendelverkehr – Partizipationserfahrungen.

Umfassendere Ergebnisse und Erkenntnisse aus soziologischen und medizinischen Studien zur Pendlerproblematik stellen zugleich eine wichtige Grundlage für andere oben skizzierte Handlungserfordernisse in den verschiedenen damit verbundenen Politikfeldern dar. Es ist zu wünschen, daß der Problemdruck sich möglichst schnell auch in fachwissenschaftliche Problemsensibilität und Forschungsengagement umsetzt.

Literatur

Abe, Edwin C., Artikel »Pendelverkehr«, in: Handwörterbuch des Städtebaus, Wohnungs- und Siedlungswesens, hrsg. v. Hermann Wandesleb, Bd. 2, Stuttgart 1959, S. 1188–1191

Abelshauser, Werner, Wirtschaftsgeschichte der Bundesrepublik Deutschland 1945–1980, Frankfurt a. M. 1983

Albrecht, Günter, Soziologie der geographischen Mobilität, Stuttgart 1972

Altvater, Elmar/Hoffmann, Jürgen/Semmler, Willi, Vom Wirtschaftswunder zur Wirtschaftskrise. Ökonomie und Politik in der Bundesrepublik, 2 Bde., 2. Aufl. Berlin (West) 1980

Arndt, Helmuth, Die Entwicklung und Bedeutung der Pendelwanderung und ihre Folgen auf den Gesundheitszustand der Arbeiter unter besonderer Berücksichtigung des Textilgewerbes, Diss., Zeulenroda 1931

Bade, Franz-Josef, Funktionale Arbeitsteilung und regionale Beschäftigungsentwicklung, in: Informationen zur Raumentwicklung, 1986, H. 9/10, S. 695–713

Bähr, Jürgen/Gaus, Paul, Bevölkerungsveränderungen und Migrationsmuster in den Großstädten der Bundesrepublik Deutschland seit 1970, in: Friedrichs (Hrsg.), Die Städte in den 80er Jahren, S. 70–116

Berufspendler (Ein- und Auspendler) in den Großstädten des Bundesgebietes ohne Berlin am 6. Juni 1961, in: Wirtschaft und Statistik, 1964, H. 10, S. 600 (Tabellenteil)

Berufs- und Ausbildungspendler. Ergebnis des Mikrozensus Oktober 1969, in: Wirtschaft und Statistik, 1971, H. 7, S. 419–422

Blaich, Fritz, Der Einfluß der Eisenbahnpolitik auf die Struktur der Arbeitsmärkte im Zeitalter der Industrialisierung, in: Wirtschaftspolitik und Arbeitsmarkt. Bericht über die 4. Arbeitstagung der Gesellschaft für Sozial- und Wirtschaftsgeschichte in Wien am 14. und 15. April 1971, hrsg. v. Hermann Kellenbenz, München 1974, S. 86–109

Blumenroth, Ulrich, Deutsche Wohnungspolitik seit der Reichsgründung – Darstellung und kritische Würdigung, Münster 1975 (= Beiträge zum Siedlungs- und Wohnungswesen und zur Raumplanung, hrsg. v. Werner Ernst u. Rainer Thoss, Bd. 25)

217

BMFT (Hrsg.), Ein Programm und seine Wirkungen, Analysen von Zielen und Aspekten zur Forschung »Humanisierung des Arbeitslebens«, Frankfurt 1982

Böltken, Ferdinand/Schön, Karl-Peter, Zur Entwicklung und Struktur von Städten in der Bundesrepublik Deutschland. Aktuelle Befunde aus der Innerstädtischen Raumbeobachtung, in: Informationen zur Raumentwicklung, 1989, H. 11/12, S. 823–843

Borscheid, Peter, Textilarbeiterschaft in der Industrialisierung. Soziale Lage und Mobilität in Württemberg (19. Jahrhundert), Stuttgart 1978

Borscheid, Peter, Schranken sozialer Mobilität und Binnenwanderung im 19. Jahrhundert, in: Conze/Engelhardt (Hrsg.), Arbeiter im Industrialisierungsprozeß, S. 31–50

Boustedt, Olaf, Artikel »Pendelverkehr«, in: Akademie für Raumforschung und Landesplanung (Hrsg.), Handwörterbuch der Raumforschung und Raumordnung, Bd. II, 2. Aufl., Hannover 1970, Sp. 2282–2314

Brake, Klaus, Zum Verhältnis von Stadt und Land. Geschichte, Ursachen und Veränderungsmöglichkeiten der Siedlungsstruktur, 2. Aufl., Köln 1981

Breimaier, Paul, Ergebnisse der Volkszählung zur Erwerbstätigkeit im langfristigen Vergleich, in: Wirtschaft und Statistik, 1989, H. 8, S. 499–507

Brüggemeier, Franz-Josef, Leben vor Ort. Ruhrbergleute und Ruhrbergbau 1889–1919, München 1983

Büsch, Otto, Das Gewerbe in der Wirtschaft des Raumes Berlin/Brandenburg 1800–1850. Entwicklung, Bedeutung und regionale Gliederung des »strategischen Sektors« in der frühindustriellen Wirtschaft und Gesellschaft, in: Ders. (Hrsg.), Untersuchungen zur Geschichte der frühen Industrialisierung, S. 3–105

Büsch, Otto, Industrialisierung und Gewerbe im Raum Berlin/Brandenburg 1800–1850. Eine empirische Untersuchung zur gewerblichen Wirtschaft einer hauptstadtgebundenen Wirtschaftsregion in frühindustrieller Zeit, Berlin/West 1971 (= Einzelveröffentlichungen der Historischen Kommission zu Berlin, Bd. 9)

Büsch, Otto (Hrsg.), Untersuchungen zur Geschichte der frühen Industrialisierung vornehmlich im Wirtschaftsraum Berlin/Brandenburg, Berlin/West 1971 (= Einzelveröffentlichungen der Historischen Kommission zu Berlin, Bd. 6)

Bundesangestelltentarifvertrag vom 23. Februar 1961

Bundesanstalt für Arbeit, Berufspendler aus den neuen in die alten Bundesländer, Ts., Nürnberg, Dezember 1991

Bundesanstalt für Arbeitsschutz (Hrsg.), Arbeitsschutzsystem – Untersuchungen in der Bundesrepublik Deutschland, Bd. 1–5, Dortmund 1980

Bundesrahmentarifvertrag für das Baugewerbe vom 3. Februar 1981

Bundestarifvertrag für die besonderen Arbeitsbedingungen der Montagearbeiter in der Eisen-, Metall- und Elektroindustrie einschließlich des Fahrleitungs-, Freileitungs- Ortsnetz- und Kabelbaues (BMTV) mit Anmerkungen vom 30. April 1980/25. Juni 1986

Burgdörfer, Friedrich, Die Wanderungen über die deutschen Reichsgrenzen im letzten Jahrhundert, in: Köllmann/Marschalck (Hrsg.), Bevölkerungsgeschichte, S. 281–322

Conze, Werner/Engelhardt, Ulrich (Hrsg.), Arbeiter im Industrialisierungsprozeß. Herkunft, Lage und Verhalten, Stuttgart 1979

Costa, G., Die Fahrt zwischen Wohnort und Arbeitsplatz: Die Auswirkungen des Pendelverkehrs auf die Gesundheit und Sicherheit der Pendler, Verona 1984

Crew, David, Regionale Mobilität und Arbeiterklasse. Das Beispiel Bochum 1880–1901, in: Geschichte und Gesellschaft, 1. Jg., 1975, H. 1, S. 99–120

Daum, Philipp, Arbeitsverhältnisse und Struktur der Arbeiterschaft der Großindustrie Singens a.H. unter besonderer Berücksichtigung der Pendelwanderung, Diss., Endingen 1931

Decker, Walther, Die Tagespendelwanderungen der Berufstätigen nach Frankfurt a.M., Diss., Frankfurt a.M. 1929

Deppe, Frank, Einheit und Spaltung der Arbeiterklasse. Überlegungen zu einer politischen Geschichte der Arbeiterbewegung, Marburg 1981

Deutschmann, Christoph, Der Weg zum Normalarbeitstag. Die Entwicklung der Arbeitszeiten in der deutschen Industrie bis 1918, Frankfurt/M., New York, 1985

Dresel, E. G./Grabe, Charlotte, Einfluß der Pendelwanderung auf die Arbeitnehmer, in: Deutsche Medizinische Wochenschrift, 50. Jg., 1924, Nr. 28, S. 959–961

Einpendler und Pendlersaldo in den Kreisen. Ergebnis der Volks- und Berufszählung am 6. Juni 1961, in: Wirtschaft und Statistik, 1964, H. 10, S. 585–588

Endruweit, Günter, Berufspendler als Problem der Raumordnungspolitik, in: Beiträge zur Raumplanung in Hessen/Rheinland-Pfalz/Saarland, 2. Teil, Hannover 1975, S. 49–88 (= Forschungs- und Sitzungsberichte der Landesarbeitsgemeinschaft Hessen/Rheinland-Pfalz/Saarland der Akademie für Raumforschung und Landesplanung, Bd. 100)

Die Ergebnisse der Volkszählung vom 1. Dezember 1900 für das Königreich Württemberg, in: Württembergische Jahrbücher für Statistik und Landeskunde , Jg. 1902, S. 45–244

Europäische Stiftung zur Verbesserung der Arbeits- und Lebensbedingungen (Hrsg.), Die Fahrt zwischen Wohnort und Arbeitsplatz – Die Auswirkungen des Pendelverkehrs auf die Gesundheit und Sicherheit der Pendler, Zusammenfassender Bericht, Dublin 1984

Europäische Stiftung zur Verbesserung der Arbeits- und Lebensbedingungen (Hrsg.), Pendelverkehr – Partizipationserfahrungen, Konsolidierter Bericht, Dublin 1986

Fischer, Wolfram/Krengel, Jochen/Wietog, Jutta, Sozialgeschichtliches Arbeitsbuch, Bd. I: Materialien zur Statistik des Deutschen Bundes 1815–1870, München 1982

Franz, Peter, Soziologie der räumlichen Mobilität. Eine Einführung, Frankfurt/M., New York 1984

Fremdling, Rainer/Tilly, Richard H. (Hrsg.), Industrialisierung und Raum. Studien zur regionalen Differenzierung im Deutschland des 19. Jahrhunderts, Stuttgart 1979

Friedrichs, Jürgen (Hrsg.), Stadtentwicklungen in kapitalistischen und sozialistischen Ländern, Reinbek 1978

Friedrichs, Jürgen, Ökonomischer Strukturwandel und Disparitäten von Qualifikationen der Arbeitskräfte, in: Ders. (Hrsg.), Die Städte in den 80er Jahren, S. 48–69

Friedrichs, Jürgen (Hrsg.), Die Städte in den 80er Jahren. Demographische, ökonomische und technologische Entwicklungen, Opladen 1985

Friedrichs, Jürgen (Hrsg.), Soziologische Stadtforschung (Kölner Zeitschrift für Soziologie und Sozialpsychologie, Sonderheft 29/1988), Opladen 1988

Geipel, Robert, Die Pendelwanderung, in: Geographische Rundschau, 6. Jg., 1954, H. 12, S. 468–474

Gemeinschaftsaktion »Umweltverbund im Nahverkehr« (Hrsg.), Verantwortung übernehmen – Umsteigen fördern. Hinweise und Beispielsammlungen, Bonn 1990

Gesterkamp, Thomas, Stoisch im Stau?, in: Die Mitbestimmung, 1991, H. 8/9, S. 552–555

Göbel, Heinz Christian, Arbeitsstättenwanderungen, in: Zeitschrift für die gesamte Staatswissenschaft, 74. Jg., 1919, H. 2, S. 141–208

Grabe, Charlotte, Der Einfluß der Pendelwanderung auf die Arbeitnehmer unter besonderer Berücksichtigung der ländlichen Industriearbeiter, Karlsruhe 1926 (= Wirtschaftsstudien 3)

Haack, Annemarie, Die Trennung von Arbeiten und Wohnen. Eine Analyse der Berufspendlerströme in Hamburg 1939–1970, Hamburg 1981

Haack, Annemarie/Zirwes, Manfred, Hamburg, in: Friedrichs (Hrsg.), Stadtentwicklungen in kapitalistischen und sozialistischen Ländern, S. 84–139

Häußermann, Hartmut/Ipsen, Detlev/Krämer-Badoni u.a., Stadt und Raum. Soziologische Analysen, Pfaffenweiler 1991

Häußermann, Hartmut/Petrowsky, Werner, Hauseigentum, Mobilität und Belegschaftsstruktur. Eine Fallstudie bei Werftarbeitern in Bremen von 1900 bis heute, in: Schildt/Sywottek (Hrsg.), Massenwohnung und Eigenheim, S. 63–102

Hahn, Hans, Nacht- und Schichtarbeit I: Gesundheitliche Auswirkungen, soziale Auswirkungen, Berufsverlauf, Dortmund 1987

Hahn, Hans, Nacht- und Schichtarbeit II: Belastung durch Wechselschicht, ökonomische Probleme der Schichtarbeit, wichtige Rechtsvorschriften für die Nacht- und Schichtarbeit, Dortmund 1987

220

Harmsen, Hans, Werden die Großstädte im Westdeutschen Bundesgebiet weiter wachsen oder schrumpfen?, in: Köllmann/Marschalck (Hrsg.), Bevölkerungsgeschichte, S. 275–280

Hartke, Wolfgang, Pendelwanderung und Kulturgeographie. Raumbildung im Rhein-Main-Gebiet, In: Petermanns Geographische Mitteilungen, 85 Jg., 1939, H. 6, S. 185–190

Haushalte mit Pendlern. Ergebnisse der 1 vH-Wohnungserhebung 1960, in: Wirtschaft und Statistik, 1961, H. 7, S. 402–403

Haushalte mit Pendlern nach der sozialen Stellung des Haushaltsvorstandes. Behelfsmäßig hochgerechnete Ergebnisse der 1 vH-Wohnungserhebung 1960, in: Wirtschaft und Statistik, 1961, H. 7, S. 398 (Tabellenteil)

Heidenreich, Hans-Joachim, Berufs- und Ausbildungspendler. Ergebnis des Mikrozensus, in: Wirtschaft und Statistik, 1988, H. 2, S. 86–100

Heineberg, Heinz (Hrsg.), Innerstädtische Differenzierung und Prozesse im 19. und 20. Jahrhundert, Köln, Wien 1987

Heinrich, Adolf F., Die Wohnungsnot und die Wohnungsfürsorge privater Arbeitgeber in Deutschland im 19. Jahrhundert, Diss., Marburg 1970

Heinz, Werner, Stadtentwicklung und Strukturwandel. Einschätzungen kommunaler und außerkommunaler Entscheidungsträger, Stuttgart, Berlin, Köln 1990

Henckel, Dietrich/Nopper, Erwin, Einflüsse der Informationstechnologien auf die Stadtentwicklung, in: Friedrichs (Hrsg), Die Städte in den 80er Jahren, S. 196–213

Henning, Friedrich-Wilhelm, Die Industrialisierung in Deutschland 1800 bis 1914, 4. Aufl., Paderborn 1978

Henning, Friedrich-Wilhelm, Das industrialisierte Deutschland 1914 bis 1978, 5. Aufl., Paderborn 1979

Herkner, Heinrich, Die Arbeiterfrage. Eine Einführung, Bd. 1: Arbeiterfrage und Sozialreform, 8. umgearb. Aufl., Leipzig u. Berlin 1922

Heuer, Hans, Sozioökonomische Bestimmungsfaktoren der Stadtentwicklung, 2. erg. Aufl., Stuttgart, Berlin, Köln, Mainz 1977 (= Schriften des Instituts für Urbanistik, Bd. 50)

Hildebrand, Lutz-Alexander, Einpendler und Auspendler in Frankfurt a. M. 1987, in: frankfurter statistische berichte, N.F., 51. Jg., 1989, H. 4, S. 117–128

Hippel, Wolfgang von, Regionale und soziale Herkunft der Bevölkerung einer Industriestadt. Untersuchungen zu Ludwigshafen a. Rh. 1867–1914, in: Conze/Engelhardt, Arbeiter im Industrialisierungsprozeß, S. 51–69

Hohorst, Gerd/Kocka, Jürgen/Ritter, Gerhard A., Sozialgeschichtliches Arbeitsbuch, Bd. II: Materialien zur Statistik des Kaiserreichs 1870–1914, 2., durchges. Aufl., München 1978

Horch, Hans, Der Wandel der Gesellschafts- und Herrschaftsstrukturen in der Saarregion während der Industrialisierung (1740–1914), St. Ingbert 1985

IG Bergbau und Energie, Tarifvertrag für die Arbeiter des Saarbergbaus (Arbeitermanteltarifvertrag ArbMTV) vom 2. Juli 1959, zuletzt geändert durch den Tarifvertrag vom 2. Juni 1981 und: Tarifvertrag über die Vergütungen bei Betriebsversammlungen außerhalb der Arbeitszeit für Arbeitnehmer des Saarbergbaus vom 11. Dezember 1972, zuletzt geändert durch den Tarifvertrag vom 16. Mai 1977

IG Metall, Auto, Umwelt und Verkehr. Umsteuern, bevor es zu spät ist! Frankfurt/M. o.J. (Schriftenreihe der IG Metall 122)

Institut für Arbeitsmarkt- und Berufsforschung der Bundesanstalt für Arbeit (IAB), Im Osten wohnen – im Westen arbeiten. Umfang und Struktur der Pendlerbewegung aus den neuen Bundesländern, Nürnberg 1991 (= IAB-Kurzbericht v. 8.10.1991)

Industriegewerkschaft Metall, Lohn- und Gehaltsrahmentarifvertrag I, Nordwürttemberg/Nordbaden, Industrie: Arbeiter und Angestellte – Metallindustrie – vom 11.2.1988

Ipsen, Detlev, Stadt und Land – Metamorphosen einer Beziehung, in: Häußermann/Ipsen/Krämer-Badoni u.a., Stadt und Raum, S. 117–156

Irmen, Eleonore, Zur Entwicklung der Agglomerationsräume in der Bundesrepublik Deutschland, in: Informationen zur Raumentwicklung, 1989, H. 11/12, S. 811–822

Jahnke, G., Pendelwanderung und Standortpolitik, in: Raumforschung und Raumordnung, 30. Jg., 1972, H. 2, S. 59–67

Jansen, Paul Günter/Töpfer, Klaus, Pendelwanderung unter arbeitsmarktpolitischem Aspekt, in: Erbguth, Wilfried u.a., Probleme der Raumplanung, Münster 1974, S. 88–112 (= Materialien zum Siedlungs- und Wohnungswesen und zur Raumplanung, hrsg. v. Werner Ernst u. Rainer Thoss, Bd. 6)

Kaestner, Friedrich, Statistik der Pendelwanderungen, in: Burgdörfer, Friedrich (Hrsg.), Die Statistik in Deutschland nach ihrem heutigen Stand, Bd. I, Berlin 1940, S. 234–246

Kalchschmidt, Kurt, Die Entwickelung der Personentarife auf den Grossh. Bad. Staatsbahnen, Diss., Heidelberg 1909

Kamps, Hans-Hermann, Arbeitsbelastungen und berufsbedingte Straßenverkehrsunfälle, T. 1, Wege-, Dienstwege- und Arbeitsunfälle im Straßenverkehr, in: Amtliche Mitteilungen der Bundesanstalt für Arbeitsschutz, H. 3, Oktober 1984

Kittner, Michael, Gewerkschaftsjahrbuch 1989. Daten – Fakten – Analysen, Köln 1989

Klingbeil, Detlev, Zur sozialgeographischen Theorie und Erfassung des täglichen Berufspendelns, in: Geographische Zeitschrift, 57. Jg., 1969, H. 2., S. 108–131

Köllmann, Wolfgang, Zur Bevölkerungsentwicklung ausgewählter deutscher Großstädte in der Hochindustrialisierungsperiode, in: Köllmann/Marschalck (Hrsg.), Bevölkerungsgeschichte, S. 259–274

Köllmann, Wolfgang, Bevölkerung in der industriellen Revolution. Studien zur Bevölkerungsgeschichte Deutschlands, Göttingen 1974

Köllmann, Wolfgang/Marschalck, Peter (Hrsg.), Bevölkerungsgeschichte, Köln 1972

Krabbe, Wolfgang R., Die deutsche Stadt im 19. und 20. Jahrhundert. Eine Einführung, Göttingen 1989

Krätke, Stefan, Strukturwandel der Städte. Städtesystem und Grundstücksmarkt in der »post-fordistischen« Ära, Frankfurt a.M./New York 1991

Krüger-Hemmer, Christiane/ Veldhues, Bernhard, Strukturergebnisse der Arbeitsstättenzählung vom 25. Mai 1987, in: Wirtschaft und Statistik, 1989, H. 7, S. 420–431

Kuczynski, Jürgen, Geschichte des Alltags des deutschen Volkes, Bd. 4: 1871–1918, Köln 1982

Kuczynski, Jürgen, Geschichte des Alltags des deutschen Volkes, Bd. 5: 1918–1945, Köln 1982

Kypke-Burchardi, Björn-Uwe, Verkehrsmittelwahl beim Berufspendeln zu und von Kernstadtbereichen – am Beispiel ausgewählter deutscher Großstädte, Diss., Aachen 1977

Landesarbeitsamt Hessen, Frankfurt-Report II: Zur Entwicklung der Beschäftigung in Frankfurt am Main und in den Gemeinden des Arbeitsamtsbezirkes Frankfurt, Frankfurt 1991

Langewiesche, Dieter, Mobilität in deutschen Mittel- und Großstädten. Aspekte der Binnenwanderung im 19. und 20. Jahrhundert, in: Conze/Engelhardt (Hrsg.), Arbeiter im Industrialisierungprozeß, S. 70–93

Langewiesche, Dieter/Schönhoven, Klaus, Zur Lebensweise von Arbeitern in Deutschland im Zeitalter der Industrialisierung, in: Dies. (Hrsg.), Arbeiter in Deutschland, S. 7–33

Langewiesche, Dieter/Schönhoven, Klaus (Hrsg.), Arbeiter in Deutschland. Studien zur Lebensweise der Arbeiterschaft im Zeitalter der Industrialisierung, Paderborn 1981, S. 7–33

Lauschmann, Elisabeth, Zur Bedeutung der Wohnungspolitik für die Regionalpolitik und Raumordnung, in: Raumforschung und Raumordnung, 48. Jg., 1990, H. 6, S. 289–295

Lenger, Friedrich/Langewiesche, Dieter, Räumliche Mobilität in Deutschland vor und nach dem Ersten Weltkrieg, in: Schildt/Sywottek (Hrsg.), Massenwohnung und Eigenheim, S. 103–126

Lerch, Rudolf, Das Fahrrad und seine Bedeutung für die Volkswirtschaft, in: Jahrbuch für Gesetzgebung, Verwaltung und Volkswirtschaft im Deutschen Reich, 24. Jg., 1900, H. 1, S. 297–358

Liepmann, Detlef, Arbeitspsychologie, in: Ott/Boldt (Hrsg.), Handbuch zur Humanisierung der Arbeit, Bd. 1, S. 179–199

Luczak, Holger/Volpert, Walter, Arbeitswissenschaft. Kerndefinition – Gegenstandskatalog – Forschungsgebiete, o.O., 1987, S. 59ff.

Lütge, Friedrich, Deutsche Sozial- und Wirtschaftsgeschichte, 3. Aufl. Heidelberg 1966

Machtan, Lothar, Streiks im frühen deutschen Kaiserreich, Frankfurt a.M./ New York 1983

Machtan, Lothar, Streiks und Aussperrungen im Deutschen Kaiserreich. Eine sozialgeschichtliche Dokumentation für die Jahre 1871 bis 1875, Berlin (West) 1984

Mackensen, Rainer/Vanberg, Monika/Krämer, Klaus, Probleme regionaler Mobilität. Ergebnisse und Lücken der Forschung zur gegenwärtigen Situation in der Bundesrepublik Deutschland/Berlin (West), Göttingen 1975

Mallmann, Klaus-Michael, Die Anfänge der Bergarbeiterbewegung an der Saar (1848–1904), Saarbrücken 1981 (= Veröffentlichungen der Kommission für saarländische Landesgeschichte und Volksforschung XII)

Manteltarifvertrag für Arbeiter gemeindlicher Verwaltungen und Betriebe (BMT – G II) vom 31. Januar 1962

Marschalck, Peter, Bevölkerungsgeschichte Deutschlands im 19. und 20. Jahrhundert, Frankfurt/M. 1984

Matthöfer, Hans, Humanisierung der Arbeit und Produktivität in der Industriegesellschaft, Köln 1980

Matzerath, Horst, Städtewachstum und Eingemeindungen im 19. Jahrhundert, in: Reulecke (Hrsg.), Die deutsche Stadt im Industriezeitalter, S. 67–89

Matzerath, Horst (Hrsg.), Städtewachstum und innerstädtische Strukturveränderungen. Probleme des Urbanisierungsprozesses im 19. und 20. Jahrhundert, Stuttgart 1984

Matzerath, Horst, Urbanisierung in Preußen 1815–1914, Stuttgart, Berlin, Köln, Mainz 1985 (= Schriften des Deutschen Instituts für Urbanistik, Bd. 72)

Mollier, Dietrich, Die Pendelwanderung im Spiegel der Statistik unter besonderer Berücksichtigung der Pendelwanderung in Sachsen, Diss., Borna-Leipzig 1938

Mooser, Josef, Arbeiterleben in Deutschland 1900–1970. Klassenlagen, Kultur und Politik, Frankfurt a.M. 1984

Mottek, Hans, Wirtschaftsgeschichte Deutschlands. Ein Grundriß, Bd. II, 2. durchges. Aufl. Berlin (DDR) 1978

Mottek, Hans/Becker, Walter/Schröter, Alfred, Wirtschaftsgeschichte Deutschlands, Bd. III, Berlin (DDR) 1977

Müller, Rainer u.a., Arbeitsmedizin in sozialer Verantwortung, Bremen 1985

Müller, Rainer u.a., Arbeitsbedingte Erkrankungen, in: Ott/Boldt (Hrsg.), Handbuch zur Humanisierung der Arbeit, Bd. 1, S. 53–74

Muster, Manfred/Richter, Udo (Hrsg.), Mit Vollgas in den Stau. Automobilproduktion, Unternehmensstrategien und die Perspektiven eines ökologischen Verkehrssystems, Hamburg 1990

Nachreiner, Friedhelm/Streich, Waldemar/Wettberg, Wieland, Schicht- und Nachtarbeit, in: Ott/Boldt (Hrsg.), Handbuch zur Humanisierung der Arbeit, Bd. 2, S. 905–928

224

Nellner, Werner, Die Pendelwanderung in der Bundesrepublik Deutschland, ihre statistische Erfassung und kartographische Darstellung, in: Berichte zur deutschen Landeskunde, Bd. 17, 1956, H. 2, S. 229–253

Neuberger, Otto, Theorien der Arbeitszufriedenheit, Stuttgart 1974

Niethammer, Lutz (unter Mitarbeit von Franz Brüggemeier), Wie wohnten Arbeiter im Kaiserreich?, in: Archiv für Sozialgeschichte, Bd. 16, 1976, S. 61–134

Nörnberg, Hans-Jürgen/Schubert, Dirk, Massenwohnungsbau in Hamburg. Materialien zur Entstehung und Veränderung Hamburger Arbeiterwohnungen und -siedlungen 1800–1967, Westberlin 1975

Obermann, Karl, Die Arbeitermigrationen in Deutschland im Prozeß der Industrialisierung und der Entstehung der Arbeiterklasse in der Zeit von der Gründung bis zur Auflösung des Deutschen Bundes (1815 bis 1867), in: Jahrbuch für Wirtschaftsgeschichte, 1972, T. 1, S. 135–181

Oppolzer, Alfred, Handbuch Arbeitsgestaltung, Leitfaden für eine humane Arbeitsorganisation, Hamburg 1989

Osterland, Martin/Deppe, Wilfried/Gerlach, Frank u.a., Materialien zur Lebens- und Arbeitssituation der Industriearbeiter in der BRD, 3. durchges. Aufl., Frankfurt a.M. 1973

Ott, Erich, Pendlerprobleme in der Region Fulda. Eine empirische Untersuchung zu arbeitsplatzbedingtem Pendeln zwischen der Wohnregion Fulda/Osthessen und dem Arbeitsort im Rhein-Main-Gebiet, 2. Aufl., Fulda 1989

Ott, Erich, Wachsende Probleme von Fernpendlern. Ergebnisse einer empirischen Regionalstudie, in: Raumforschung und Raumordnung, 47. Jg. 1989, H. 5–6, S. 355–358

Ott, Erich (Hrsg.), Arbeitsbedingtes Pendeln. Entwicklungen und Probleme einer besonders belasteten Arbeitnehmergruppe, Marburg 1990

Ott, Erich, Pendlerprobleme in der Region Fulda, Eine empirische Untersuchung zu arbeitsbedingtem Pendeln zwischen der Wohnregion Fulda/Osthessen und dem Arbeitsort im Rhein-Main-Gebiet, in: Ders. (Hrsg.), Arbeitsbedingtes Pendeln, S. 147–201

Ott, Erich, Belastungsdimensionen arbeitsbedingten Pendelns, in: Zeitschrift für Arbeitswissenschaft, 44. (16. NF) Jg., 1990, H. 4, S. 234–239

Ott, Erich/Boldt, Alfred, Handbuch zur Humanisierung der Arbeit, 2 Bde., Bremerhaven 1985

Ott, René, Kohle, Stahl und Klassenkampf. Montanindustrie, Arbeiterschaft und Arbeiterbewegung im Osnabrücker Land 1857–1878, Frankfurt a.M./New York 1982

Otto, Hans-Joachim, Die Trennung von Wohn- und Arbeitsstätte als empirisches Problem und ihre Auswirkungen im raumordnungspolitischen Bereich – Eine empirisch-analytische Untersuchung der Pendlerbeziehungen im Land Hessen, Frankfurt a.M. 1979

Pauli, Kurt, Der Arbeiterbauer im Saarland. Untersuchung des Wandels in der Betriebs- und Lebensform, Diss., Würzburg 1939

Die Pendelwanderung. Endgültiges Ergebnis der Volkszählung 1950 über die Zahl der Auspendler, in: Wirtschaft und Statistik, 1952, H. 2, S. 65–67

Pendelwanderung nach Wirtschaftsbereichen, Stellung im Beruf, Gemeinde-größenklassen und geleisteten Arbeitsstunden. Ergebnis des Mikrozensus April 1967, in: Wirtschaft und Statistik, 1969, H. 4, S. 219–221

Pendler und Migranten – Zur Arbeitskräftemobilität in Ostdeutschland, in: DIW-Wochenbericht, 59. Jg., 1992, H. 3, S. 21–26

Peschel, Karin/Haass, J.M., Zur Substitutivität von Pendeln und Wandern. Der Einfluß der örtlichen Erwerbs- und Wohnattraktivität sowie der Distanz auf Form und Richtung kleinräumlicher Mobilität, in: Zeitschrift für Wirtschafts- und Sozialwissenschaften, 1978, H. 4, S. 483–498

Petzina, Dietmar/Abelshauser, Werner/Faust, Anselm, Sozialgeschichtliches Arbeitsbuch, Bd. III: Materialien zur Statistik des Deutschen Reiches 1914–1945, München 1978

Pickshaus, Klaus/Priester, Klaus (Hrsg.), Ökologie und Gesundheit im Büro, Frankfurt a. M. 1991

Polster, Werner/Voy, Klaus, Eigenheim und Automobil – Materielle Fundamente der Lebensweise, in: Voy, Klaus/Polster, Werner/Thomasberger, Claus (Hrsg.), Gesellschaftliche Transformationsprozesse und materielle Lebensweise (= Beiträge zur Wirtschafts- und Gesellschaftsgeschichte der Bundesrepublik Deutschland [1949–1989], Bd. 2), Marburg 1991, S. 263–320

Prigge, Walter (Hrsg.), Die Materialität des Städtischen. Stadtentwicklung und Urbanität im gesellschaftlichen Umbruch, Basel, Boston 1987

Projektträger Humanisierung des Arbeitslebens, Das Programm »Forschung zur Humanisierung des Arbeitslebens«, Ergebnisse und Erfahrungen arbeitsorientierter Forschung 1974–1980, Frankfurt 1981

Rauh, Herbert-Friedrich, Möglichkeiten zur Verbesserung der Situation der Berufspendler in Osthessen im Bereich des öffentlichen Verkehrssystems Deutsche Bundesbahn, in: Ott (Hrsg.), Arbeitsbedingtes Pendeln, S. 99–125

Rebentisch, Dieter, Industrialisierung, Bevölkerungswachstum und Eingemeindungen. Das Beispiel Frankfurt a. M. 1870–1914, in: Reulecke (Hrsg.), Die deutsche Stadt im Industriezeitalter, S. 90–113

Renzsch, Wolfgang, Handwerker und Lohnarbeiter in der frühen Arbeiterbewegung. Zur sozialen Basis von Gewerkschaften und Sozialdemokratie im Reichsgründungsjahrzehnt, Göttingen 1980

Reulecke, Jürgen (Hrsg.), Die deutsche Stadt im Industriezeitalter. Beiträge zur modernen deutschen Stadtgeschichte, 2. Aufl., Wuppertal 1980

Reulecke, Jürgen, Geschichte der Urbanisierung in Deutschland, Frankfurt a. M. 1985

Rinderspacher, Jürgen P., Am Ende der Woche – Die soziale und kulturelle Bedeutung des Wochenendes, Bonn 1982

Rinderspacher, Jürgen P., Gesellschaft ohne Zeit. Individuelle Zeitverwendung und soziale Organisation der Arbeit, Frankfurt a.M. 1985

Rixecker, Otto, Die Bevölkerungsverteilung im Saargebiet, Diss., Berlin 1930

Rohmert, Walter/Rutenfranz, Joseph, Arbeitswissenschaftliche Beurteilung der Belastung und Beanspruchung an unterschiedlichen industriellen Arbeitsplätzen, Bonn 1975

Rompel, Heinz-Kurt, Haupteinzugsbereiche der Zielorte mit über 10000 Berufseinpendlern. Ergebnisse der Volks- und Berufszählung 1987, in: Staat und Wirtschaft in Hessen, 45. Jg., 1990, H. 11, S. 369–374

Rompel, Heinz-Kurt, Pendler aus dem Kreis Limburg-Weilburg am längsten unterwegs, in: Staat und Wirtschaft in Hessen, 45. Jg., 1990, H. 1, S. 19–21

Rompel, Heinz-Kurt, Pendler nach Wirtschaftsabteilungen und Verkehrsmitteln. Ergebnisse der Volks- und Berufszählung 1987, in: Staat und Wirtschaft in Hessen, 47. Jg., 1992, H. 2, S. 34–38

Rupieper, Hermann-Josef, Regionale Herkunft, Fluktuation und innerbetriebliche Mobilität der Arbeiterschaft der Maschinenfabrik Augsburg-Nürnberg (MAN) 1844–1914, in: Conze/Engelhardt (Hrsg.), Arbeiter im Industrialisierungprozeß, S. 94–112

Rutenfranz, Joseph/Knauth, Peter, Schichtarbeit und Nachtarbeit, Probleme – Formen – Empfehlungen, München 1987

Saak, Carola, Die Pendelwanderung in Sachsen unter besonderer Berücksichtigung der Stadt Heidenau, Diss., Berlin 1929

Sauer, Walter (Hrsg.), Der dressierte Arbeiter. Geschichte und Gegenwart der industriellen Arbeitswelt, München 1984

Scheefer, Peter/Hautzinger, Heinz, Analyse berufsbedingter Straßenverkehrsunfälle, Dortmund 1989

Scheremet, Wolfgang/Schupp, Jürgen, Pendler und Migranten – Zur Arbeitskräftemobilität in Ostdeutschland, Berlin 1991 (= DIW-Diskussionspapier Nr. 36)

Schildt, Axel/Sywottek, Arnold (Hrsg.), Massenwohnung und Eigenheim. Wohnungsbau und Wohnen in der Großstadt seit dem Ersten Weltkrieg, Frankfurt/M., New York 1988

Schildt, Gerhard, Tagelöhner, Gesellen, Arbeiter. Sozialgeschichte der vorindustriellen und industriellen Arbeiter in Braunschweig 1830–1880, Stuttgart 1986

Schmidt, Herta, Die Arbeiterpendelwanderungen im Regierungsbezirk Merseburg, Diss., Halberstadt 1929

Schneider, Michael, Streit um Arbeitszeit. Geschichte des Kampfes um Arbeitszeitverkürzung in Deutschland, Köln 1984

Schöller, Peter, Die Pendelwanderung als geographisches Problem, in: Berichte zur deutschen Landeskunde, Bd. 17, 1956, H. 2, S. 254–265

Schomerus, Heilwig, Saisonarbeit und Fluktuation. Überlegungen zur Struktur der mobilen Arbeiterschaft 1850–1914, in: Conze/Engelhardt (Hrsg.), Arbeiter im Industrialisierungprozeß, S. 113–118

Schröder, Wilhelm Heinz, Arbeitergeschichte und Arbeiterbewegung. Industriearbeit und Organisationsverhalten im 19. und frühen 20. Jahrhundert, Frankfurt a. M./New York 1978

Schulz, Günther, Der Wohnungsbau industrieller Arbeitgeber in Deutschland bis 1945, in: Teuteberg (Hrsg.), Homo habitans, S. 373–389

Schwarz, Karl, Analyse der räumlichen Bevölkerungsbewegung, Hannover 1969

Schwippe, Heinrich Johannes/Zeidler, Christian, Die Dimensionen der sozialräumlichen Differenzierung in Berlin und Hamburg im Industrialisierungsprozeß des 19. Jahrhunderts, in: Matzerath (Hrsg.), Städtewachstum und innerstädtische Strukturveränderungen, S. 197–260

Seifried, Dieter, Gute Argumente: Verkehr, München 1990

Speer, Albert & Partner GmbH, Zielvorstellungen für die Gestaltung des engeren Verdichtungsraumes Rhein-Main bis zum Jahr 2000 und Handlungsstrategien zur Umsetzung, Frankfurt a. M. 1990

Statistisches Bundesamt (Hrsg.), Statistik der Bundesrepublik Deutschland, Bd. 37: Die berufliche und soziale Gliederung der Bevölkerung der Bundesrepublik Deutschland nach der Zählung v. 13.9.1950, Teil II, H. 5, Stuttgart-Köln 1956

Staubach, Hermann, Pendelwanderung und Raumordnung. Der Einfluß der Pendelwanderung auf die Standortpolitik im Wohnungs- und Siedlungswesen, im Auftrag des Herrn Bundesministers bearbeitet, Köln und Opladen 1962

Stearns, Peter N., Arbeiterleben. Industriearbeit und Alltag in Europa 1890–1914, Frankfurt a. M./New York 1975

Steffens, Horst, Autorität und Revolte. Alltagsleben und Streikverhalten der Bergarbeiter an der Saar im 19. Jahrhundert, Weingarten 1987

Steinberg, Elisabeth, Wohnstandortwahlverhalten mobiler Haushalte bei intraregionaler Mobilität, Diss., München 1974

Stössel, Marie, Verhältnis von Wohnort zu Arbeitsort, in: Deutsches Statistisches Zentralblatt, 17. Jg., 1925, Nr. 5/6, Sp. 79

Steinkühler, Franz, Umsteuern, bevor es zu spät ist, in: Der Gewerkschafter, 1990, H. 12, S. 40–44

Strohschein, Kurt, Die Pendelwanderung Stuttgarts, Diss., Tübingen 1937

Tarifvertrag für die Angestellten der Deutschen Bundespost (TV Ang) vom 21. März 1961, zuletzt geändert durch TV Nr. 388 (Stand: Juni 1988)

Tatsachen und Zahlen aus der Kraftverkehrswirtschaft, hrsg. v. Verband der Automobilindustrie, Frankfurt a. M. 1991 (55. Folge)

Tenfelde, Klaus, Sozialgeschichte der Bergarbeiterschaft an der Ruhr im 19. Jahrhundert, 2., durchges. Aufl., Bonn 1981

Tenfelde, Klaus/Volkmann, Heinrich (Hrsg.), Streik. Zur Geschichte des Arbeitskampfes in Deutschland während der Industrialisierung, München 1981

Tenfelde, Klaus/Trischler Helmuth (Hrsg.), Bis vor die Stufen des Throns. Bittschriften und Beschwerden von Bergleuten im Zeitalter der Industrialisierung, München 1986

Teuteberg, Hans J. (Hrsg.), Homo habitans, Zur Sozialgeschichte des ländlichen und städtischen Wohnens in der Neuzeit, Münster 1985

Teuteberg, Hans J./Wischermann, Clemens (Hrsg.), Wohnalltag in Deutschland 1850–1914. Bilder – Daten – Dokumente, Münster 1985 (= Studien zur Geschichte des Alltags, hrsg. v. Hans J. Teuteberg und Peter Borscheid, Bd. 3)

Thienel, Ingrid, Industrialisierung und Städtewachstum. Der Wandel der Hauptsiedlungsformen in der Umgebung Berlins 1800–1850, in: Büsch (Hrsg.), Untersuchungen zur Geschichte der frühen Industrialisierung, S. 106–149

Thienel, Ingrid, Städtewachstum im Industrialisierungsprozeß des 19. Jahrhunderts. Das Berliner Beispiel, Berlin/West, New York 1973 (= Einzelveröffentlichungen der Historischen Kommission zu Berlin, Bd. 39)

Thost, Gerhard, Die Pendelwanderungen in Deutschland als geographisches Problem, Diss., München 1951

Ulich, Eberhard, Arbeitspsychologie, Zürich und Stuttgart 1991

Ulich, Eberhard, Überlegungen zur Aufhebung der Ortsgebundenheit von Arbeit, in: psychosozial, 11. Jg., 1988, H. 33, S. 83–91

Ullmann, Peter, Tarifverträge und Tarifpolitik in Deutschland bis 1914. Entstehung und Entwicklung, interessenpolitische Bedingungen und Bedeutung des Tarifvertragswesens für die sozialistischen Gewerkschaften, Frankfurt a. M., Bern, Las Vegas 1977 (= Moderne Geschichte und Politik, Bd. 6)

Der Umfang der Pendelwanderung. Ergebnis der Volks- und Berufszählung am 6. Juni 1961, in: Wirtschaft und Statistik, 1964, H. 4, S. 215–219

Umlandverband Frankfurt, Flächenbedarf von Arbeitsstätten. Entwicklungstendenzen in ausgewählten Wirtschaftsbranchen, Frankfurt a. M. 1989

Voigt, Fritz, Verkehr, 2 Bde., Berlin (West) 1965–1973

Voigt, Fritz, Arbeitsstätte – Wohnstätte – Nahverkehr. Die Bedeutung des großstädtischen Nahverkehrssystems für die optimale Zuordnung von Wohnstätte und Arbeitsstätte – unter besonderer Berücksichtigung des Hamburger Wirtschaftsraumes, Hamburg 1968 (= Schriftenreihe der Gesellschaft für Wohnungs- und Siedlungswesen e.V. Hamburg 39)

Volkholz, Volker, Belastungsschwerpunkte und Praxis der Arbeitssicherheit, Bonn 1977

Werner, E. u.a., Arbeitszeit und Unfallgeschehen, Dortmund 1979

Wernsing, Caroline, Die Wanderungen auf dem deutschen Arbeitsmarkt in der Nachkriegszeit unter besonderer Berücksichtigung des bergbaulichen Arbeitsmarktes im rheinisch-westfälischen Industriegebiet, Diss., Münster 1927

Wischermann, Clemens, Wohnungsnot und Städtewachstum. Standards und soziale Indikatoren städtischer Wohnungsversorgung im späten 19. Jahrhundert, in: Conze/Engelhardt (Hrsg.), Arbeiter im Industrialisierungsprozeß, S. 201–226

Wischermann, Clemens, Wohnen in Hamburg vor dem Ersten Weltkrieg, Münster 1983 (= Studien zur Geschichte des Alltags, hrsg. v. Hans J. Teuteberg und Peter Borscheid, Bd. 2)

Wischermann, Clemens, Urbanisierung und innerstädtischer Strukturwandel am Beispiel Hamburgs: Verfahren moderner Stadtanalyse im historischen Vergleich, in: Matzerath (Hrsg.), Städtewachstum und innerstädtischer Strukturwandel, S. 165–196

Wischermann, Clemens, Wohnung und Wohnquartier. Zur innerstädtischen Differenzierung der Wohnbedingungen in deutschen Großstädten des späten 19. Jahrhunderts, in: Heineberg (Hrsg.), Innerstädtische Differenzierung und Prozesse, S. 57–84

Wochenendpendler und benutzte Verkehrsmittel. Ergebnis des Mikrozensus April 1964, in: Wirtschaft und Statistik, 1966, H. 7, S. 435–437

Wolf, Winfried, Eisenbahn und Autowahn. Personen- und Gütertransport auf Schiene und Straße. Geschichte, Bilanz, Perspektiven, Hamburg, Zürich 1987

Wolff, Hellmuth, Die inneren Wanderungen unter besonderer Berücksichtigung der Wanderungen mit fester Wohnstätte, in: Jahrbücher für Nationalökonomie und Statistik, III. Folge, 39. Bd., 1910, H. 1, S. 166–181

Zimmermann, Lothar (Hrsg.), Humane Arbeit, Leitfaden für Arbeitnehmer, 5 Bände, Reinbek bei Hamburg 1982

Tabellenverzeichnis

232

233

234

Politik und Zeitgeschehen

Christoph Butterwegge,
Siegfried Jäger (Hrsg.)
Rassismus in Europa
Mit einem Vorwort von
Liselotte Funcke

Barbara Geiling-Maul,
Hildegard Macha,
Heidi Schrutka-Rechtenstamm,
Anne Vechtel
Frauenalltag
Weibliche Lebenskultur in beiden
Teilen Deutschlands

Martin Gorholt,
Norbert W. Kunz (Hrsg.)
Deutsche Einheit –
Deutsche Linke
Reflexionen der politischen und
gesellschaftlichen Entwicklung

Helga Grebing,
Thomas Meyer (Hrsg.)
Linksparteien und Gewerkschaften
in Europa
Die Zukunft einer Partnerschaft

Wilhelm Heitmeyer
Rechtsextremismus
»Warum handeln Menschen gegen
ihre eigenen Interessen?«
Materialien zur Auseinanderset-
zung mit Ursachen
Ein 'ran-Handbuch für
Jugendliche
Mit zahlreichen Abbildungen

Rudolf Hickel,
Ernst-Ulrich Huster,
Heribert Kohl (Hrsg.)
Umverteilen
Schritte zur sozialen
und wirtschaftlichen
Einheit Deutschlands

Diether Huhn, Detlef Prinz
Geschichten über die Grundrechte
Lehrstücke zum Verfassungsalltag
Vorwort: Franz Steinkühler

Hans-Ulrich Klose (Hrsg.)
Altern der Gesellschaft
Antworten auf den
demographischen Wandel

Karl Starzacher, Konrad Schacht,
Bernd Friedrich, Thomas Leif (Hrsg.)
Protestwähler und Wahlverweigerer
Krise der Demokratie?

Richard Stöss
Die »Republikaner«
Woher sie kommen –
Was sie wollen –
Wer sie wählt –
Was zu tun ist

Bund-Verlag